U0782794

《环境资源审判指导》
编辑委员会

总第5辑 （2017.2）

中国审判指导丛书

环境资源审判指导

最高人民法院环境资源审判庭　编

人民法院出版社

图书在版编目（CIP）数据

环境资源审判指导.2017年.第2辑:总第5辑/最高人民法院
环境资源审判庭编.—北京:人民法院出版社,2018.8
（中国审判指导丛书）
ISBN 978-7-5109-2209-1

Ⅰ.①环…　Ⅱ.①最…　Ⅲ.①环境保护法-
审判-研究-中国　Ⅳ.①D922.684

中国版本图书馆 CIP 数据核字(2018)第 171773 号

环境资源审判指导　2017 年第 2 辑(总第 5 辑)
最高人民法院环境资源审判庭　编

责任编辑　范春雪
执行编辑　陈张楚楚
出版发行　人民法院出版社
地　　址　北京市东城区东交民巷 27 号(100745)
电　　话　(010)67550525(责任编辑)　67550558(发行部查询)
　　　　　　65223677(读者服务部)
网　　址　http://www.courtbook.com.cn
E - mail　courtpress@ sohu.com
印　　刷　三河市国英印务有限公司
经　　销　新华书店

开　　本　787×1092 毫米　1/16
字　　数　266 千字
印　　张　16.25
版　　次　2018 年 8 月第 1 版　2018 年 8 月第 1 次印刷
书　　号　ISBN 978-7-5109-2209-1
定　　价　38.00 元

目　　录

【典型案例】

【理论与实务研究】

【国际交流】

【优秀裁判文书选登】

【环境资源审判政策与精神】

全面学习宣传贯彻十九大精神
推动环境资源审判工作再上新台阶

——在"全国环境资源司法理论研究基地与实践基地
第二届联席会暨贵阳环境司法专门化十周年论坛"上的讲话

最高人民法院副院长　江必新

（2017 年 11 月 9 日）

在中国特色社会主义进入新时代的历史背景下，如何在习近平新时代中国特色社会主义思想的指引下，不断提升生态文明建设和绿色发展司法保障的能力水平，为美丽中国建设，为人民群众的美好生活贡献司法力量，是我们必须认真研究和深入思考的课题。刚刚胜利闭幕的党的十九大，是在全面建成小康社会决胜阶段、中国特色社会主义进入新时代的关键时期召开的一次历史性的重大会议。党的十九大报告和党章把习近平新时代中国特色社会主义思想确立为全党必须长期坚持的指导思想，作出中国特色社会主义进入了新时代、我国社会主要矛盾已经转化为人民日益增长的美好生活需要和不平衡不充分的发展之间的矛盾等重大政治论断，明确了全面建设社会主义现代化国家分"两个阶段"安排的新战略。在生态文明建设领域，十九大报告明确把"坚持人与自然和谐共生"纳入新时代坚持和发展中国特色社会主义的基本方略，指出"建设生态文明是中华民族永续发展的千年大计""必须树立和践行绿水青山就是金山银山的理念""像对待生命一样对待生态环境"。2035 年基本实现的社会主义现代化，将"生态环境根本好转，美丽中国目标基本实现"作为重要的衡量标准；本世纪中叶即将建成的富强民主文明和谐美丽的社会主义现代化强国，把

1

"美丽"作为建成社会主义现代化强国的重要衡量标准之一。十九大报告提出的一系列新理念、新论断、新任务和新举措,为推进全面依法治国和生态文明法治建设提供了理论指导、指明了前行方向。人民法院担负着维护国家利益和环境公共利益,保障人民群众合法环境权益的重要职责,是进行伟大斗争、建设伟大工程、推进伟大事业、实现伟大梦想不可或缺的一支重要力量,必须把学习宣传贯彻党的十九大精神作为当前和今后一个时期的重要政治任务,在学懂、弄通、做实上下功夫,在具体的环境资源审判工作中将十九大精神落到实处。

一、深刻认识准确把握新时代环境资源审判工作的历史使命

十九大报告深刻指出,"经过长期努力,中国特色社会主义进入了新时代,这是我国发展新的历史方位"。人民法院要深刻认识、准确把握中国特色社会主义进入新时代的历史方位,进一步增强做好环境资源审判工作的历史责任感,以更高的站位、更宽的视角、更强的担当,准确把握环境资源审判工作的时代使命。

(一)要准确把握新时代环境资源审判工作面临的形势。十九大报告充分肯定十八大以来取得的历史性成就和历史性变革,包括生态环境保护方面取得的成就,同时也清醒地看到,"发展不平衡不充分的一些突出问题尚未解决,发展质量和效益还不高","生态环境保护任重道远"。我们要加强对环境资源保护的认识,认清和把握好环境资源审判面临的形势和任务。目前我国环境问题主要体现在环境污染严重和生态系统退化,一些重点流域、海域水污染严重,部分区域和城市大气雾霾现象突出,农村环境污染尤其土壤、地下水污染加剧,部分地区自然资源开发过度,生态系统功能退化,生态环境比较脆弱。近年来,人民法院紧紧围绕党和国家工作大局,切实贯彻节约资源和保护环境基本国策,全面加强和创新环境资源审判工作,审判职能作用日益彰显,体制机制改革稳步推进,机构队伍建设不断深化,监督指导成效显著,公众参与更加广泛,全社会保护环境观念和环境法治观念明显增强。但在认真总结成绩和经验的同时,也要认识到环境资源审判工作实际中还存在着一些困难和挑战:有的法院对环境资源审判工作的特殊性、重要性认识不足,部分同志担当意识不够,使命感不强;环境资源审判专门化工作机制发展不平衡、专门审判机构发展不健全的问题仍然存在;环境公益诉讼有待加强,新型、疑难、复杂案件法

律适用问题有待进行深入研究；环境资源审判队伍建设还存在薄弱环节，现有法官队伍素质尚不能完全适应审判工作需要，等等。对此，我们要高度重视，切实研究，破解难题，补齐短板。

（二）要准确把握新时代环境资源审判工作的主要矛盾。十九大报告提出了我国社会主要矛盾"已经转化为人民日益增长的美好生活需要和不平衡不充分的发展之间的矛盾"这一重大政治论断，矛盾中的主要短板特别列举了安全、环境、公平、正义等方面内容，这些都与生态环境息息相关。这是对时代发展、人民期待的精准把握和呼应。人民法院新时代环境资源审判工作的主要矛盾也相应转化为人民群众日益增长的对美好生态环境和公正环境资源司法保障的需求与人民法院环境资源审判工作发展不平衡、人民群众环境权益司法保障不充分之间的矛盾。要充分认识中国特色社会主义进入新时代、我国社会主要矛盾发生历史性变化对人民法院工作提出的新要求，紧紧抓住人民法院新时代环境资源审判工作的主要矛盾，找准环境资源审判工作的新目标、新方向，不断完善审判理念、工作机制和裁判方法，推动环境资源审判工作科学发展。

（三）要准确把握新时代人民群众对环境资源审判工作的新需求。十九大报告指出要建设美丽中国，把绿色纳入社会主义现代化强国建设的重要内涵。同时，司法审判要发挥职能作用助推法治国家、法治政府和法治社会建设，进一步强化人权的司法保障。我国即将全面建成小康社会，人民美好生活需要日益广泛，不仅对物质文化生活提出了更高要求，而且在民主、法治、公平、正义、安全、环境等方面的要求日益增长。美好生活内涵的不断丰富，对于我们全面分析把握人民群众追求美好生活过程中的多样化、多层次的环境资源司法需求具有重要的理论指导意义和实践意义。要自觉将思想和认识统一到十九大报告的重要论断上来，将人民群众对优美生态环境和公平正义的需求作为环境资源审判工作的根本出发点和落脚点，充分认识工作中存在的问题，直面困难和挑战，努力提供更加优质高效便捷的环境资源司法服务，保障人民群众的环境知情权、参与权和监督权，回应人民群众对良好生态环境的更高期待。

（四）要准确把握新时代环境资源审判工作的新任务。十九大报告指出，在决胜全面建成小康社会的过程中，要用最严格的制度来保护生态环境，坚决打赢环境保护和污染治理的攻坚战，把我国建成富强民主文明和谐美丽的社会主义现代化强国。环境资源审判工作作为人民法院审判工作的重要组成部分，肩负着保障宪法和法律实施的庄严使命，关系到坚守社会公平正义的神圣职责。要紧紧围绕十九大报告提出的建设"美丽中国"四项任务，深入研究新时代环境资源审判工作的特点和规律，严格落实生态环境损害赔偿和责任追究制度，为健全环境治理和生态保护市场体系提供司法保障，提升生态环境治理的法治化、现代化水平。

二、牢固树立和践行新时代环境资源审判的新观念

十九大报告对于本世纪中叶建成社会主义现代化强国，首次提出了"美丽"的目标要求。人民法院必须坚定不移贯彻创新、协调、绿色、开放、共享的发展理念，树立和践行像对待生命一样对待生态环境，绿水青山就是金山银山，山水林田湖草一体保护，人与自然是生命共同体，节约优先、保护优先、自然恢复为主和维护环境正义的新时代环境资源审判的新观念。

（一）树立和践行像对待生命一样对待生态环境的生态文明观，实行最严格的生态环境保护制度。习近平总书记多次强调，只有实行最严格的制度，最严密的法治，才能为生态文明建设提供保障。"在生态环境保护问题上，就是要不能越雷池一步，否则就应该受到惩罚"。要像对待生命一样对待生态环境，将科学处理人与自然的关系作为新时代中国特色社会主义的应有之义，生动阐述了人与自然之间唇齿相依的一体性关系。实行最严格的环境资源保护制度，有赖于最严格的执法和司法作保障，要求人民法院在环境资源审判工作中必须严格执行法律规定，依法独立公正审理各类环境资源纠纷案件。要结合主体功能区制度因地制宜，根据优化开发区域、重点开发区域、限制开发区域、禁止开发区域、划定生态保护红线区域的不同定位要求确定不同的处理思路。要坚持法律底线不可触碰，在严守资源消耗上限、环境质量底线、生态保护红线的前提下，正确运用法律解释规则和裁判方法，实现法律效果和社会效果的统一，依法服务保障经济社会健康发展。

（二）树立和践行绿水青山就是金山银山的绿色发展观，正确处理生态环境保护与经济发展的关系。十九大报告强调"必须树立和践行绿水青山就是金山银山的理念"，深刻揭示了经济发展和生态环境保护的关系，深化了对经济社会发展规律和自然生态规律的认识，是生态文明价值观的核心内容。建设社会主义现代化国家，解决生态环境问题，最终要依靠高

质量、高效益的发展，要依靠科学的发展。当前，我国工业化、城镇化、农业现代化的任务尚未完成，城乡区域发展不均衡，经济增长方式转变遗留的环境问题凸显，产业转移带来环境压力持续加剧，经济发展与环境保护的矛盾仍然十分突出。人民法院在环境资源案件审理执行过程中，要处理好经济发展与环境保护的关系，要在加强生态环境和受害人保护的前提下，综合考量合理利用环境容量的现实需要、生产经营行为的性质以及社会整体利益等因素，合理运用容忍限度理论，创新审判和执行方式。要找准环境保护、经济发展和维护人民群众环境权益之间的平衡点，为建立健全绿色低碳循环发展经济体系提供司法服务和保障。

（三）树立和践行山水林田湖草一体保护的系统保护观，统筹推进生态环境系统治理。十九大报告提出设立国有自然资源资产管理和自然生态监管机构，统一行使全民所有自然资源资产所有者职责和所有国土空间用途管制、生态保护修复职责；统筹山水林田湖草系统治理，将"草"与"山水林田湖"系统治理统筹起来。这是对自然界认识的又一大进步，充分体现了我党对自然共同体的认识更加完整。树立和践行山水林田湖草一体保护的理念，是落实十九大报告关于"构建国土空间开发保护制度，完善主体功能区配套政策，建立以国家公园为主体的自然保护地体系"的重要内容，坚持山水林田湖草一个都不能少，为环境资源司法保护构建了一种整体的认知方式。人民法院在环境资源司法保护过程中要坚持源头保护、系统保护，要适应环境资源保护的整体性特点，统筹适用刑事、民事、行政责任，落实以生态环境修复为中心的损害救济制度，妥善处理权利冲突和责任竞合问题。要在中立裁判的基础上，适度强化能动司法，探讨环境资源系统修复、整体保护、综合治理的保护模式，探索恢复性生态环境司法的新手段、新领域，推动形成绿色发展方式。

（四）树立和践行人与自然是生命共同体的生态伦理观，推动人与自然和谐共生。十九大报告提出人与自然是生命共同体，人类必须尊重自然、顺应自然、保护自然。我们要建设的现代化是人与自然和谐共生的现代化，坚持人与自然和谐共生是新时代坚持和发展中国特色社会主义的基本方略。人民法院必须认识到人和自然是血脉相连的生命共同体，在环境资源审判工作中尊重自然、遵循自然规律，通过有效法律手段把生产生活规制在环境承载力和环境容量范围内。要积极服务保障国家重大战略实施，围绕创新驱动发展战略、乡村振兴战略、区域协调发展战略、可持续发展战略等，研究推动绿色发展的司法举措。要依法妥善衡平各方利益冲突，处理好全局利益与局部利益、长远利益与短期利益、公共利益与个人利益、当代利益与后代利益的关系，统筹兼顾生态环境保护和社会经济发展，衡平个人环境权益与国家利益、社会公共利益的关系，促使经济社会发展建立在资源高效循环利用、生态环境严格保护的基础上。要加快建立绿色生产和消费的司法导向，切实维护人民群众在优美环境中生存发展的权利，还自然以宁静、和谐、美丽。

（五）树立和践行节约优先、保护优先、自然恢复为主的生态保护观，切实打好污染防治攻坚战。十九大报告指出，必须坚持节约优先、保护优先、自然恢复为主的方针。要在资源开发利用上把节约放在首位，在经济发展与环境保护上把保护放在首位，在生态维护治理上以自然恢复为主，这三个方面形成一个统一的有机整体，构成我国生态文明建设的方向和重点。环境资源审判要冲破传统思维束缚，处理好发展经济与保护环境、开发资源与节约资源的矛盾，把节约、保护放在优先位置。要在依法公正审理环境资源纠纷过程中，将恢复受损生态环境作为环境权益保护的最终目标，既要重视对破坏生态环境行为的打击惩治，更要重视对生态环境的恢复，从源头上扭转生态环境恶化趋势。恢复包括自然恢复和人工修复。坚持恢复为主的理念，要根据受损生态环境的具体情况，处理好自然恢复与人工修复的关系。对于具备自然恢复条件、生态环境不能或者不宜进行人工修复、或者人工修复可能导致二次损害的，应优先采用自然恢复的保护方式，由环境污染者或生态破坏者支付生态环境损害赔偿费用，用于提升区域整体环境质量。

（六）树立和践行维护程序正义、兼顾实体正义的环境正义观，切实保障人民群众的环境权益。环境正义强调在不同文化、地区、血统、收入人群之间的环境公平，坚持环境资源权利的公平性、永续性，主张个人、社会群体和代际之间都平等享有清洁的土地、空气、水与其他自然环境要素的权利，并将其作为实现可持续发展、社会公平的主要手段。环境司法要有效实现环境正义，必须通过司法裁判处理好实质正义与程序正义的关系。实质正义重在权利义务分配的公平合理，是实现法治的基本价值追求。程序正义强调程序和规则，正义不仅应得到实现，而且要以人们看得见的方式加以实现。追求实质正义，不能以违背或者破坏程序正义为代价；强调程序正义，也不意味着放弃对实体正义的追求。各级法院在审理环境资源案件过程中，要特别注意维护程序正义、兼顾实体正义。这就要求不仅要秉持司法公平正义理念，正确适用法律公正裁判案件，坚持污染者治理、损害者赔偿、开发者养护、受益者补偿的原则，严厉制裁环境违法侵权行为，合理分担生态环境损害责任。更要使环境司法的裁判过程符合公平正义的要求，使人民群众能够充分感受到裁判过程的公平性和合理性。要引导公众通过合法途径表达环境诉求，充分保障公众的环境知情权、参与权和监督权，要提高公民有组织地参与环境利益诉求表达的能力，帮助环境受害人提高参与环境司法的能力，从根源上缓解和消除环境危机，实现环境正义。

三、依法履行新时代环境资源审判职责

十九大报告深刻指出，要着力解决突出环境问题，加大生态系统保护力度。人民法院要围绕打好污染防治攻坚战要求，认真研究当前环境资源司法保护领域存在的突出问题和人民群众反映强烈的环境污染问题，充分发挥司法在维护生态文明建设秩序方面的职能作用，彰显司法权威。

（一）通过环境资源审判工作，化解与环境资源有关的各种纠纷，维护社会的和谐、稳定和安全。严厉打击污染环境、破坏资源类犯罪和环境资源监管失职犯罪，震慑潜在污染行为人和资源破坏者，保护国家生态环境和自然资源安全。依法追究污染环境、破坏生态和自然资源的民事责任，促进生态环境恢复改善和自然资源合理开发利用。依法支持和监督行政机关依法及时履行行政监管职责，提高人民群众参与环境资源保护的积极性。继续推进环境公益诉讼和省级政府提起的生态环境损害赔偿诉讼工作，依法维护国家利益和社会公共利益。

（二）通过环境资源审判工作，落实最严格的环境资源保护制度，使制度落地生根。要强化环境资源审判职能，保证国家保护生态环境的法律规范得到统一实施和贯彻落实。要按照十九大报告关于统筹山水林田湖草系统治理的要求，细化环境资源案件裁判规则，按照不同案件类型分类施策，统一裁判尺度，实现个案公正。要围绕大气、水、土壤污染以及农业面源污染、农村人居环境整治、城市群建设等环境资源重点类型案件，及时制定司法解释和指导意见，完善法律适用规则，助力生态环境保护攻坚战，打赢蓝天保卫战。要完善环境资源案例指导制度，健全典型案例发现、培育和推荐工作机制，提高编选典型案例的针对性、科学性，明确法

律适用标准，提升环境资源审判公信力。

（三）通过环境资源审判工作，促进生态环境的改善，为绿色发展和美丽中国建设贡献力量。环境资源审判是国家环境治理体系的重要环节，在生态文明建设与绿色发展中发挥着重要作用。要按照十九大报告关于加快生态文明体制改革、建设美丽中国的要求，充分发挥环境资源审判在救济环境权益、制约公共权力、终结矛盾纠纷和形成公共政策等方面的功能作用，推动生态环境质量不断改善，促进经济社会可持续发展。要准确把握服务和保障生态文明建设与绿色发展的目标任务，将绿色发展理念作为环境资源审判的行动指南，加大环境权益司法保护力度，健全完善环境权益保障体系。生态环境保护和美丽中国建设离不开每一个人的参与，要充分发挥司法的评价指引作用，扩大人民陪审员参与案件审理的范围，加强对社会关注度高、具有示范意义的环境资源保护重大典型案件的公开审判和宣传力度，增强人民群众的环保意识，在全社会营造人人、事事、时时崇尚生态文明的氛围。

（四）通过环境资源审判工作，回应新时代环境资源审判工作的新要求，不断完善我国环境资源法律制度。要按照十九大报告要求，积极推动建立绿色生产和消费的法律制度和政策导向。要根据环境资源案件特点，探索完善行为保全、举证责任分配等制度，妥善协调环境资源法律规范之间的效力冲突，多做协调工作，探索多样化的责任承担方式，创新环境资源审判执行工作方式方法。要发挥技术专家作用，破解环境资源案件审理中的"评估难""鉴定难"问题，推动构建科学、公平、中立的环境资源评估鉴定制度。要深入研究涉及排污权、碳排放权等与气候变化密切相关案件和清洁能源、绿色金融等新领域的特殊法律问题，积极助推绿色发展方式和生活方式形成。要及时总结审判经验、回应立法要求、社会呼声和生态环境保护的新需求，及时制定司法解释和司法政策，完善法律适用规则。

四、全面推进新时代环境资源审判体制机制改革

十九大报告明确指出，深化司法体制综合配套改革，全面落实司法责任制，努力让人民群众在每一个司法案件中感受到公平正义。人民法院，特别是各高级人民法院和环境资源审判实践基地中、基层人民法院，要按照十九大报告要求和最高人民法院的统一部署，开拓创新，攻坚克难，逐

个破解制约环境资源审判职能有效发挥的体制机制难题，全面推进环境资源司法专门化体系建设。

（一）以生态环境监管体制改革为契机，推进环境资源审判体制机制建设。十九大报告提出加强对生态文明建设的总体设计和组织领导，设立国有自然资源资产管理和自然生态监管机构、统一行使全民所有自然资源资产所有者职责，统一行使所有国土空间用途管制和生态保护修复职责，统一行使监管城乡各类污染排放和行政执法职责。生态环境监管体制改革是生态文明体制改革的具体实践，需要各项制度改革互相配合、整体联动。建构完善的环境资源审判体制是其中的关键一环。司法体制改革配套不到位，仍然按照旧有行政区划管辖环境资源案件，不仅难以解决环境案件跨区域跨流域问题，还会消解改革红利，改革成效不仅无法转化为人民群众实实在在的获得感，反而可能会让群众产生"失落感"。人民法院要从增强改革的系统性、完整性、协同性的高度认识环境资源审判体制机制改革的重要意义，继续推进环境资源司法专门化建设，形成制度合力，促进环境资源司法行政监管的社会性和生态系统的自然性进一步契合，推进生态环境治理体系和治理能力现代化。

（二）配合司法体制综合配套改革，推进环境资源案件跨行政区划集中管辖。环境资源保护与经济发展存在不可避免的矛盾，环境资源审判来自各方面的干预更多。跨行政区划集中管辖是适应环境污染和生态破坏流动性、扩散性特征，实现生态环境整体保护，有效解决跨行政区划污染以及环境资源审判领域的"主客场"问题的重要改革措施。各地法院配合司法体制综合配套改革进程，根据辖区内生态环境的特点进行了有益探索。如甘肃高院将甘肃矿区人民法院改建为专门审理环境资源类案件的中级法院，跨行政区划管辖全省涉环境资源类案件。青海玉树中院设立专门的环境资源法庭管辖区域内环境资源案件。徐州中院把辖区环境资源案件统一由徐州铁路运输法院管辖。贵州清镇法院、江苏无锡中院、云南昆明中院、福建龙岩中院、重庆万州法院等在探索环境资源案件跨行政区划管辖、深化环境资源司法改革方面积累了很多好的经验。绝大部分环境资源实践基地法院积极进取，利用自身优势和当地生态环境特点逐步开展环境资源审判的体制机制建设，取得很多可喜成果。在今后的司法体制配套改革中，要高度关注环境资源案件的管辖问题，根本上还是要建立跨行政区划法院审理包括环境资源案件在内的特殊案件。

对于环境污染、生态破坏行为以及损害后果跨行政区划的案件，可由高级法院根据本区域内环境资源保护需要，统筹探索由部分中基层法院跨行政区划集中管辖。加强对京津冀、三江源、国家公园等环境治理重点区域、生态功能区实行跨行政区划集中管辖的研究力度，进一步加强对建立跨行政区划环境资源法院的可行性研究。

（三）适应环境资源案件特点，推进环境资源审判专业化建设。环境资源案件具有高度的专业性、技术性，将环境资源案件实行"三合一"归口管辖，有利于形成集聚优势、统一裁判尺度、培养专业法官。各实践基地法院要发挥模范带头作用，加快推进环境资源审判专门机构建设，完善环境资源审判体制机制。继续推进环境资源案件归口审理，推广环境资源民事、行政、刑事案件由同一个业务庭或者专门化审判团队审理的模式，协调不同环境资源类型案件的衔接，实现对生态环境的全方位保护。环境资源案件污染物质认定、损害数额计算以及损害事实因果关系认定的复杂性，决定了案件审理需要发挥技术专家的作用。国外的环境资源法院或专门法庭在发挥技术专家（技术法官）方面的经验作法，值得我们借鉴。最高人民法院环境资源司法研究中心成立时，聘请了多位环境科学和环境法学方面的专家学者作为咨询专家，部分地方法院环境资源审判实践中也设立了专家库，同时在技术专家担任人民陪审员参与审判、司法鉴定以及第三方监督等方面进行了积极的探索。要加强探索配置技术专家辅助环境资源案件审理，继续完善现有配置技术专家辅助环境资源审判的机制，鼓励技术专家作为陪审员或者咨询专家积极参与案件审理，发挥技术专家在环境损害事实以及因果关系的司法鉴定、第三方监督等方面作用，为查明案件事实提供专业咨询意见。

（四）突出司法保障职能，推进多元共治环境治理格局体系。环境资源审判牵涉方方面面，事关社会公平正义，人民法院在维护人民群众环境权益方面肩负着重要职责。但是我们也要看到，环境治理是一项系统工程，需要党委、政府、社会各方面的共同参与。修复受损的生态环境作为环境司法追求的最终目标，不能指望法院一家包打天下。人民法院要汇集多方力量和智慧，适应区域联防联治环境治理新模式的需要，建立与公安、检察和环境保护相关主管部门的执法协调联动机制，在证据提取、信息共享等方面做好衔接。要推动构建环境资源纠纷多元化解决机制，充分发挥行政调解、人民调解、行业调解等非诉纠纷解决机制的作用。要准确认识司法作为最后一道防线的功能作用，探索环境行政调处与司法裁判的衔接，推动构建政府为主导、企业为主体、社会组织和公众共同参与、司法保障的多元共治环境治理体系。

五、大力加强新时代环境资源审判队伍建设

十九大报告深刻指出，实现伟大梦想，必须建设伟大工程，这个伟大工程就是我们党正在深入推进的党的建设新的伟大工程。伟大斗争，伟大工程，伟大事业，伟大梦想，紧密联系、相互贯通、相互作用，其中起决定性作用的是党的建设新的伟大工程。

（一）强化环境资源审判队伍的政治建设。要始终坚持党的领导，建设过硬环境资源审判队伍。核心问题在于要有担当精神，敢于严格执法，敢于排除干扰，敢于保护人民群众环境资源方面的合法权益，这是对党忠诚、对国家忠诚、对人民忠诚的最好体现。环境资源审判工作要为统筹推进"五位一体"总体布局、协调推进"四个全面"战略布局提供更好的司法服务和保障，要在贯彻新发展理念、依法保障美丽中国建设上有新作为，关键在党，关键在人。人民法院要落实全面从严治党的要求，按照增强"八个本领"要求，全面加强环境资源审判队伍建设。要牢固树立"四个意识"，切实学懂弄通做实党的十九大精神，全面深刻认识坚决维护党中央权威和集中统一领导的极端重要性，积极开展"不忘初心，牢记使命"教育实践活动，坚持以习近平新时代中国特色社会主义思想统揽各项工作。

（二）加强环境资源审判队伍正规化、专业化、职业化建设。人民法院要结合环境资源审判工作政策性、专业性和技术性强的特点，准确把握环境资源审判客观规律，探索研究包括技术专家配置、法官素质提高等问题。进一步丰富、更新环境法官知识体系，开展审判能力培训，培养既精通法律又熟悉环境资源专业知识的环境资源审判团队，着力打造专家型法官队伍。要以建立高素质、复合型的环境资源审判队伍作为人才培养的目标，留住审判经验丰富的骨干力量，吸引高素质人才充实队伍。环境资源审判法官要有终身学习的意识、提高知识更新频率，不断增加知识储备，提高专业化水平。

（三）适应新时代要求，提升环境资源审判专业素养。人民法院要不断总结环境资源审判工作在司法政策、司法理念、法律适用等方面积累的

经验，通过对实践经验、发展成果的提炼总结，进一步加强环境资源司法理论创新，努力使环境资源审判工作适应新时代中国特色社会主义的发展要求。要进一步加强国际交流合作，紧密结合我国环境资源司法保护需求，拓展国际视野，依托信息技术推进国际范围内的信息共享，加强理论和实务的比较研究，合理借鉴域外环境资源司法理论和实践经验。要在有效应对我国环境资源审判发展中新情况新问题的同时，为全球环境治理提供有益的"中国经验"，通过创建环境资源司法国际论坛等渠道，提升中国环境司法的国际话语权。

六、加强新时代环境资源司法理论研究

十九大报告明确指出，"实践没有止境，理论创新也没有止境"，要"深化马克思主义理论研究和建设，加快构建中国特色哲学社会科学，加强中国特色新型智库建设"。要密切关注、研究环境资源审判中出现的新情况、新问题。最高人民法院要加强调查研究，汇总各地在新时代环境资源审判工作中面临的实际困难，及时出台相应司法解释，完善工作规则、工作规范。各级法院尤其环境资源司法实践基地要结合工作中的实际问题加强理论研究。三个理论研究基地应继续发挥环境资源司法智库作用，增强环境资源理论研究的前瞻性、针对性和有效性，为环境资源审判提供坚实的理论基础。

（一）探索构建新时代中国特色环境资源司法理论体系。要坚持高标准、高定位，围绕建设美丽中国、全面推进依法治国的新时代主题，系统研究环境治理和生态环境司法保障的价值选择、发展方向等重大课题，深入研究解决新时代生态文明建设过程中环境资源法律制度和环境资源审判发展的前沿问题，探索构建新时代中国特色社会主义环境资源司法理论体系。

（二）加强对环境权益的基础理论研究。环境权益是目前学界和实务界普遍关注的重大理论问题。作为现代社会的新型权益，环境权益同时具有公权和私权的双重属性。我国宪法尚未对环境权益作出明确规定，有进一步研究和拓展的空间。与生态环境有关的环境权益，既包括实体上的权利，也包括程序上的权利；既包括客观上的权利，也包括主观上的权利，是个复杂的体系。随着社会的发展，环境权益的内涵会不断发展变化，环境权益的司法保障也会不断完善。从发展过程来看，环境司法要将人民群

众环境权益的全面保护作为理想追求，但基于社会生活的复杂性和我国目前仍处在社会主义初级阶段的现实国情，逐步扩大环境权益保护范围是必要的。要深化环境法学的基础理论问题和环境权益的意涵，按照各类环境权益的内在特征加以类型化研究，既要研究民法上的环境侵权，也要研究民法上的环境物权、环境人格权，以及环境权益作为民事权利客体的必要性和可行性。要区分环境私益和环境公益，根据公益和私益的不同特点探寻有针对性的保护方式。

（三）落实民法总则所确立的绿色原则。10 月 1 日正式实施的《民法总则》第九条确立了"节约资源、保护生态环境"的绿色原则，民法典分编部分目前也正在编纂过程中。我们要抓住民法典分编编纂工作的机遇，从理论上厘清环境法与传统法律尤其是民法的关系，推进环境法解释方法的研究。从完善立法的层面，研究民法总则所确立的绿色原则的具体化，把环境资源司法最新研究成果具体化为民法典物权、合同、侵权等各分编的具体条文，使绿色原则真正成为贯穿于民事活动和司法审判工作的基本原则。

（四）探索环境资源实体和程序法律制度。要探索研究独立的环境资源案件诉讼程序，充分考虑诉讼过程中由环境资源案件特殊性所决定的法官职权干预与当事人主义之间的衡平，对环境资源诉讼程序价值、基本原则等基础性问题和环境资源案件的管辖、回避、证据、审理、执行以及证明责任分配、证明标准、因果关系认定、责任承担方式等制度进行系统研究。要进行编纂环境法典的可行性研究，实现环境资源保护领域法律之间的协调，满足环境资源司法工作对法律制度的整体性、系统性的需求。

（五）密切关注生态文明体制改革过程中出现的新情况新问题。十九大报告将"加快生态文明体制改革，建设美丽中国"作为一个部分集中论述，明确要加快建立绿色生产和消费的法律制度和政策导向，建立健全绿色低碳循环发展的经济体系，发展绿色金融，建立以国家公园为主体的自然保护地体系，积极参与全球环境治理，落实减排承诺。要进一步加强对于涉及生物多样性保护、排污权交易、碳排放权交易、用能权交易、绿色金融以及国家公园自然保护地等环境资源新类型案件的研究，为制定相关法律规范、司法解释或者指导性意见提供理论依据。

（六）推动环境资源司法理论与实践结合。要搭建理论界与司法实务界交流的桥梁纽带，将环境资源审判实践作为环境资源法理论研究发展的重要动力。理论研究基地要着眼于解决环境资源审判实践中的重点难点热点问题，通过召开研讨会、实地调研等方式，加强与实践部门尤其是各实践基地法院的深度合作，推出优秀的理论研究成果，促进成果转化，为立法完善、司法决策和案件审理提供理论指引。

同志们，环境资源保护工作功在当代，利在千秋。新时代的环境资源审判工作任重道远，新时代的环境资源法官责任重大。新时代要有新气象，更要有新作为。各级人民法院要在习近平新时代中国特色社会主义思想的指引下，不忘初心，牢记使命，求真务实，团结奋进，进一步加强新时代环境资源审判专门化建设，不断开创环境资源审判工作的新局面。我们也真诚希望各理论研究基地和各位专家学者参与到环境资源司法审判事业当中来，共同为推进依法治国、建设生态文明、建设美丽中国，为建成社会主义现代化强国做出新的更大的贡献！

切实学懂弄通做实党的十九大精神
奋力续写环境资源审判工作新篇章

——在"全国法院环境资源审判工作培训班"上的授课纲要

最高人民法院副院长　江必新

（2017 年 11 月 28 日）

同志们：

根据最高人民法院党组的要求，同时也是本次培训班的要求，在每次培训班中都要有关于十九大精神学习方面的内容。我今天想结合十九大报告重点讲一讲报告中关于生态文明建设方面的一些新理念、新要求以及新举措。希望能够通过此次交流，使大家对十九大报告关于生态文明建设方面的内容有一个宏观的了解和把握。

十九大报告对美丽中国和生态文明建设给予了高度重视，主要在四个部分阐述了生态文明建设问题。一是在第一部分"过去五年的工作和历史性变革"中专列一段，总结了十八大以来在生态文明建设方面所取得的成就，标题是"生态文明建设成效显著"；在提到存在的问题时，又提出"生态环境保护任重道远"。二是在新时代党的历史使命和新时代中国特色社会主义中提到建设社会主义现代化强国，加上了"美丽"这一修饰词，即建设富强民主文明和谐以及"美丽"的社会主义现代化强国。三是在第三部分"新时代中国特色社会主义思想和基本方略"的第九个方略里，提出"坚持人与自然和谐共生"的新理念。四是在第九部分专章阐述了"加快生态文明体制改革，建设美丽中国"。以上四个板块既阐述了生态文明建设的基本理念和基本方略，也提出了生态文明建设的新要求，同时明确了新时代生态文明建设的具体举措。学习宣传贯彻落实十九大报告关于生态文明建设的这些要求，我概括为五句话，也是今天我要讲的五大内容。

一、认识生态环境保护的新定位

改革开放以来，生态环境保护的重要性不断被提及，特别是党的十六大、十七大、十八大作出了一系列的决策部署。十九大报告中，对生态文明建设作出了新的定位，可以归纳为以下五个方面：

（一）生态文明建设是中华民族永续发展的千年大计

十九大报告将生态文明建设上升到千年大计，这个认识和定位非常高。生态文明建设不是暂行之计，不是十年大计，不是百年大计，而是千年大计，就是永远要坚持生态文明建设。环境资源审判法官要牢记这句话，充分认识环境资源审判工作的前提和定位，否则就失去了工作的基础。

（二）生态文明建设是社会主义现代化强国的重要组成部分

我国《宪法》中关于建设社会主义现代化强国的表述，一开始只有"富强""民主""文明"三个修饰词，后来增加了"和谐"这一修饰词，十九大报告再增加了一个修饰词"美丽"，由此社会主义现代化强国的描述由上述五个修饰词组成。这五个修饰词分别对应"五大建设"：富强对应经济建设，民主对应政治建设，文明对应文化建设，和谐对应社会建设，美丽对应生态文明建设。这五大建设对应社会主义现代化强国的五个组成部分，生态环境保护成为建设社会主义现代化强国的一项重要任务。十九大报告提出了建设社会主义现代化强国的阶段安排，其中也对生态文明建设提出了新的要求。第一个阶段，从现在到 2020 年是全面建成小康社会决胜期，决胜小康社会对生态文明建设提出的要求是打好生态环境保护、污染防治的攻坚战。第二个阶段，从 2020 年到 2035 年，在全面建成小康社会的基础上，再奋斗十五年，基本实现社会主义现代化，对生态环境的要求是"生态环境根本好转，美丽中国目标基本实现"。第三个阶段，从 2035 年到本世纪中叶，我国物质文明、政治文明、精神文明、社会文明、生态文明将全面提升。这三个阶段中对生态文明建设都有具体的安排和要求，将生态文明建设纳入了社会主义现代化强国建设的总体格局。

（三）生态文明建设是满足人民美好生活需要的重要内容

十九大报告把生态环境作为人民美好生活需要的一个重要内容，其中特别强调要提供更多优质生态产品，以满足人民日益增长的优美生态环境需要。

（四）生态文明建设是解决社会主要矛盾的重要方面

十九大报告提出的一个重要论断是新时代我国社会主要矛盾发生了变化，转化为人民日益增长的美好生活需要和不平衡不充分的发展之间的矛盾。发展不平衡不充分除了指人民群众对物质文化需求的不断增长以外，还有一些新的增长点。十九大报告列举了六个方面的增长点，即民主、法治、公平、正义、安全、环境，把"环境"作为其中的一个重要组成部分，要解决新时代社会主要矛盾就必须不断满足人民群众对生态环境方面的需求。

（五）生态环境建设是全球治理的重要部分

十九大报告要求为全球生态安全作出贡献，积极参与全球环境治理，切实履行我国减排承诺，生态文明建设由此构成全球治理的一个重要组成部分。

从以上五个方面可见，生态环境保护在新时代有了新的定位，这些新的定位说明生态环境保护的意义重大而深远。作为从事环境资源审判工作的同志，应该感到非常振奋，信心百倍地投入到生态环境保护的伟大建设工程之中。

二、树立生态环境保护的新理念

十九大报告阐述了一系列关于生态环境保护的新理念，这些新理念与习近平新时代中国特色社会主义思想，尤其是关于生态文明建设方面的思想高度契合，一脉相承。具体而言，以下六个理念值得特别关注：

（一）人与自然和谐共生的理念

关于人与自然的关系，从历史上看大体上经历了三个阶段。第一个阶段是自然中心主义。这一阶段中，人类在自然面前显得很微小。特别是在蒙昧时代，科学文化不发达，生产力较低，几乎世界各民族都存在着一种自然崇拜的观念。在各个文化中最初都有不少的自然神，例如我国的土地神、山神、雷神和神山、神水、神湖等，这就是自然中心主义打下的文化烙印。第二个阶段是人类中心主义。随着科学生产力的不断发展，人类认识自然的技术能力不断提高，加上西方一些新的思潮影响，逐渐形成了一种人类中心主义的思想和理念。西方在近代文艺复兴以后，开始了人类中心主义的进程。在这个过程中，人类总是认为人的认识能力是无穷无限的，是完全能够把控自然、改造自然的。在我国文化中也能找到此种观念，例如"与天斗其乐无穷，与地斗其乐无穷"，就是认为人可以完全改造自然、降服自然。第三个阶段是人与自然和谐共生。近几十年来，在改造自然、与自然做斗争的过程中，人类付出了极大的代价，受到了惩罚。特别是开荒种地、大炼钢铁等行为，严重破坏了生态环境，付出的代价非常之大。我国自改革开放以来，为了发展经济而不太注意生态环境的保护，结果现在很多地方连饮水都成为问题，水资源被污染后只能饮用矿泉水、纯净水。水资源本是自然随处可以供给的，不具有稀缺性，现在却变成了一种稀缺产品。这些教训说明，人和自然的关系恐怕还不能以人类为中心，最终应当是和谐相处，人与自然和谐共生。这就是十九大报告中特别强调的一个基本的、重要的理念。中国古代强调的"天人合一"理念就是寻求人类与自然的和谐共生，特别是道家在这方面提出的"顺应自然""道法自然"等作出了重大的理论贡献。人与自然和谐共生，强调的是自然本身有其存在的内在价值，强调人对自然具有一种道德义务，强调人的自然化和自然的人化，强调人和自然是生命的共同体。对这一问题，马克思在《1844 年经济学哲学手稿》里提出自然是人的无机的身体，在《资本论》中强调人与自然之间存在着一种物质循环，在《共产党宣言》里阐述在较高级的社会形态即共产主义社会中，社会化的人联合起来的生产者，将自觉地调节他们和自然之间的物质交换，达到人和自然界之间、人和人之间矛盾的真正解决。这就把人与自然的和谐关系作为共产主义社会的重要内容。人与自然和谐共生的理念是生态哲学的基础。

（二）以满足人民对优美生态环境需要为中心的理念

社会主义现代化强国建设中，各方面的建设最终都要以人为本，以人民为中心。在生态文明建设方面，所要实现的基本目标就是满足人民群众对优美生态环境的需求，这是很重要的价值追求。我们每个人都希望能够喝上干净的水，呼吸新鲜的空气，能够吃上安全的、无毒无害的食品，这是人类生存的基本需要。

（三）绿色发展和绿色消费的理念

人的发展需求是多方面的，优美生态环境是一个方面，生存发展是另一个方面，而且是更为基本的需求。人要生存，要吃，要穿，这是最为基本的需求。即便环境状况稍差，其对人身体的侵害仍是一个较为漫长的过程。而如若人没有饭吃，寒冬腊月没有衣服穿，可能不久就会毙命。人类这一基本需求与优美环境的需求之间是有矛盾和冲突的。我们不能完全不搞经济发展，因为不搞经济发展就满足不了人民物质生活和文化生活的基本需求。但是，不顾生态环境的过度经济发展，又会带来另一方面的问题。处理两者之间矛盾的路径就是要走绿色发展之路，绿色消费之路。这就是绿色发展和绿色消费的理念，其强调的是两者兼顾。

（四）绿水青山就是金山银山的理念

习近平总书记强调"绿水青山就是金山银山，宁要绿水青山，不要金山银山"。"绿水青山就是金山银山"的理念为解决前述生态环境需求与生存需求之间的矛盾指引了方向，揭示了环境生产力的理念：环境本身就是生产力，保护环境就是保护生产力，破坏环境就是破坏生产力，改善生态环境就是改善和发展生产力。

（五）实行最严格的生态环境保护制度的理念

当前我国环境问题比较突出。由于过去一些地方不太注意保护生态环境，片面追求所谓的经济发展，追求 GDP 指标，带来了很多生态环境上的问题。从三百多个地级市的环境评价结果来看，我国环境问题非常严峻，单位资源消耗是发达国家的三至四倍，有些地方每年只有近四分之一的天气能够达标。在这种情况下，必须实行最严格的生态环境保护制度。

（六）全民共治、系统治理、综合治理的理念

全民共治要求每个公民都要参与进来，充分发挥社会组织的作用。系统治理强调山水林田湖草要系统保护。综合治理要求采取体制、制度、思想教育、文化、法治、德治等方式进行综合治理。

社会主义生态文明观是十九大报告新提出的一个概念，十九大报告中关于生态文明建设的上述六个新理念共同构成了新时代社会主义生态文明

观的主要内容。

三、明确生态环境保护的新任务和新要求

十九大报告关于生态文明建设方面涉及的部分较多，内容较为复杂，需要进行一定的梳理，以便于理解。这里我重点阐述十九大报告关于生态文明保护宏观方面的要求，主要有以下五个方面：

（一）要把美丽中国建设作为社会主义现代化强国的重要组成部分

美丽中国建设是一个宏伟的、根本性的任务。"美丽中国"四个字把生态环境保护的内容全部囊括其中，建设美丽中国是当今生态环境保护所追求的最高目标。十九大报告为美丽中国建设设置了一个时间表，即 2035 年要建成美丽中国，从而对生态环境保护提出了更高、更全面、更系统的要求。

（二）要提供更多优质生态产品以满足人民日益增长的优美生态环境需要

优质生态产品是十九大报告中一个新的提法，涉及到一系列公共产品。生态环境本来是一种自然产品，但是在当今社会，由于发展的扭曲，变成了一种公共产品。作为国家，作为政府，需要提供更多优质生态产品，事实上赋予了政府更多的职责和义务。

（三）要坚持节约优先，保护优先，自然恢复为主的方针

以节约资源和保护环境为基本国策，形成节约资源和保护环境的空间格局、产业结构、生产方式、生活方式。核心是空间格局、产业结构、生产方式、生活方式四个词，其内涵非常丰富，包括生产、生活、消费以及整体的宏观治理。这是一个新的提法，也是一个宏观的任务。

（四）要改革和完善生态文明体制、制度和机制

十九大报告在第九部分里提到要加快生态文明体制改革，建设美丽中国，把体制改革放到非常重要的位置。当然，这也有机制改革、制度完善的问题。生态文明建设体制，涉及多个环境资源主管部门的整合。此外，

还应建立和完善一系列的制度和工作机制，十九大报告对此作出了一系列安排。中央《生态文明体制改革总体方案》规定了八个方面的制度，包括自然资源资产产权制度、国土空间开发保护制度、空间规划体系制度、资源总量管理和全面节约制度、资源有偿使用和生态补偿制度、环境治理体系制度、环境治理和生态保护市场体系制度、生态文明绩效评价考核和责任追究制度。要求对森林公园、自然保护区、湿地保护区以及风景名胜区等进行整合。这些改革就是要改变目前存在的多部门各自为政、治理分散、体制不顺的问题，对体制和制度进行整合、统一。

（五）要着力解决突出环境问题

解决突出环境问题，就是要打好攻坚战。特别是在决胜小康社会这个阶段，要打好污染防治的攻坚战。污染防治攻坚战是三大战役之一，这三大战役分别是脱贫攻坚战、风险防范攻坚战、污染防治攻坚战。污染防治攻坚战里又有三大战役，一是大气污染防治战役，二是水污染防治战役，三是土壤污染管控与修复战役，这三大战役就是要着力解决突出的大气、水和土壤等环境问题。

四、落实生态环境保护的新举措

生态环境保护的新举措，可以概括为四个词、八个字，即绿化、治理、保护和监管。

（一）绿（色）化

"绿化"即绿色化，绿色消费，绿色生产，绿色发展，绿色生活，以节约资源和保护环境。"绿化"这两个字，可以概括为四个体系，即经济体系、产业体系、能源体系、消费体系，对应着四个方面的重点任务。一是建立绿色低碳循环发展的经济体系。这是从经济体系角度来讲的，重点讲生产。二是构建绿色产业体系。这是从经济发展角度来讲的，要形成产业体系，如风电、水电产业以及专门的污染治理产业。三是构建绿色能源体系。过去能源主要是煤及其他污染严重的传统能源，现在改为天然气，此外还发现了一些新的清洁能源，比如可燃冰、太阳能等。四是构建绿色消费体系。

（二）治理

生产、生活要尽量节省资源，而对于已经产生的污染也要进行治理。在治理这个环节，要打好大气、水、土壤污染防治的三大战役。十九大报告提出了一些治理方面的新举措。一是严格控制污染排放。治理首先是控制和减少污染的排放，进行源头治理，提高排放标准，加强固体废弃物和垃圾处置。二是开展农村人居环境整治。现在农村脏乱差的地方较多，成为一个很重要的污染源头，为此十九大提出要进行农村人居环境的整治，这是一项新的安排。三是强化排污者责任。第一，要健全环保信用评价制度。着力构建一种如果企业的信用评级降低，则其各项生产成本将逐渐增加的信用体系和制度。第二，要建立环保信息强制性披露制度。该制度的建立对今后的司法审判会产生很大影响，将引发很多新情况、新问题。例如，企业不披露排污信息而引发的新类型纠纷，诉诸法院后应作为民事纠纷还是行政纠纷处理？第三，要建成严惩重罚制度。排污者污染环境，就应当承担责任，接受最严格的惩罚。四是完善治理体系。这个治理体系应当是政府为主导、企业为主体、社会组织和公众共同参与的环境治理体系。五是积极参与全球环境治理，落实减排承诺，为全球生态安全作出贡献。在特朗普就任美国总统后，美国宣称要退出《巴黎协定》，这对国际环境治理产生了一定的冲击和影响。但是，中国表现出了一个负责任大国的风度和形象。十九大报告明确提出我国要履行减排承诺，通过承担国际责任和履行国际义务来显示大国风范。当然，我们应坚持共同但有区别的责任原则、公平原则和各自能力原则，根据自身能力，与国际社会共同构建合作共赢、公平合理的国际气候制度，协同行动积极应对气候变化，共同保护好人类赖以生存的地球家园。

（三）保护

一是实施主要生态系统保护和修复重大工程。二是完成三条控制线的划定工作。三条控制线即生态保护红线、永久基本农田和城镇开发边界三条控制线。环境资源审判工作要充分了解和有力保障这三条基本红线。三是国土改良和水土综合治理，山水林田湖草系统治理。国土改良和水土综合治理的专业性、技术性要求较多，是保护的重要而复杂的方面。例如，天然林保护制度，退耕还林还草制度，耕地轮作休耕制度，耕地草原森林河流湖泊休养生息制度等。四是建立市场化、多元化的生态补偿机制。

（四）监管

一是加强总体设计和组织领导。现在生态环境分管的部门较多，缺乏总体设计，为此十九大报告特别强调，要加强顶层设计、总体设计。二是建立统一监管机构。监管机构的统一涉及到多个部门，要把相关职能进行集中，设立国有自然资源资产管理和自然生态监管机构，统一管理，统一监管，解决所谓的"九龙治水"问题。三是构建国土空间开发保护制度。要以法律为依据，以用途管制和市场化机制为重要手段，构建相关制度体系。四是完善主体功能区配套政策。包括财政、投资、产业、土地、人口、环境等方面的政策，同时特别强调要建立以国家公园为主体的自然保护地体系，整合自然保护区、国家森林公园、风景名胜区等。五是坚决制止和惩处破坏生态环境的行为。

五、厘清司法保护生态环境的新思路

前面介绍了十九大报告对生态文明建设提出的新理念、新定位、新任务和新举措，最后一部分我想谈谈如何发挥司法的职能作用来保护生态环境，建设美丽中国，满足人民日益增长的优美生态环境需要。

（一）要认真学习宣传贯彻十九大精神，提高环境资源审判工作的政治站位

要充分认识新时代生态环境保护的重要意义和重要价值，明确生态环境保护的新定位和历史方位，把握十九大报告提出的新要求，深刻领会和认真实践十九大报告提出的关于生态环境保护的新理念，充分发挥审判职能作用，落实好、贯彻好生态保护方面的新举措。要把学习宣传贯彻十九大精神作为当前首要的政治任务，学懂、弄通、做实十九大关于生态保护方面的精神和要求。

（二）要以人民为中心，依法维护人民群众的环境权益，维护国家利益和社会公共利益

在生态环境保护方面，学术界提出了环境权的概念，主张构建这种权利并作为立法、司法的一个重点内容，有些国家也开始提出环境权的概

念。但是，目前确立环境权条件还不成熟，一些比较发达的国家也尚未明确承认环境权。因为若要确立环境权，政府就必须有相应的保障，产生相应的政府给付义务。在目前情况下，将其上升为权利，而课以政府一个全方位的责任和义务还有难度。所以，我们所提的还是环境权益，包含了与生态环境有关的权利和正当利益，大家要注意把握这个分寸。同时，要注意保护国家利益和社会公共利益，特别是检察公益诉讼制度已经正式确立，我们也专门召开会议进行了动员和部署，要努力形成保护环境公共利益和国家利益的合力。

（三）要全面依法履职，充分发挥司法审判对生态环境保护的职能作用

一是依法处理环境资源民事案件，解决好环境资源方面的民事纠纷和争议。二是处理好环境资源行政案件，监督和支持行政机关依法行使环境资源监管职权，保护人民群众正当环境权益。三是充分发挥环境资源刑事审判职能作用，严厉制裁、坚决制止破坏生态环境的违法犯罪行为。四是通过审理各种类型的案件，积极向党政机关提出司法建议，完善相关制度。五是通过环境资源审判工作，构建完善环境资源保护方面的制度、程序和规则。六是通过发布环境资源典型案例，引领全社会自觉保护环境、节约资源，推动绿色生产方式、生活方式和消费方式。

（四）要深化司法体制综合配套改革，实现生态环境司法体制的现代化

最近，最高人民法院党组正在研究司法体制综合配套改革，把跨区划法院的设置作为其中一个重要内容。在修改《人民法院组织法》时，有不少同志提出能否成立专门的环境资源法院。目前的专门法院有海事法院、军事法院、知识产权法院，过去还有铁路法院。现在有同志还建议成立家事法院、少年法院、金融法院、行政法院、劳动法院。各个领域都成立专门法院不现实，设立过多的专门法院可能导致司法体制过于混乱，司法权不统一。从国外经验来看，成立专门法院较多的是德国，有行政法院、普通法院、劳工法院、审计法院等；英国设立的专门裁判所也比较多，裁判庭、裁判组织五花八门。设立专门法院的优势是可以提高专业化水平，但也带来了诸多问题。例如，现在公法和私法交织在一起的案件越来越多，

很多案件既涉及民事纠纷，又涉及行政纠纷，甚至是刑事案件。成立过多的专门法院，其作出的裁判可能会产生矛盾，对同一事实作出不同认定，导致司法权的行使不统一，增加当事人的诉累，造成同案不同判。前不久我接待的欧洲一些国家的司法部长和法院院长就明确提出了这个问题，他们现在要学习的是怎样统一司法权的经验。国外一些国家成立很多法院，最终有一个权限争议法院的程序，争议出现后首先到权限争议法院决定这个案子谁来管，把这个问题解决后再进行诉讼，这就很麻烦。所以，我个人认为建立跨行政区划法院是有比较优势的，按照习近平总书记在十八届四中全会上提到的，普通案件在区划法院审理，特殊案件在跨行政区划法院审理。环境资源案件就属于特殊类型案件，容易形成"主客场"问题，其审理容易受到干扰。目前采取的指定管辖、交叉管辖方式，有有利的一面，但同时也带来一些新的问题。例如，行政公益诉讼案件中，一个地区人民代表大会任命的法官，怎么能审理起诉其他地区政府的案件？如果法官都是由省人大、全国人大统一任命的，则不存在这一问题。因此，跨区划法院设置的一个重要方面是适当提高法官任命的层级。在成立跨区划法院后，法院内部实行团队化管理。例如，巡回法庭基本上是以审判团队的方式运作，一个审判团队审理特定类型案件就会逐步实现专业化。环境资源审判团队可由刑事、民事、行政方面的主审法官组成，从而实现"三合一"或者"二合一"审理。现在案件分布不均，环境资源案件较少，如果是由一个审判团队审理，这个问题就迎刃而解了。上述问题要通过修改《宪法》和《人民法院组织法》来解决。

（五）要深化环境资源审判国际司法合作，积极参与应对全球环境问题

近几年来，环境资源审判在国际司法合作方面的力度很大。在有关国际组织和最高人民法院国际合作局的支持下，环境资源审判庭自成立以来在这方面做了大量工作，也为大家提供了很多交流机会。以后这方面的机会会更多，如参与国际环境司法交流，选派法官赴境外实习等。现在最高人民法院行政审判庭已经有这个机制，与国际行政法院协会合作，每年选派一些法官到其他国家行政法院实习，他们也派法官到我们这里交流实习。大家要做好相关准备，首先外语要好，要能交流。

（六）要建立一支有能力、有本领、高素质的环境资源审判队伍

一是要有较强的政治素质。环境资源审判涉及国家发展大局，必须有较高的政治站位，有很强的政治意识和政治担当。二是要弘扬专业精神。十九大报告特别强调，要弘扬专业精神，提高专业素质、专业能力。环境资源审判专业性强，不仅要懂相关的法律，还要懂生态环境方面的专业知识。一方面，生态环境保护涉及十余个部门，各有各的规定，规范性文件复杂。另一方面，环境资源审判技术性强，特别在损害事实的认定、因果关系的确定、修复补偿方案的制定等方面，均需要较高的专业知识，仅懂法律很难进行认定。三是要有较强的协调能力。环境资源审判涉及多个机构、方方面面，审理案件阻力较大。环境资源保护与经济发展客观上存在着一定的矛盾和冲突，需要正确处理两者之间的关系。有些地方认识不充分，党政部门有些领导认识上不去，就可能成为一个负面的因素。这就需要去做工作，进行协调沟通，着力培养沟通协调能力。四是要注意廉洁作风方面的培养。十八大以来，中央对党风廉政建设抓的非常紧，要求越来越具体，越来越严格。十九大以后，中央又专门颁布了八项规定实施细则，各级法院都要具体落实，不要因为这个问题影响队伍的整体素质和形象。五是要加强新情况、新问题的调查研究。环境资源审判领域需要解决的难题较多，例如环境资源审判中的专门性问题、技术性问题怎么解决，如何采取新的裁判方式实现生态环境的恢复、修复等。环境资源审判作为新的审判业务领域，很多制度还不健全，很多问题没有现成的经验，甚至对国际社会来说也是新问题，不像民商事审判或刑事审判有现成的套路可循。这就要求环境资源审判团队要具有开拓创新精神，通过对新情况、新问题的探索研究，创新审判思路，积累总结经验。

今天上午主要是把十九大报告中关于生态环境保护的内容跟大家做个梳理，不一定很准确，很多是我个人的看法。大家最好还是要回到十九大报告原文，认真学习，多读几遍，认真思考，深刻领会，学以致用，相信会对环境资源审判工作大有裨益。

在《最高人民法院关于全面
加强长江流域生态文明建设与绿色
发展司法保障的意见》新闻发布上的讲话

最高人民法院副院长　江必新

（2017 年 12 月 4 日）

各位记者：

大家上午好！今天是我国宪法日，也是最高人民法院公众开放日，欢迎各位记者。

我国宪法规定了国家的根本制度和根本任务，是国家的根本大法，具有最高法律地位。宪法第九条规定"国家保障自然资源的合理利用，保护珍贵的动物和植物。禁止任何组织或者个人用任何手段侵占或者破坏自然资源"，第二十六条规定"国家保护和改善生活环境和生态环境，防治污染和其他公害"。我国宪法在总纲中明确规定了自然资源和生态环境保护，从根本大法上确立了生态文明建设的重要地位。党的十九大就生态文明建设作出新的部署，把坚持人与自然和谐共生作为基本方略，进一步明确了生态文明建设的总体要求。为保障宪法的正确实施，贯彻落实党的十九大精神，在习近平新时代中国特色社会主义思想引领下，充分发挥环境资源审判职能作用，为长江流域生态文明建设与绿色发展提供有力司法服务和保障，我们制定了《最高人民法院关于全面加强长江流域生态文明建设与绿色发展司法保障的意见》（以下简称《意见》）。下面，我向大家简要介绍一下《意见》的起草背景、主要内容和特点。

一、《意见》起草背景

长江经济带横跨我国东中西三大区域，覆盖上海、江苏、浙江、安徽、江西、湖北、湖南、重庆、四川、云南、贵州等 11 个省市，面积约205 万平方公里，人口和生产总值均超过全国的 40 ％，既是我国经济重心，也是我国重要的生态宝库。长江流域则是一个区域概念，覆盖长江的干流和支流所流经的整个区域，共 19 个省市区，除了长江经济带 11 个省市外，还包括青海、西藏、甘肃、陕西、河南、广东、广西、福建等 8 个省区

改革开放以来，长江经济带已发展成为我国综合实力最强、战略支撑作用最大的区域，但也面临生态环境状况恶化、长江水道不畅、区域发展不平衡等困难和问题。十八大以来，党中央和习近平总书记高度重视长江经济带的发展。中共中央政治局 2016 年 3 月 25 日通过《长江经济带发展规划纲要》，强调推动长江经济带发展，必须走生态优先、绿色发展的道路。习近平总书记非常关心长江经济带的发展，多次强调要把生态环境保护摆上优先地位，涉及长江的一切经济活动都要以不破坏生态环境为前提，共抓大保护，不搞大开发。党的十九大报告再次强调了"共抓大保护，不搞大开发"的原则。

考虑到长江流域是一个以水为纽带形成的完整的自然生态系统，流域生态系统的完整性、环境介质的流动性以及流域自然资源的公共性，决定了流域环境治理必须打破传统行政区划的界限，按照流域或者生态系统进行统一管理。《意见》最终将生态环境司法保障的涵盖范围定位为整个长江流域。

二、《意见》的主要内容和特点

《意见》以习近平新时代中国特色社会主义思想为引领，坚持人与自然和谐共生、绿水青山就是金山银山的理念，坚持节约资源和保护环境的基本国策，以生态优先、绿色发展为主线，以长江流域生态环境存在的突出问题为导向，结合环境资源审判职能，提出了加强司法保障的重要意义、基本理念和具体举措。

《意见》共分为六个部分。第一部分是全面加强长江流域生态文明建设与绿色发展司法保障的重要意义。第二部分提出长江流域环境司法应该遵循的基本理念。第三至第五部分提出具体举措。第六部分是体制机制建设。

主要内容和特点包括：

一是提高站位，充分认识全面加强长江流域生态文明建设与绿色发展司法保障的重要意义。全面加强长江流域环境资源审判工作是落实《长江经济带发展规划纲要》、实现长江经济带发展国家战略的重要司法保障。人民法院要按照"生态优先、流域互动、集约发展"的思路，发挥环境资源审判职能作用，推动构建环境优美、交通顺畅的黄金经济带。全面加强长江流域环境资源审判工作是贯彻习近平总书记关于推动长江经济带发展重要讲话精神的内在要求。人民法院要深刻领会、贯彻落实习近平总书记讲话精神，准确把握长江经济带发展的战略定位和基本内涵，推动长江流域生态环境质量不断改善。全面加强长江流域环境资源审判工作是积极回应长江经济带发展需求、保障流域生态环境安全的客观需要。人民法院要始终坚持人与自然和谐共生的理念，坚持节约资源和保护环境的基本国策，依法维护长江流域的生态环境安全。

二是理念先行，明确提出长江流域生态文明建设与绿色发展司法保障应遵循的四个基本理念。一要遵循自然规律。要树立人与自然是生命共同体的理念，正确认识和把握长江流域以水为核心的生态特征，遵循流域的自然统一性、要素复合性和功能整体性。二要坚持保护优先。要树立绿水青山就是金山银山的理念，坚持节约优先、保护优先、自然恢复为主的方针，把保护和修复长江生态环境摆在首要位置。三要促进绿色发展。要树立生态优先、绿色发展的理念，落实将重大生态修复工程作为推动长江经济带发展项目优先选项的要求。四要注重区域协同。要树立生态环境区域治理和协同保护的理念，统筹推进山水林田湖草系统治理。

三是突出重点，强调水环境与水资源的司法保护。考虑到水在长江流域生态系统里起着决定性作用，《意见》突出强调了水环境与水资源的司法保护。要求审理好四大类十个方面的案件：一是依法审理水污染防治案件，推动水污染防控和治理。二是依法审理水资源开发利用案件，促进水资源可持续利用和节约保护。三是依法审理涉河道和河湖岸线保护案件，保障长江水域安全及水域岸线生态功能。四是依法审理涉水环境和水生态保护案件，促进长江岸线、湿地的水土保持和水源涵养。

四是因地施策，根据长江上中下游生态环境特点，提出各区段应重点关注的案件。长江横跨我国东中西三大区域，辐射19个省市区，不同区段的环境资源条件、经济社会发展水平不尽相同。因此，应该考虑到不同区段环境问题和环境资源审判的特殊性，突出重点，因地施策。

长江上游地区是国家重要生态屏障，应重点把握水源涵养和水土保持的功能定位，加强生物多样性维护和高原湖泊湿地保护，强化自然保护区建设和管护，合理开发利用水资源。要依法审理重点生态功能区、生态环境脆弱区及自然保护区等重点区域的环境污染、生态破坏及自然资源开发利用案件。长江中下游地区的生态环境状况呈恶化趋势，主要原因是城镇化程度高，工业和农村、农业污染严重，洞庭湖、鄱阳湖等淡水湖生态系统退化。要依法审理工业污染、城镇和农村污染案件，保障江河湖泊生态环境安全。《意见》还提出沿江海事法院要充分利用跨行政区划管辖的优势，妥善审理长江流域环境污染、生态破坏案件。

五是力求新作为，妥善审理好新领域、新类型环境资源案件。主要包括：（1）审理好大气污染防治案件，推动长江中下游地区、四川盆地等区域性雾霾、酸雨态势扭转，打赢蓝天保卫战。（2）审理好生物多样性保护案件，依法打击非法猎捕、杀害珍贵、濒危野生动物的犯罪行为，保护物种栖息地，打击走私国家禁止进口的动植物的行为。（3）审理好生态补偿案件，合理界定生态保护者与受益者权利义务，妥善处理流域内因补偿主体、补偿数额、资金监管等产生的纠纷，激发全流域各区段生态环境保护的内在动力。（4）审理好绿色金融等新类型案件，包括涉绿色信贷、绿色保险、碳金融案件以及排污权、碳排放权及用能权纠纷案件，支持绿色产业发展。

六是形成合力，不断完善适应长江流域生态环境与绿色发展司法保障新要求的体制机制。长江流域环境资源要素跨区域特征明显，环境要素的流动性、联动性和互补性强，环境资源审判不能单打独斗，需要整合各方面的力量。要优化环境资源审判机制；构建法院内部的协同机制；完善与行政机关的联动机制。

各位记者，近年来，长江流域各级人民法院深入学习贯彻落实党中央和习近平总书记关于长江经济带绿色发展的重要指示精神，牢固树立现代环境司法理念，依法审理了大量环境资源案件，为保障全流域生态环境安全提供了有力司法保障。今天，我们选取其中具有代表性的十个典型案例进行发布。这十个典型案例涉及水污染防治、水资源开发利用、生物多样性保护等领域，涵摄水、滩涂、湿地、湖泊、渔业、野生动物等环境要素，包括公益和私益两大诉讼类型，涉及刑事、民事、行政三类案件。这十个典型案例各有侧重，对于加强长江流域乃至全国其他区域环境资源审判工作都具有重要的指导意义。其中，湖北十堰中院审理的迈驰公司、古文秀污染环境案，立足"十堰作为南水北调中线工程核心水源区"的区域定位，严厉打击排放污水污染环境的犯罪行为，是人民法院加强饮用水水源地生态环境司法保护的典型案例。贵州清镇法院审理的泰蓣河养殖公司与华锦铝业公司财产损害赔偿案，着重考量了河流生态流量的重要价值，对于人民法院审理水资源开发利用案件具有指导意义。我们期望通过典型案例的发布，进一步深化《意见》的落实，为各级人民法院审理环境资源案件提供可供遵循的规范和指导，促进裁判尺度的统一，不断提升环境资源审判水平，不断满足人民群众不断增长的美好生产生活环境需要，为美丽中国建设提供强有力的司法服务和保障。谢谢大家！

加强生态文明建设理论研究
推动环境资源司法创新发展

——在"创新环境资源司法理论加强生态文明建设司法保障研讨会"上的讲话

最高人民法院副院长　江必新

（2017 年 12 月 28 日）

随着经济社会的不断发展，我们党对生态文明建设的认识逐步深入。党的十六大提出了生态文明的初步设想，十七大首次把生态文明写入报告，十八大首次把生态文明建设提升到与经济建设、政治建设、文化建设、社会建设并列的高度，列入建设中国特色社会主义五位一体总体布局。十八届三中全会进一步提出要全面深化生态文明体制改革，加快建立生态文明制度。十九大提出了加快生态文明体制改革，建设美丽中国的目标。新时代的生态文明建设对新时代的法治建设和司法审判提出了更高要求，人民法院在新时代应当树立生态文明观、深化各项改革、建立配套制度、担负更大责任。

一、十八大以来生态文明建设理论的新发展

十八大以来，党中央对生态文明建设作出一系列顶层设计和总体部署，生态文明建设理论体系也随之不断丰富发展。十九大报告对习近平总书记生态文明建设重要战略思想进行了系统阐述，明确了新时代生态文明建设的指导思想和历史任务，集中体现了党中央全面提升生态文明、建设美丽中国的坚定决心和坚强意志，为我国完善生态文明制度体系，把生态文明建设纳入制度化、法治化轨道，走向社会主义生态文明新时代指明了

前进的方向。准确把握习近平总书记生态文明建设重要战略思想，贯彻落实十九大的精神和部署，推动环境司法创新发展，需要把握以下十一个方面的内涵。

（一）生存根基观

良好的生态环境是人类的生存根基，是国家发展的物质基础。建设生态文明，保护生态环境，关系人类生存，关乎国家未来。为实现中华民族永续发展，党的十八大提出大力推进生态文明建设，努力建设美丽中国。十九大报告进一步指出生态文明建设是中华民族永续发展的千年大计。生态文明理论的生存根基观要求深刻认识生态环境对于人类生存的基础性作用；要求经济建设、政治建设、文化建设、社会建设和生态文明建设都要围绕保护生存根基、实现永续发展这一根本目标去谋划、去推进；要求以是否有利于保护环境资源的完整性，维护发展的物质基础，实现人与自然和谐共生为判断各项改革措施成效的重要标准；要求从中华民族永续发展千年大计的历史高度持之以恒保护生态环境，把当代人的发展控制在不损害后代人赖以生存的环境资源根基范围之内，为子孙后代留下天蓝、地绿、水净的生产生活环境。

（二）和谐共生观

十九大报告将"坚持人与自然和谐共生"作为新时代坚持和发展中国特色社会主义基本方略的重要组成部分，是习近平总书记生态文明建设重要战略思想的鲜明体现，是紧扣我国社会主要矛盾变化，满足人民日益增长的优美生态环境需要的内在要求，是中华民族实现永续发展和伟大复兴的必然选择，是构建人类命运共同体、建设清洁美丽世界的方向指引。坚持人与自然和谐共生的基本方略内涵丰富，主要包括：必须尊重自然、顺应自然、保护自然；树立和践行绿水青山就是金山银山的理念；为人民创造良好生产生活环境；统筹山水林田湖草系统治理；实行最严格的生态环境保护制度；保护好人类赖以生存的地球家园。坚持人与自然和谐共生，要从推动形成绿色发展方式、解决突出环境问题、加大生态系统保护力度、深化生态环境保护体制机制改革、开展全民绿色行动、积极参与全球环境治理等方面研究采取有效措施，全方位、全过程开展生态环境保护，让人与自然和谐共生在中华大地上成为生动实践。

（三）民生福祉观

2013 年，习近平总书记在海南考察时提出"良好生态环境是最公平的公共产品，是最普惠的民生福祉"。从"十三五"规划到十八届五中全会的具体部署，习近平总书记多次强调，要始终以人民为中心，把人民的需求和向往作为指导我们工作的唯一标准。中国特色社会主义进入新时代，我国社会的主要矛盾转化为人民日益增长的美好生活需要和不平衡不充分的发展之间的矛盾，决定了我们必须多谋民生之利、多解民生之忧，维护生态安全，优化生态环境，为人民群众带来最普惠的民生福祉，使人民更有获得感、幸福感、安全感。贯彻民生福祉观，要求人民法院在环境资源案件审理中坚持绿水青山和金山银山的统一性、互促性和协同发展理念，坚持保护生态环境就是保护生产力，改善生态环境就是发展生产力的观念，以司法手段改善生态环境，让人民群众真正享有蓝天绿水的优美生态环境，使民生福祉看得见、摸得着。

（四）生态红线观

十八届三中全会明确提出要划定生态红线，保障国家生态环境安全。十九大报告进一步提出，要牢固树立生态红线的观念。划定生态红线，旨在严格保护自然生态服务功能、环境质量安全和自然资源利用，严格保护空间边界与管理限制，维护国家和区域生态安全及经济社会可持续发展，保障人民群众生命健康。人民法院在审判工作中要严守重要生态功能区保护红线，维护国家生态安全底线；严守生态脆弱区或敏感区保护红线，加强生态屏障保护；严守生物多样性保育区红线，保护物种安全。要按照优化开发、重点开发、限制开发、禁止开发的主体功能定位分类施策，适度发挥司法能动作用，依法认定自然资源开发过程中相关合同的效力，维护生态安全格局，保障国家和区域生态安全，提高生态服务功能。

（五）资源节约观

节约资源、保护环境是我国的基本国策，在任何时候都要坚持。生态环境问题，归根到底是资源过度开发、粗放利用、奢侈消费造成的。十八大报告提出要全面促进资源节约。中央有关生态文明体制改革的方案对自然资源权属统一监管进行了部署，要求建立严格的资源总量管理和全面节约制度。十九大报告进一步强调，必须坚持节约优先、保护优先、自然恢复为主的方针，要求以资源节约观推进生态环境保护。贯彻资源节约观，要求人民法院在审判工作中推动资源全面节约和高效利用，支持发展循环经济，降低能源资源消耗强度，落实资源有偿使用制度，保障全民所有自然资源产权收益，用最少的资源环境代价取得最大的经济社会效益，提高我国经济发展绿色水平。通过司法审判引导公众树立勤俭节约的消费观，建设资源节约型社会，从源头上减少污染物排放，推动形成节约适度、绿色低碳、文明健康的生活方式和消费模式。

（六）绿色发展观

习近平总书记在 2013 年贵阳生态文明论坛上指出，要更加自觉地推动绿色、循环、低碳发展，把生态文明建设融入经济建设、政治建设、文化建设、社会建设各方面和全过程。十八届五中全会提出创新、协调、绿色、开放、共享的新发展理念。"十三五规划"提出坚持绿色惠民，为人民提供更多优质生态产品，推动形成绿色发展方式。十九大报告进一步将绿色循环低碳定义为经济、社会、生活的发展方式，阐述了绿色发展理念是以保护生态环境为中心出发构建经济体系，以维系生态健康为经济增长点来保护环境。2017 年中央经济工作会议指出，中国经济发展新时代基本特征是经济已由高速增长阶段转向高质量发展阶段，以加快推进生态文明建设为高质量发展的重点工作，推进供给侧结构性改革，引领生态环境治理，构建绿色经济体系。可以说，推动绿色发展不仅是生态文明建设的核心内容，而且已经成为贯穿于经济、政治、文化、社会建设全过程的要求，成为社会主义现代化国家建设的底色。贯彻绿色发展观，要求人民法院深刻认识推动绿色发展的重大意义，使司法审判成为转变经济发展方式，调整产业结构，发展循环经济，推动能源供给革命，形成绿色低碳循环发展新方式的强大推动力，创造司法保障经济绿色发展的新的增长点。

（七）自然恢复观

恢复受损生态环境是环境权益保护的最终目标。只有重视对生态环境的恢复，才能从源头上扭转生态环境恶化趋势。习近平总书记在 2013 年中共中央政治局第六次集体学习时提出，要坚持节约优先、保护优先、自然恢复为主的方针。十八届五中全会和十九大报告总结吸收了生态恢复的理念，提出节约优先、保护优先、自然恢复为主的自然恢复观。自然恢复强调将生态系统作为保护对象，充分尊重自然规律，减少人工干预，发挥自然自我恢复的潜力；强调根据生态要素受损特点，通过封山育林、育沙育草、补水保湿等措施，增强生态系统服务功能；强调顺应自然生长发展态势与必要时有针对性的人工治理措施相结合，达到生态系统再植复原和恢复重建目的。贯彻自然恢复观，要求人民法院在司法审判中创新运用自然恢复和生态修复相结合的责任方式和执行方式，加大生态系统保护力度，增强生态系统的稳定性，提升生态环境服务能力，保护和恢复生态环境的服务功能。

（八）系统保护观

习近平总书记多次强调，山水林田湖是生态系统的组成部分，要进行统一保护。在中央全面深化改革领导小组第三十七次会议上通过的《建立国家公园体制总体方案》，第一次在"山水林田湖"后面增加了"草"。十九大报告提出要统筹山水林田湖草治理，进一步提升了环境治理的科学系统性。贯彻系统保护观，要求人民法院在审判工作中统筹考虑各类环境要素的保护需要，把由大气、水、土壤、森林、生物多样性等多种环境要素组成的生态环境作为一个整体进行一体保护，着力解决突出环境问题，推动实现生态系统的平衡和人类生存环境的根本改善。

（九）生态效益观

生态效益是运用生态系统调控功能对生产生活和环境产生的有利效果。十八届五中全会强调，小康全面不全面，生态环境质量是关键。十九大报告提出将生态效益纳入生态文明建设状况指标评价体系，纳入经济社会发展评价体系，要求提供更多优质生态产品以满足人民日益增长的优美生态环境需要，推动经济、社会、生态效益相统一。贯彻生态效益观，要求人民法院切实把生态文明的理念、原则、目标融入审判工作中，通过具体案件的审理推动市场主体创新发展，创造更多物质财富和精神财富，保障重大生态修复工程的实施，增强生态产品生产能力，满足人民日益增长的优美生态环境需要，切实做到经济效益、社会效益、生态效益同步提升。

(十) 从严治理观

生态环境保护中的突出问题大都与体制不完善、机制不健全、法治不完备有关。习近平总书记指出，只有实行最严格的制度、最严密的法治，才能为生态文明建设提供可靠保障。十八大以来，中央就加强生态文明制度建设作出了一系列部署。十九大报告进一步明确了生态文明建设中的制度和体系，即自然资源资产产权制度、国土空间开发保护制度、空间规划体系、资源总量管理和全面节约制度、资源有偿使用和生态补偿制度、环境治理体系、环境治理和生态保护市场体系、生态文明绩效评价考核和责任追究制度。具体而言，加强生态文明制度建设，需要健全自然资源资产管理体制，加强自然资源和生态环境监管；需要完善环境治理和生态修复制度，用制度保护生态环境；需要推行生态损害赔偿制度，构筑生态安全屏障；需要推进环境保护督察和责任追究制度，严格追究责任；需要完善环境保护公众参与制度，提升生态环境治理社会化水平；需要加强生态文明宣传教育，营造爱护生态环境的良好风气。中央关于生态文明制度建设的部署，既为环境司法提供了法律政策依据，也明确了环境司法进行改革创新的目标路径。

(十一) 全球生态观

保护生态环境，应对气候变化，维护能源资源安全，是全球面临的共同挑战。习近平总书记多次强调，建设生态文明关乎人类未来，国际社会应该携手同行，共谋全球生态文明建设之路。构建人类命运共同体，必须坚持各国相互尊重，平等相待；必须坚持合作共赢、共同发展；必须坚持共同、综合、合作、可持续的安全；必须坚持不同文明兼容并蓄、交流互鉴。贯彻全球生态观，要求人民法院同世界各国深入开展环境司法交流合作，保障实现2030可持续发展目标；要求在立足国内的前提下，推动能源生产和消费革命方面的国际合作，有效利用国际资源；要求积极参与气候变化司法应对国际合作，敦促发达国家承担历史性责任，兑现减排承诺，并帮助发展中国家减缓和适应气候变化；要求积极参与影响人类生存发展的全球重大生态问题司法应对研究，维护全球生态安全，促进全球环境治理体系变革。

二、正确处理推进生态文明建设的若干重大关系

习近平总书记生态文明思想是对马克思主义生态观的继承和创新，创造性地将生态文明建设同当代经济、政治、文化、社会发展的主要特征紧密联系。加强生态文明建设司法保障需要系统审视生态文明建设与经济建设、政治建设、社会建设、法治建设之间的联系，深入研究推进生态文明建设进程中的若干重大关系。

（一）尊重保护自然与生态文明建设的关系

生态环境没有替代品，用之不觉，失之难存。从人与自然的关系看，对自然的伤害最终会伤及人类自身。无论是上个世纪的世界八大公害事件，还是毁林开荒、屯垦开荒造成塔克拉玛干沙漠的蔓延、楼兰古城的消亡，都是不可逆转的深刻教训。只有尊重自然规律，才能有效防止在开发利用自然上走弯路。这就决定了建设生态文明推进绿色发展必须坚持和谐共生观，处理好生态文明建设与尊重保护自然的关系，尊重自然、顺应自然、保护自然。人民法院应当把人与自然和谐共生理念铭记于心、落实于行，贯彻到审判工作全过程和各方面，指导和推进环境资源司法实践，以司法的力量夯实中华民族伟大复兴的生态基石。

（一）保护发展生产力与生态文明建设的关系

保护生态环境就是保护生产力、发展生产力。坚持市场化、法治化、专业化原则，在法律和政策框架下妥善处理好保护发展生产力和生态文明建设的关系。抓住供给侧结构性改革的关键点，保障投融资创新，推动发展循环经济，为促进消费领域的减量化、再利用和资源化提供司法保障，提升环境资源支撑能力。妥善审理能源政策调整、产能过剩引发的破产案件，依法审理能源企业改制、重整案件，确保可再生能源法的正确实施，推动新能源产业发展，以司法手段促进经济结构调整。积极保障绿色公平的营商环境，依法保障国有资产统一监管机构加强国有自然资源产权保护措施，依法甄别、纠正社会反映强烈的涉自然资源产权纠纷案件，激发企业家诚信经营、依法纳税、节约资源、保护环境的积极性，推动企业家自觉履行保护生态环境的社会责任。

（三）民生福祉与生态文明建设的关系

良好的生态环境是人类生存根基，是人民过好幸福生活、子孙后代永续发展的前提和基础。以人民为中心、增进民生福祉是生态文明建设的最终目的，是环境司法的出发点和落脚点。从保障人民生存权出发，严厉打击环境污染和生态破坏行为，通过审理环境资源刑事、民事和行政案件，将打击环境污染和生态破坏行为、保护人民环境权益作为重大民生实事紧抓不放。从提升人民生活质量出发，提高生态产品价值与效益，积极配合自然资源资产产权制度改革，保障生态产品市场化改革，完善多元化生态补偿机制的司法保障，加快构建体现生态产品价值、运用经济杠杆进行环境治理和生态保护的制度体系，推动经济高质量发展，实现生态产品价值，保障和改善民生水平。从生态环境的反哺作用出发，激发人民群众的创造力，在司法审判中发挥裁判评价指引作用，促进各类营商主体贯彻生态环境保护制度要求，促进经济效益、社会效益、生态效益同步提升，促进经济全面发展和社会全面进步。

（四）中华民族永续发展与生态文明建设的关系

建设生态文明是关系到中华民族永续发展的千年大计。从社会矛盾发展的需求看，新时代人民群众的需求从盼温饱转变为盼环保，从追究物质富裕转变为追求生态和谐。面对资源约束趋紧，环境污染严重，生态系统退化的严峻形势，把生态文明建设放在突出地位，是符合社会发展规律的重大战略部署。人民法院应当切实承担起保障和促进中华民族永续发展的历史责任，在司法审判工作中坚决摒弃不顾环境利益，只看经济利益的审判思路，用新发展理念指导审判工作全过程，科学制定生态环境保护司法政策，研究完善环境资源制度体系，推动生态文明体制改革顺利实施，全面加强生态文明建设司法保障，促进中华民族永续发展。

（五）生态文明建设与其他四大建设的关系

生态文明建设与政治、经济、文化、社会建设紧密相依，互为促进。作为保障生态文明建设的重要手段，司法审判要贯彻五大发展理念，推动生态文明建设与其他四大建设和谐发展。正确处理生态文明建设与政治建设的关系，把生态文明建设作为推进政治建设的重要方面，始终坚持正确的政治方向，始终坚持走中国特色社会主义法治道路。正确处理生态文明建设与经济建设的关系，将保障和服务绿色发展作为审判工作重要目标，以司法审判推动经济体系绿色转型，发展环境友好型投资，激励社会资本投入绿色产业，推动经济绿色发展。正确处理生态文明建设与文化建设的关系，把顺应自然、保护自然的中国传统文化精髓融入生态文明建设过程，通过司法裁判弘扬社会主义核心价值观，弘扬生态保护观念，为生态文明和绿色发展提供精神营养和文化支持。正确处理生态文明建设与社会建设的关系，把改革完善生态环境保护治理体系作为社会建设的重要方面，完善生态环境监管体系、健全生态环境保护法治体系、构建生态环境保护社会行动体系，促进社会治理进步和可持续发展，满足人民美好生活需求。

（六）法治与生态文明建设的关系

加强制度建设、形成良好的法治秩序，是建设生态文明的基本内容和重要保障。要以从严治理观为指导，推进生态文明立法、行政、司法、执法协同发展，用制度保护生态环境，以法治保障生态文明。推动生态环境立法，深入研究生态文明领域的新型法律关系，加强环境法典化编纂可行性论证，促进生态文明立法体系建设。推动法治政府建设，促进依法行政，严格规范公正文明执法。继续推进环境司法专业化发展，充分发挥环境司法功能，严厉打击污染环境、破坏生态刑事犯罪行为；强化生产者环境保护的法律责任，大幅度提高违法成本；依法审理各类环境资源行政案件，推动环境资源行政执法机关提升治理能力，提高治理水平；完善环境公益诉讼制度，探索生态环境损害赔偿制度，全方位、多角度维护国家利益、社会公共利益和人民群众环境权益。开展生态环境法治宣传，在全社会营造良好的环境意识和守法意识，把生态环境保护纳入国民法治教育体系，倡导生态正气和生态正义，营造加强生态环境法治建设的良好氛围。

（七）节约资源与生态文明建设的关系

自然资源是决胜全面建成小康社会、建设社会主义现代化强国的重要物质基础。坚持资源节约观，实现自然资源的有序开发、有效利用是生态文明建设的重要内容。推动资源利用方式根本转变，坚守自然资源利用上限，提升资源利用效率。推动构建市场化、多元化生态补偿机制，坚持开发和保护并重、污染防治和生态修复并举，促进自然资源的科学合理开发利用，维护自然再生产能力。坚持自然资源国家权属要求，推动健全自然资源资产产权制度。从宪法规定看，自然资源国家所有权是国家基本经济制度的内在要求；从公共资源的全民共享角度看，国家资源权属是全民所有，具有正外部性，国家具有代行职责的义务；从国家所有权的规制功能看，国家资源权属是国家利益，具体体现为用益物权的市场价值，任何人不得侵占和私分。因此，环境司法的重要任务是推动健全自然资源资产产权制度，规范产权主体行为，依法保障产权主体经济权益和生态权益。加强生态环境监管体制改革司法保障，准确把握国有自然资源范围，依法保障自然资源产权确权工作；妥善处理历史遗留的产权纠纷案件，明晰法律责任；理顺国家产权主体体系，规范相关诉讼程序顺位和衔接；落实生态文明制度建设要求，保障资源市场保护和有偿使用机制。

（八）生态恢复与生态文明建设的关系

大自然是最高明的生态修复师，应当摒弃"改造自然"的传统修复理论，把自然恢复作为恢复生态环境功能的基本方式。自然恢复的目的是以生态系统自身作用的方式提升生态环境服务功能，提升环境承载能力。坚持生态恢复观就是在生态上由人工干预为主转向自然恢复为主，加大生态保护和修复力度，保护和建设的重点由事后治理向事前保护转变，从源头扭转生态恶化趋势。推进荒漠化、石漠化、水土流失综合治理，对重点生态破坏地区实行顺应自然规律的封育、围栏、退耕还林还草还水等措施。根据受损生态环境的具体情况，处理好自然恢复与人工修复的关系。对于具备自然恢复条件、生态环境不能或者不宜进行人工修复、或者人工修复可能导致二次损害的，应优先采用自然恢复的保护方式，由环境污染者或生态破坏者支付生态环境修复费用，用于提升区域整体环境质量。高度关注生态系统退化问题。生态退化是受到自然或者人为因素导致生态系统要素或者整体发生不利于生物和人类生存要求的变化。加大生态系统的司法保护力度，对重要生态系统保护和修复重大工程提供司法保障，防止和减少生态系统退化，推动优化生态安全屏障。

（九）污染防治与生态文明建设的关系

污染防治是生态文明建设的重要内容。加强污染防治攻坚战的司法保障，要以解决大气、水、土壤污染等突出问题为重点，坚持全民共治、源头防治，保障大气污染防治行动持续实施，打赢蓝天保卫战。加快水污染防治，实施流域环境和近岸海域综合治理。强化土壤污染管控和修复，加强农业面源污染防治，推进农村人居环境整治行动。加大城乡环境综合整治力度，推动完善固体废弃物和垃圾处置，强化排污者责任，健全环保信用评价、信息强制性披露、严惩重罚等制度。

（十）利益平衡与生态文明建设的关系

生态文明建设涉及诸多利益，要平衡好各种利益之间的关系，协同促进生态文明持续健康发展。

一是处理好国家利益、社会公共利益和个人利益之间的关系。国家利益、社会公共利益与个人利益是一个密切关联、相辅相成的有机整体，维护国家利益、社会公共利益的最终目的是保护好每个个体的切身利益。准确把握国家利益、社会公共利益与个人利益的法律边界，避免以公共利益挤压、取代个人利益。综合运用多种方式，根据每个案件的具体情况，妥善平衡多元主体之间的利益冲突。

二是处理好当前利益与长远利益的关系。生态文明建设是协调污染治理和经济发展并举的当前利益和实现中华民族永续发展的长远利益的千年大计。从当前利益和长远利益中寻求共性，从共性出发，考量司法措施和司法政策的合理性，加大预防原则在环境资源审判中的适用力度，注意发挥行政审判和环境行政公益诉讼的预防作用，把环境污染和生态破坏消灭在源头或者控制在合理范围内。

三是处理好当代人利益和后代人利益之间的关系。传统的自然资源管理重空间布局，轻时间布局和持续发展，损害了后代人的自然资源利益。以可持续发展和权利统一行使与分配为原则，加强对于自然资源统一监管体制改革的司法保障力度，促进空间布局的合理分配，统筹安排代际利益，保障可持续发展。

三、以习近平总书记生态文明建设重要战略思想指导环境资源审判实践

当前和今后一个时期，针对环境资源审判中的突出短板和不足，要从以下八个方面为新时代生态文明建设提供更加有力的司法服务和保障。

（一）保障国家生态文明试验区建设

一是发挥司法的经济导向功能，构建绿色共治共享制度体系。在生态文明试验区建设进程中，人民法院要强化司法的经济导向作用，坚持绿色发展观，守住发展和生态两条底线，妥善化解民商事纠纷，走生态优先的绿色审判之路，在精准服务经济绿色发展上有所作为，让人民群众共建绿色家园、共享绿色福祉。

二是坚持资源节约观，妥善解决自然资源权属争议。在审判工作中落实民法总则绿色原则，明确自然资源产权确权原则，依法保障海域使用权、探矿权、采矿权等自然资源用益物权，探索碳排放权、排污权、用能权、用水权的准用益物权，构建和规范自然资源交易制度。

三是保障自然资源产权改革，依法确定权利界限。认真审理涉及水流、森林、山岭、草原、荒地、滩涂等自然生态空间确权登记案件，划清全民所有和集体所有的边界，划清全民所有、不同层级政府行使所有权的边界，划清不同集体所有者的边界，依法审理涉资源行政协议案件，推进确权登记制度的实施。

四是探索保障生态文明试验区的体制机制。福建、江西和贵州三个国家生态文明试验区在充分研究各自生态环境基础、特点、发展阶段基础上，以和谐共生观为指导，在各自区域内统筹布局，探索创新了环境司法体制机制，发挥了较好的司法保障作用。应当进一步完善环境资源审判体制机制，构建行政执法与刑事司法协调联动机制、环境资源司法保护全覆盖机制、区域性环境治理机制、生态恢复性司法机制、环境资源多元化纠纷解决机制，推动司法治理模式创新。

（二）完善生态环境损害赔偿诉讼制度

2018 年是生态环境损害赔偿制度在全国试行的开局之年，人民法院应当认真学习中央《生态环境损害赔偿制度改革方案》，运用最严制度法治观，坚持司法保障、损害担责的工作原则，为落实国家所有者权益，推动生态修复工作提供更加全面的司法保障。

一是明确司法确认程序。赔偿权利人以磋商协议方式督促赔偿义务人及时履行义务，方式灵活，形式多样，有利于及时化解矛盾，尽快修复受损生态环境。对赔偿权利人与赔偿义务人经过磋商达成的赔偿协议，由人民法院依法予以确认，对赔偿协议赋予强制执行力，扩大了司法确认制度适用的案件类型，对于实现生态环境损害赔偿"诉调衔接"、建立多元化纠纷解决机制具有创新意义。

二是完善诉讼规则。结合环境资源案件集中管辖和跨区划管辖的改革要求，研究生态环境损害赔偿诉讼的管辖方式；积极探索制定符合各地实际的生态环境损害赔偿诉讼规则，对接磋商程序；认真研究行政执法证据和民事诉讼证据的异同，确定生态损害赔偿案件的证据规则；坚持自然恢复和系统保护观，研究建立生态环境损害赔偿与环境公益诉讼衔接机制，探索多样化责任承担方式和符合生态修复内容的裁判方式。

三是加强执行监督。落实改革要求，加强执行监督，配合赔偿权利人及其指定的部门或机构对诉讼后的生态环境修复效果进行评估，确保生态环境得到及时有效修复。加强司法公开，将生态环境损害赔偿款项使用情况、生态环境修复效果向社会公开，接受公众监督。

（三）完善检察公益诉讼制度

检察公益诉讼审判工作是一项政治性、法律性、实操性都很强的工作，涉及党和国家工作大局，人民群众普遍关注，应当给予高度重视，不断完善制度构建，务求取得最佳实效。

一是发挥司法指引督促功能，完善环境治理体系。发挥检察公益诉讼制度形成的监督合力，有效排除外部阻力和干扰，提高司法公信力；强化司法审判对违法行为人的监督、追责力度，解决长期以来在国家利益和社会公共利益保护方面法律机制不足而导致的"公地悲剧"问题；发挥检察公益诉讼在生态环境和资源保护方面的积极作用，以强有力手段保护生态环境。

二是加强坏境权益保障，维护国家和社会公共利益。把握好检察公益诉讼案件涉及利益主体的广泛性和多极性，厘清环境权益内涵；正确看待不同利益主体之间可能发生冲突的现实情况，从解决具体问题出发，作出正确价值选择；贯彻生存根基观，将保障人民群众生存权放在首要位置，依法平等保护各方主体的权益。

三是尊重检察机关主体地位，细化诉讼程序。充分认识检察机关通过行使公益诉权成为民事诉讼或者行政诉讼主体所具有的特殊性；充分认识检察机关是行使公权力的国家机关，起诉行为具有一定职权性；要准确把握民事诉讼、行政诉讼基本制度对检察公益诉讼的规范，处理好检察机关作为国家公权力机关而无法适用相关诉讼程序规定的特殊问题；要在总结试点经验的基础上，加强调查研究，在法律框架范围内提出妥善的解决方案。

（四）保障资源能源有序有效循环利用

一是在推动经济发展方式转变方面有所作为。人民法院应当切实增强工作的自觉性和主动性，在审理涉土地、矿业、林业、草原、海洋等国有自然资源开发利用的案件时，贯彻绿色发展观，综合运用多种方式，协调多元主体的利益冲突，推进符合生态文明建设和市场经济要求的绿色发展。

二是在推动资源能源有效利用方面有所作为。坚持市场化、法治化、专业化原则，贯彻节约、集约、循环利用资源观，妥善审理资源、能源案件，引导产业结构朝着资源消耗低、环境污染少的方向发展，以司法手段促进经济结构调整。

三是在资源案件审理方面有所作为。妥善审理涉及矿业权审批、颁证等行政案件，保障矿产资源集约利用和有序开发。妥善审理土地确权、房地征收等行政案件，依法促进落实主体功能区规划，合理控制国土开发空间和强度，促进土地资源集约利用。审理在自然保护区、风景名胜区、重点生态功能区、生态环境敏感区和脆弱区等区域内因开发利用自然资源引发的相关案件时，以和谐共生观为指导，注重保障资源合理开发利用与促进资源节约、环境保护相协调，将保护生态环境和自然资源作为裁判的重要因素综合考量。

四是在国有自然资源产权保护方面有所作为。依法保障国有资产统一监管机构加强国有自然资源产权保护的合法权益，激发企业家诚信经营、依法纳税、节约资源、保护环境的信心和决心，推动企业家自觉履行社会责任和生态责任。

（五）完善司法鉴定评估机制

充分认识鉴定评估对环境资源审判工作的重要性，以改革为契机，充分调动各方力量，针对环境损害司法鉴定制度实施过程中存在的问题和困难，积极构建科学、规范、合理的环境损害司法鉴定体制。

一是推动建立统一的环境损害司法鉴定管理体制。要以从严治理观为纲，牢牢抓住司法鉴定机构建设这个牛鼻子，加快推进生态环境损害鉴定评估专业力量建设，推动行政主管部门组建符合条件的专业评估队伍，重塑我国的环境损害司法鉴定评估体系，促进各类技术鉴定机构的"转型升级"。

二是规范环境损害鉴定评估技术方法。落实自然恢复和系统保护观，推动构建适用于环境损害调查、评估、修复方案制定与修复执行等不同技术环节的损害评估工作流程和操作步骤。加强与环境基础科学研究机构与环境监测机构的沟通，推动相关部门逐步建立环境损害鉴定评估人才库、知识库、案例库，为形成环境损害鉴定评估工作能力奠定基础。

三是完善生态修复资金保障机制。环境公益诉讼和生态环境损害赔偿诉讼都迫切需要解决公益修复资金和损害赔偿资金的问题。应当鼓励人民法院依据自身情况，在现有法律以及国家政策框架范围内，研究各类诉讼中生态修复资金的法律属性，总结司法实践中的有益经验，探索设立环境公益诉讼专项基金或专项资金账户等方式，接收生效判决判令被告承担的生态环境修复费用以及生态环境修复期间服务功能损失赔偿金等款项；探索生态损害赔偿诉讼中生态损害无法修复、赔偿资金上缴国库后的替代性修复资金使用问题，配合有关部门监督赔偿资金的使用。四是做好鉴定评估与司法程序的衔接。研究刑事案件采信的鉴定报告在环境公益诉讼中的效力、诉前磋商鉴定报告在生态损害赔偿案件中的效力；在审判实践中总结环境资源鉴定评估的启动条件、启动程序、司法标准，以及司法审查方式、与诉讼的对接等制度设计方面的经验，加强环境资源行政执法部门、司法机关和司法鉴定主管部门的沟通，推动完善环境资源司法鉴定和损害结果评估机制。

（六）创新生态补偿和自然恢复的司法裁判方式

生态文明建设框架下的司法体制改革对环境资源司法提出了更高的期待，应当充分吸收自然恢复和系统保护观的理念精髓，创新司法裁判方式，推动生态环境的持续改善。

一是创新自然恢复裁判方式。环境资源案件判决着力于修复受损的生态环境，裁判难度大。要创新裁判方式，积极稳妥审理生态补偿纠纷案件，科学界定生态保护者与受益者权利义务，形成生态损害赔偿、受益者付费、保护者得到合理补偿的工作机制；积极探索包括行为罚、生态修复责任、替代恢复补偿等在内的刑事制裁、民事赔偿、生态补偿有机衔接的环境修复责任方式。

二是在诉讼中关注生态系统服务功能的恢复。要使退化的生态系统自然恢复，除污染治理外，更重要的是恢复生态系统的服务功能。以生存根基观为指导，关注生态系统服务功能丧失对农业、农村、农民发展的影响，生态系统服务功能的提升对打好脱贫攻坚战的作用；以和谐共生观为指导，关注生态系统服务于人的功能，生态系统内部各要素之间服务功能；以绿色发展为指导，关注生态系统服务功能的提升对经济发展的促进作用；以生态效益观为指导，注意发挥生态系统服务功能的最大生态效益。

三是开展多元化生态补偿探索。研究流域生态保护补偿机制法律问题，妥善处理流域上下游之间、生态保护者和受益者之间的利益关系，强化流域生态保护补偿机制的激励与约束作用，鼓励受益地区与保护生态地区、流域下游与上游加大横向生态保护补偿实施力度。研究森林生态保护补偿机制法律问题，妥善解决生态保护与林农利益间的矛盾，实现社会得绿、林农得利，促进林权制度改革。保障重要生态系统保护和修复重大工程的依法实施，优化生态安全屏障体系，构建生态廊道和生物多样性司法保护网络，保障生态系统质量和稳定性。

（七）加强生态环境区域治理

生态系统的完整性、环境介质的流动性以及自然资源的公共属性，决定了环境治理必须打破传统行政区划的界限，按照区域流域特点进行统一管理。

一是按照十九大报告关于统筹山水林田湖草系统治理的要求，探索符合系统保护要求的裁判方式；适应跨区域、跨流域大气、水、土壤污染等环境问题的特点，完善相关法律适用规则；结合农业面源污染特点，研究固体废弃物污染案件的裁判方式，推动农村人居环境整治。

二是落实主体功能区战略，充分发挥审判职能作用，按照优化开发、重点开发、限制开发、禁止开发的主体功能定位分类施策，保障重大生态修复工程的顺利实施，保障国家和区域生态安全，提高生态服务功能。

三是保障国家公园体制试点，以最严制度观推动建立以国家公园为主体的自然保护地体系。妥善审理因建设国家公园和自然保护区以及推行统一环境准入和退出机制引发的行政案件，保障重点区域实现扩大环境容量和生态空间的目标。

四是探索建立与区域治理相配套的司法体制机制。落实生态环境监管体制改革要求，配合司法体制综合配套改革，探索设立跨行政区划法院审理包括环境资源案件在内的特殊案件；发挥区域治理形成的监督合力，有效排除外部阻力和干扰，提高司法公信力；发挥区域协调联动在生态环境和资源保护方面的积极作用，以强有力手段保护生态环境。

（八）深化环境司法的国际合作

人类社会是一个统一整体，人类生存发展问题、人与自然关系问题不仅是中国面临和要解决的问题，也是全世界面临的重大问题。环境司法要以全球生态观指导环境司法的国际合作。

一是坚持不忘本来、吸收外来、面向未来。在环境问题全球化和国际合作新格局对环境资源审判提出新课题的大背景下，关注国际潮流和发展趋势，立足中国国情和现实问题，予以积极的司法应对。在环境资源案件的审理中，充分尊重和适用中国签署的国际公约、国际条约，积极承担国际责任和义务，推动落实减排承诺。坚持绿色、开放、共享理念，提升中国环境司法的国际话语权，不断增强在全球气候变化和环境治理领域的议题设置能力、统筹协调能力、规则规定能力、舆论宣传能力。

二是在学习借鉴国外先进经验的同时，主动介绍中国环境保护和环境资源审判的发展成就，传播中国环境资源司法理念，构建具有中国特色、中国风格、中国气派的环境司法和环境法学话语体系，坚定建设中国特色环境司法制度的自信和决心。通过国际环境司法论坛等方式，宣传近年来中国环境司法领域开拓性、创新性的工作，特别是在环境司法理念、专门审判机构、管辖制度改革以及环境公益诉讼等方面取得的进展，扩大我国环境司法国际影响力，为全球环境治理提供有益的"中国经验"。

三是积极探索气候变化司法应对、构建碳排放体系和碳交易体系等领域的司法新问题，努力成为国际规则的重要参与者、贡献者、引领者。加强对碳排放、用能权、排污权等涉及气候变化案件的研究，在涉电力、钢材、建材、化工等重点碳排放行业以及涉工业、能源、建筑、交通等碳排放重点领域的相关案件审理中，妥当适用国家节能减排相关法律、行政法规、规章和环境标准，充分尊重和实施中国签署的国际公约、国际条约义务，促进低碳发展。加强对合同能源管理、合同节水管理等节能服务产业的司法保障，以及对清洁能源和能源节约技术的知识产权保护。

【规范性文件】

最高人民法院
关于全面加强长江流域生态文明建设
与绿色发展司法保障的意见

（2017 年 11 月 21 日）

为深入贯彻落实党的十九大精神，在习近平新时代中国特色社会主义思想引领下，促进"十三五"规划和《长江经济带发展规划纲要》的全面实施，充分发挥环境资源审判职能作用，为长江流域生态文明建设与绿色发展提供有力司法服务和保障，现就全面加强长江流域环境资源审判工作，提出如下意见。

一、充分认识全面加强长江流域生态文明建设与绿色发展司法保障的重要意义

1. 全面加强长江流域环境资源审判工作是落实《长江经济带发展规划纲要》、实现长江经济带发展国家战略的重要司法保障。长江经济带发展战略是党中央主动适应把握引领经济发展新常态、科学谋划中国经济新棋局，作出的既利当代又惠长远的重要决策部署，对统筹推进"五位一体"总体布局、协调推进"四个全面"战略布局和实现中华民族伟大复兴的中国梦，具有重大的现实意义和深远的历史意义。各级人民法院要充分认识为长江流域生态文明建设与绿色发展提供司法保障的重要意义，按照"生态优先、流域互动、集约发展"的思路，大力发挥环境资源审判职能作用，推动构建环境更优美、交通更顺畅、经济更协调、市场更统一、机制更科学的黄金经济带。

2. 全面加强长江流域环境资源审判工作是贯彻习近平总书记关于推动

长江经济带发展重要讲话精神的内在要求。长江是中华民族的生命河，也是中华民族发展的重要支撑。习近平总书记指出，长江流域经济是我国经济重心、活力所在，推动长江经济带发展必须坚持生态优先、绿色发展，把修复长江生态环境摆在压倒性位置，共抓大保护、不搞大开发。各级人民法院要深入学习领会习近平总书记重要讲话精神，准确把握长江经济带发展的战略定位和基本内涵，将加强环境资源审判工作作为服务和保障长江经济带发展的重要抓手，推动长江流域生态环境质量不断改善，助力长江经济带绿色发展。

3. 全面加强长江流域环境资源审判工作是积极回应长江经济带发展需求、保障流域生态环境安全的客观需要。长江流域以水为纽带形成的环境要素丰富，是我国重要的生态安全屏障，也是长江经济带发展的重要依托和支撑，长江经济带发展离不开可持续的生态环境和可承载的自然资源作为保障。各级人民法院要始终坚持人与自然和谐共生的基本理念，坚持节约资源和保护环境的基本国策，充分认识长江流域生态环境安全对长江经济带发展的重要意义，依法维护长江流域的生态环境安全，为建设天蓝地绿水清的长江经济带生态走廊提供有力司法保障。

二、准确把握全面加强长江流域生态文明建设与绿色发展司法保障的基本理念

4. 遵循自然规律。人与自然是生命共同体，人类必须尊重自然、顺应自然、保护自然。要正确认识和把握长江流域以水为核心的生态特征，遵循自然生态规律和河流演变规律。要遵循流域的自然统一性，协调好江河湖泊、上中下游、干支流、左右岸、水中岸上的关系，保护和改善流域生态服务功能。要遵循流域的要素复合性，根据环境资源承载能力、现有开发密度和发展潜力，在流域整体范围内统筹协调多元环境要素。要遵循流域的功能整体性，维护好流域的生活、生产和生态功能，尤其是要维护流域生态系统的相对稳定和完整。

5. 坚持保护优先。长江拥有独特的生态系统，是国家重要的生态宝库。要从经济社会发展全局出发，准确理解生态环境保护与经济社会发展的辩证关系，牢固树立和践行绿水青山就是金山银山的发展理念，坚持节约优先、保护优先、自然恢复为主的方针，把保护和修复长江生态环境摆在首要位置。充分发挥环境资源审判职能作用，保护和改善水环境，保护

和修复水生态，保护和合理使用水资源，有序利用长江岸线资源。

6. 促进绿色发展。要准确把握长江经济带发展的战略定位和基本内涵，牢固树立和贯彻落实生态优先、绿色发展的理念。要充分发挥审判职能作用，落实将重大生态修复工程作为推动长江经济带发展项目优先选项的要求，保障重大生态修复工程的顺利实施。要围绕改善流域生态环境、建设立体交通走廊、优化产业布局和构建对外开放新格局的总体要求，为把长江经济带建设成为生态文明建设的先行示范带、创新驱动带和协调发展带提供司法服务和保障。

7. 注重区域协同。长江流域江河湖泊、干支流、上中下游、左右岸区域之间联动性及互补性强，流域的自然生态系统特征明显。要把长江流域生态环境保护作为一项系统工程，树立生态环境协同保护的理念，统筹推进山水林田湖草系统治理。要打破行政区划的界限和壁垒，推动全流域联动，构建区域互动合作的司法保障新机制，统筹考虑污染产生地、污染防治地、生态受益地、生态保护地的利益平衡。

三、立足流域水生态核心，依法审理水环境与水资源案件

8. 依法审理水污染防治案件，推动水污染防控和治理。依法审理工业污染、船舶污染等点源污染案件，农业污染、城市径流污染等面源污染案件以及流域跨界水污染案件，坚持最严格的水污染损害赔偿和生态补偿、修复标准，将生态环境损害及修复情况作为刑事处罚的重要量刑情节，支持和监督行政机关依法履行水污染防治的监管职责。加强对航电枢纽、船闸、港口、码头、出海口建设和使用过程中引发的水污染案件的审理，保障长江干支流水体生态环境安全。加强对扬州江都水利枢纽和丹江口水库等饮用水水源地的司法保护，及时受理和审理水源地的水污染案件，坚决支持行政机关依法取缔饮用水水源保护区的排污口，保障饮用水水源地的水质安全。

9. 依法审理水资源开发利用案件，促进长江水资源可持续利用。依法审理调水纠纷案件，妥善处理好水源区、调水工程途经地以及受水区之间的利益平衡，促进水资源调度和配置的安全顺畅。依法审理水电基地和输送通道建设中的环境污染和损害赔偿案件，统筹保护上游地区水电开发利用和下游地区的供水、通航、灌溉、养殖等权益。依法审理能源纠纷案件，支持水能等清洁能源的开发利用。加强对长江流域节能服务产业的司

法保障，支持培育全流域合同能源管理市场。

10. 依法审理水权交易纠纷案件，促进水资源高效利用与节约保护。积极稳妥审理区域水权交易、取水权交易和灌溉用水户水权交易纠纷案件，合理界定水资源使用权，引导通过水权交易平台进行水权交易，充分尊重交易各方的协商定价或者竞价结果，保护水资源使用权有序流转。

11. 依法审理涉航道、河道案件，保障长江水域水运安全。依法打击侵占河道、乱占滥用河道等非法行为，恢复河道水域岸线生态功能和河道通航功能。依法打击河道非法采砂，充分考虑生态环境的破坏程度，以非法采矿罪进行处罚。依法审理违反长江航运秩序、破坏航道及航道设施案件，全面保护长江航道安全。依法审理因航道河道监管引发的行政案件，支持和监督监管机关依法维护航道、河道秩序。

12. 依法审理涉河湖水域岸线保护案件，强化河湖水域岸线生态功能。依法打击非法围湖造地和围垦河道等侵占水域空间的行为，保护河湖水域和岸线资源等水生态系统。妥善审理涉及岸线取水、排污、工程建设等案件，促进岸线资源有偿使用，强化岸线保护和节约集约利用。加强沿江风景名胜和自然人文景观资源司法保护，促进岸线资源合理开发，维护岸线原始风貌。

13. 依法审理涉蓄洪区、洲滩开发利用案件，维护蓄洪区及洲滩的安全。妥善审理流域蓄滞洪区的开发利用与建设保护案件，保障蓄滞洪区的堤防安全和蓄滞洪区内的人民群众生命财产安全。妥善审理流域洲滩开发、利用与保护案件，促进洲滩开发利用，维护洲滩生态环境及人民群众生命财产安全。

14. 依法审理涉江河湖泊治理案件，推进全流域水资源保护和水污染治理。依法审理涉江河湖泊治理刑事案件，依法打击侵害自然河湖、湿地等水源涵养空间的行为；依法审理涉江河湖泊治理民事案件，促进水环境保护和水生态修复，保障人民群众涉水产权益；依法审理涉江河湖泊治理的行政及非诉行政执行案件，推动、规范和保障河长制的执行，促进水环境治理。

15. 依法审理涉长江防护林和天然林草资源案件，促进长江岸线水土保持和水源涵养。依法打击盗伐、滥伐长江防护林的犯罪行为，维护长江岸线的生态安全。妥善审理林业资源确权、承包和流转案件，依法维护林农的合法权益，保障长江防护林、生态林和公益林的生态功能。妥善审理因长江防护林体系建设引发的行政案件，保障长江防护林体系建设的顺利实施。

16. 依法审理涉湿地生态系统保护案件，促进湿地生态保护与修复。依法打击侵占、破坏湿地的行为，强化高原湿地生态系统的司法保护，提高自然湿地面积和保护率。充分发挥保全和先予执行措施，加大破坏湿地环境及自然资源的生态修复责任。充分利用长江湿地保护基金，及时督促、跟踪、评估恢复原状责任的执行。妥善审理湿地资源确权、开发许可过程中引发的行政案件，推进鄱阳湖、洞庭湖、太湖、巢湖等全流域湿地生态保护与修复。

17. 依法审理其他涉水刑事、行政案件，维护水环境和水生态安全。依法审理其他危害水环境和水资源的刑事案件以及各类涉水资源和水环境的行政许可、规划和项目审批、政府信息公开等行政案件，支持和监督行政机关依法履职，促进水资源的合理开发、利用和保护，维护流域水环境和水生态安全。

四、立足上中下游生态环境特点，依法审理各区段重点案件

18. 长江上游各级人民法院要重点把握上游地区水源涵养和水土保持的功能定位。依法审理重点生态功能区、生态环境脆弱区及自然保护区等重点区域的环境污染、生态破坏及自然资源开发利用案件，将构建生态功能保障基线、环境质量安全底线、自然资源利用上线三大红线作为重要因素加以考量。

依法审理三江源国家公园的环境污染和自然资源破坏案件，坚决打击在三江源国家公园内的采矿、砍伐、狩猎、捕捞、取土、取水以及擅自采集国家和省级重点保护野生动植物等违法行为，促进三江源地区自然资源的持久保育和永续利用。妥善处理江河源头和生态核心区内工矿企业和居民搬迁引发的纠纷，引导工矿企业和居民有序迁出。妥善审理因建设国家公园、自然保护区，推行统一环境准入和退出机制引发的行政案件，保障重点区域实现扩大环境容量和生态空间的重要目标。

加大对三峡库区环境资源案件的审理力度，积极探索三峡库区环境资源案件的跨行政区划集中管辖，保障三峡生态经济合作区的建设。依法审理金沙江、乌江、嘉陵江、三峡库区等重点区域水土流失治理和地质灾害防治案件，维护人民群众生命财产安全。

19. 长江中下游各级人民法院要依法审理工业污染、城镇和农村污染案件，保障江河湖泊生态环境安全。依法审理长江中下游城市群重化工、重金属、工业固体废弃物等工业污染案件，做到及时立案、审理和执行，充分利用保全措施，避免无法修复的损害发生。妥善审理因造纸、印染、化工、有色金属等严重污染水体企业的关闭或者搬迁改造，以及因污水处理费、水资源费等税费征收引发的行政案件，推动污染企业的达标治理或者依法退出。

依法审理涉城镇污水、垃圾处理案件，推动长江干支流沿线城镇污水、垃圾全收集处理。依法审理农村农业禽畜、水产养殖污染物排放和农村生活垃圾排放案件，防治农业面源污染，推进农村人居环境综合整治，防止农村水源污染。依法审理工业和农业生产引发的土壤污染案件，防止有毒有害污染物、危险化学品、危险废物等通过地下水循环系统进入长江水体。

加强对洞庭湖、鄱阳湖、太湖、巢湖等淡水湖水污染防控的司法保护，依法打击破坏淡水湖生态环境的行为；加强对鄱阳湖、洞庭湖生态经济区的司法保护，保障鄱阳湖、洞庭湖生态经济区的建设。加强对流域渔业资源的保护，依法打击在禁渔区、禁渔期或者使用禁用的工具、方法捕捞水产品的行为，妥善审理涉及渔业承包、养殖、销售案件，促进渔业资源的可持续利用。

20. 沿江海事法院要充分利用跨行政区划管辖的优势，妥善审理长江流域环境污染、生态破坏案件。依法审理长江水域的船舶碰撞、触碰案件，加强对船舶排放、泄漏、倾倒油类、污水或者其他有害物质造成水域污染案件的审理，保护长江水域生态环境安全。

五、立足绿色发展要求，依法审理其他环境资源案件

21. 依法审理大气污染防治案件。以二氧化硫、氮氧化物、pm2.5 等主要大气污染物综合防治为重点，依法惩处污染环境的犯罪行为，妥善审理相关行政案件，支持和监督行政机关履行源头治理和全程治理职责，推动四川盆地、中下游地区的区域性雾霾、酸雨态势扭转，促进沿江城市和重点区域空气质量改善，打赢蓝天保卫战。

22. 依法审理生物多样性保护案件。依法打击非法猎捕、杀害珍贵、濒危野生动物，非法狩猎及野生动植物制品非法交易行为，加大对大熊

猫、红豆杉、扬子鳄等长江流域特有濒危野生动植物的保护力度。妥善审理涉及植物新品种、生物遗传资源和基因案件，有效保护长江流域生物基因资源库。加强长江物种及其栖息繁衍场所保护，妥善审理工业污染对水生和河岸生物多样性及物种栖息地破坏案件。依法打击走私国家禁止进口的动植物的行为，严防外来物种入侵。

23. 依法审理环境公益诉讼和省级政府提起的生态环境损害赔偿诉讼案件。依法受理和审理社会组织提起的环境民事公益诉讼案件以及检察机关提起的环境行政、民事公益诉讼案件，强化公众参与长江流域生态环境保护，充分落实修复理念和补偿机制，形成公益诉讼对于长江流域生态环境保护的评价指引和政策形成功能，切实维护长江流域生态环境安全。推动建立长江流域环境公益诉讼专项资金管理使用制度，保障长江流域环境公益诉讼健康发展。总结长江流域试点地区审判经验，依法审理省级政府提起的生态环境损害赔偿诉讼案件，依法追究责任主体的生态环境损害赔偿责任。

24. 积极稳妥审理生态补偿案件。科学界定生态保护者与受益者权利义务，推动形成生态损害赔偿、受益者付费、保护者得到合理补偿的工作机制。妥善处理流域内因补偿主体、补偿数额、资金监管等产生的纠纷，激发全流域各区段生态环境保护的内在动力。推动建立独立公正的生态环境损害评估制度。

25. 积极稳妥审理绿色金融等新类型案件。深入研究绿色金融发展中的特殊法律问题，妥善审理涉绿色信贷、绿色债券、绿色发展基金、绿色保险、碳金融等新类型案件，支持绿色产业发展，保障绿色金融体系构建。依法保护有偿取得的排污权及其使用、转让和抵押等权利。充分运用碳排放权交易注册登记系统，准确判断排放配额的权利主体，合理确定交易各方的权利义务。依法保护用能权交易主体在合法交易场所买卖用能权指标的行为，参照试点地区制定的交易管理办法、交易规则及争议解决机制，妥善审理用能权纠纷案件。

26. 依法办理环境行政非诉执行案件。积极探索符合长江流域生态文明建设与绿色发展需要的行政非诉案件执行的新方法新思路，依法审查环境行政非诉执行案件，按照"裁执分离"的模式，加大对环境行政非诉案件的执行力度，支持行政机关依法处罚环境违法行为。

六、健全体制机制，适应长江流域生态文明建设与绿色发展司法保障的新要求

27. 优化审判机制。推进流域内环境公益诉讼、跨行政区划环境污染、生态破坏案件的集中管辖机制。推进流域内环境资源刑事、民事、行政案件的"三合一"或者"二合一"归口审理模式。推进构建重大环境资源行政案件在跨行政区划法院审理的专门管辖机制。

28. 构建协同机制。构建刑事、民事、行政审判和立案、执行等部门的协同审判机制。构建长江流域环境资源审判协作平台，形成全流域法院之间委托送达、委托取证、委托执行和信息共享机制。构建区域内上下级法院之间的信息报送机制。

29. 完善联动机制。加强与流域内政府法制部门、行政执法机关、流域管理机构之间的协调联动，积极搭建长江流域环境资源信息共享平台。通过建立和完善信息共享、联席会议以及突发环境事件的应急响应等联动机制，形成合力，共同维护长江经济带的生态安全。

【环境资源部门规章】

国家级自然保护区监督检查办法

（2006年10月18日国家环境保护总局国家环境保护总局令第36号公布
根据2017年12月12日环境保护部第五次部务会议通过的《环境
保护部关于修改部分规章的决定》修正）

第一条 为加强对国家级自然保护区的监督管理，提高国家级自然保护区的建设和管理水平，根据《中华人民共和国环境保护法》、《中华人民共和国自然保护区条例》以及其他有关规定，制定本办法。

第二条 本办法适用于国务院环境保护行政主管部门组织的对全国各类国家级自然保护区的监督检查。

第三条 国务院环境保护行政主管部门在依照法律法规和本办法的规定履行监督检查职责时，有权采取下列措施：

（一）进入国家级自然保护区进行实地检查；

（二）要求国家级自然保护区管理机构汇报建设和管理情况；

（三）查阅或者复制有关资料、凭证；

（四）向有关单位和人员调查了解相关情况；

（五）法律、法规规定有权采取的其他措施。

监督检查人员在履行监督检查职责时，应当严格遵守国家有关法律法规规定的程序，出示证件，并为被检查单位保守技术和业务秘密。

第四条 有关单位或者人员对依法进行的监督检查应当给予支持与配合，如实反映情况，提供有关资料，不得拒绝或者妨碍监督检查工作。

第五条 任何单位和个人都有权对污染或者破坏国家级自然保护区的单位、个人以及不履行或者不依法履行国家级自然保护区监督管理职责的机构进行检举或者控告。

第六条 国务院环境保护行政主管部门应当向社会公开国家级自然保

护区监督检查的有关情况，接受社会监督。

第七条 国务院环境保护行政主管部门组织对国家级自然保护区的建设和管理状况进行定期评估。

国务院环境保护行政主管部门组织成立国家级自然保护区评估委员会，对国家级自然保护区的建设和管理状况进行定期评估，并根据评估结果提出整改建议。

对每个国家级自然保护区的建设和管理状况的定期评估，每五年不少于一次。

第八条 国家级自然保护区定期评估的内容应当包括：

（一）管理机构的设置和人员编制情况；

（二）管护设施状况；

（三）面积和功能分区适宜性、范围、界线和土地权属；

（四）管理规章、规划的制定及其实施情况；

（五）资源本底、保护及利用情况；

（六）科研、监测、档案和标本情况；

（七）自然保护区内建设项目管理情况；

（八）旅游和其他人类活动情况；

（九）与周边社区的关系状况；

（十）宣传教育、培训、交流与合作情况；

（十一）管理经费情况；

（十二）其他应当评估的内容。

国家级自然保护区定期评估标准由国务院环境保护行政主管部门另行制定。

第九条 国务院环境保护行政主管部门组织国家级自然保护区定期评估时，应当在评估开始20个工作日前通知拟被评估的国家级自然保护区管理机构及其行政主管部门。

第十条 国家级自然保护区评估结果分为优、良、中和差四个等级。

国务院环境保护行政主管部门应当及时将评估结果和整改建议向被评估的国家级自然保护区管理机构反馈，并抄送该自然保护区行政主管部门及所在地省级人民政府。

被评估的国家级自然保护区管理机构对评估结果有异议的，可以向国务院环境保护行政主管部门申请复核；国务院环境保护行政主管部门应当及时进行审查核实。

第十一条　国家级自然保护区定期评估结果由国务院环境保护行政主管部门统一发布。

第十二条　国务院环境保护行政主管部门对国家级自然保护区进行执法检查。

执法检查分为定期检查、专项检查、抽查和专案调查等。

第十三条　国家级自然保护区执法检查的内容应当包括：

（一）国家级自然保护区的设立、范围和功能区的调整以及名称的更改是否符合有关规定；

（二）国家级自然保护区内是否存在违法砍伐、放牧、狩猎、捕捞、采药、开垦、烧荒、开矿、采石、挖沙、影视拍摄以及其他法律法规禁止的活动；

（三）国家级自然保护区内是否存在违法的建设项目，排污单位的污染物排放是否符合环境保护法律、法规及自然保护区管理的有关规定，超标排污单位限期治理的情况；

（四）涉及国家级自然保护区且其环境影响评价文件依法由地方环境保护行政主管部门审批的建设项目在审批前，其环境影响评价文件中的生态影响专题报告是否征得省级环境保护行政主管部门的同意；

（五）国家级自然保护区内是否存在破坏、侵占、非法转让自然保护区的土地或者其他自然资源的行为；

（六）在国家级自然保护区的实验区开展参观、旅游活动的，自然保护区管理机构是否编制方案，编制的方案是否符合自然保护区管理目标；国家级自然保护区的参观、旅游活动是否按照编制的方案进行；

（七）国家级自然保护区建设是否符合建设规划（总体规划）要求，相关基础设施、设备是否符合国家有关标准和技术规范；

（八）国家级自然保护区管理机构是否依法履行职责；

（九）国家级自然保护区的建设和管理经费的使用是否符合国家有关规定；

（十）法律法规规定的应当实施监督检查的其他内容。

第十四条　对在定期评估或者执法检查中发现的违反国家级自然保护区建设和管理规定的国家级自然保护区管理机构，除依照本办法第十九条的规定处理外，国务院环境保护行政主管部门应当责令限期整改，并可酌情予以通报。

对于整改不合格且保护对象受到严重破坏，不再符合国家级自然保护区条件的国家级自然保护区，国务院环境保护行政主管部门应当向国家级自然保护区评审委员会提出对该国家级自然保护区予以降级的建议，经评审通过并报国务院批准后，给予降级处理。

第十五条　因有关行政机关或者国家级自然保护区管理机构滥用职权、玩忽职守、徇私舞弊，导致该国家级自然保护区被降级的，对其直接负责的主管人员和其他直接责任人员，国务院环境保护行政主管部门可以向其上级机关或者有关监察机关提出行政处分建议。

第十六条　被降级的国家级自然保护区，五年之内不得再次申报设立国家级自然保护区。

第十七条　国务院环境保护行政主管部门应当及时向社会公布对国家级自然保护区执法检查的结果、被责令整改的国家级自然保护区名单及其整改情况和被降级的国家级自然保护区名单。

第十八条　县级以上地方人民政府及其有关行政主管部门，违反有关规定，有下列行为之一的，对直接负责的主管人员和其他直接责任人员，国务院环境保护行政主管部门可以向其上级机关或者有关监察机关提出行政处分建议：

（一）未经批准，擅自撤销国家级自然保护区或者擅自调整、改变国家级自然保护区的范围、界限、功能区划的；

（二）违法批准在国家级自然保护区内建设污染或者破坏生态环境的项目的；

（三）违法批准在国家级自然保护区内开展旅游或者开采矿产资源的；

（四）对本辖区内发生的违反环境保护法律法规中有关国家级自然保护区管理规定的行为，不予制止或者不予查处的；

（五）制定或者采取与环境保护法律法规中有关国家级自然保护区管理规定相抵触的规定或者措施，经指出仍不改正的；

（六）干预或者限制环境保护行政主管部门依法对国家级自然保护区实施监督检查的；

（七）其他违反国家级自然保护区管理规定的行为。

第十九条　国家级自然保护区管理机构违反有关规定，有下列行为之一的，国务院环境保护行政主管部门应当责令限期改正；对直接负责的主管人员和其他直接责任人员，可以向设立该管理机构的自然保护区行政主管部门或者有关监察机关提出行政处分建议：

（一）擅自调整、改变自然保护区的范围、界限和功能区划的；

（二）开展参观、旅游活动未编制方案或者编制的方案不符合自然保护区管理目标的；

（三）开设与自然保护区保护方向不一致的参观、旅游项目的；

（四）不按照编制的方案开展参观、旅游活动的；

（五）对国家级自然保护区内发生的违反环境保护法律法规中有关国家级自然保护区管理规定的行为，不予制止或者不予查处的；

（六）阻挠或者妨碍监督检查人员依法履行职责的；

（七）挪用、滥用国家级自然保护区建设和管理经费的；

（八）对监督检查人员、检举和控告人员进行打击报复的；

（九）其他不依法履行自然保护区建设和管理职责的行为。

第二十条　国家级自然保护区管理机构拒绝国务院环境保护行政主管部门对国家级自然保护区的监督检查，或者在监督检查中弄虚作假的，由国务院环境保护行政主管部门依照《自然保护区条例》的有关规定给予处罚。

第二十一条　省级人民政府环境保护行政主管部门对本行政区域内地方级自然保护区的监督检查，可以参照本办法执行。

县级以上地方人民政府环境保护行政主管部门对本行政区域内的国家级自然保护区的执法检查内容，可以参照本办法执行；在执法检查中发现国家级自然保护区管理机构有违反国家级自然保护区建设和管理规定行为的，可以将有关情况逐级上报国务院环境保护行政主管部门，由国务院环境保护行政主管部门经核实后依照本办法的有关规定处理。

第二十二条　本办法自 2006 年 12 月 1 日起施行。

【典型案例】

环境资源刑事、民事、行政十大典型案例

（2017 年 6 月 22 日）

一、宁夏回族自治区中卫市沙坡头区人民检察院诉
宁夏明盛染化有限公司、廉兴中污染环境案

【基本案情】

2007 年以来，明盛公司在废水处理措施未经环境影响评估，未经申报登记、验收的情况下，擅自在厂区外东侧腾格里沙漠采用"石灰中和法"处置工业废水。2009 年 6 月 18 日，廉兴中任明盛公司法定代表人，负责公司的全面工作并决定继续使用"石灰中和法"处置工业废水。明盛公司于 2011 年 5 月 11 日取得排放污染物许可证，有限期限至 2014 年 4 月 30 日。明盛公司在排放污染物许可证到期后，仍继续非法排污。至 2014 年 9 月被责令关闭停产时，该公司厂区外东侧腾格里沙漠渗坑内存有大量工业废水。经宁夏环境监测中心站对现场废水取样检测认定，废水中多项监测因子超过国家排放标准。案发后，明盛公司、廉兴中为防止污染扩大，及时采取措施，消除污染。明盛公司支付因采取合理必要措施所产生的费用626640 元。

【裁判结果】

宁夏回族自治区中卫市沙坡头区人民法院一审认为，明盛公司违反国家有关环境保护的规定，非法排放、处置有毒物质，严重污染环境，廉兴中系被告单位直接负责的主管人员，对污染环境的行为负有直接责任，明

盛公司和廉兴中的行为均已触犯刑律，构成污染环境罪。公诉机关的指控成立，予以支持。廉兴中归案后，能如实供述自己的犯罪事实，可以从轻处罚；案发后，明盛公司、廉兴中及时采取措施，消除污染，可以酌情从宽处罚。明盛公司排污时间相对较长，且在排放污染物许可证到期后，仍非法排污，严重污染环境，结合明盛公司的具体犯罪事实，决定对其判处罚金人民币五百万元。根据廉兴中的犯罪事实、性质、情节和对社会的危害程度，对廉兴中可以适用缓刑，依法实行社区矫正。一审法院判决明盛公司犯污染环境罪，判处罚金人民币五百万元；廉兴中犯污染环境罪，判处有期徒刑一年六个月，缓刑二年，并处罚金人民币五万元。

【典型意义】

本案系腾格里沙漠污染事件发生后首例宣判的环境污染刑事案件。环境是社会健康发展的重要因素，也是刑法保护的重要法益。本案审理法院正确适用《最高人民法院 最高人民检察院关于办理环境污染刑事案件适用法律若干问题的解释》，依法惩治私设暗管排放、倾倒有毒、有害废物，严重污染腾格里沙漠生态环境的犯罪行为，充分贯彻宽严相济的刑事政策，依法保障社会公共利益和人民群众环境权益。该案的审理也为正确处理经济发展与环境保护之间的关系敲响了警钟，警醒政府在发展经济与保护环境、当前利益和长远利益等问题发生矛盾时应当如何取舍。该案的审理和判决对于教育和促进企业依法生产，依托科技手段提升清洁生产工艺和排放控制技术，实现绿色发展具有较好推动和示范作用。

二、江苏省连云港市连云区人民检察院诉
尹宝山等人非法捕捞水产品刑事附带民事诉讼案

【基本案情】

2012 年 6 月初至 7 月 30 日，尹宝山召集李至友、秦军、秦波涛、李明明、秦新波等人，在伏季休渔期间违规出海作业捕捞海产品，捕捞的海产品全部由尹宝山收购。至 2012 年 7 月 30 日，尹宝山收购上述另五人捕捞的水产品价值 828784 元人民币。连云港市连云区人民检察院以上述六人犯非法捕捞水产品罪向连云港市连云区人民法院提起公诉，同时根据相关

职能部门出具的修复方案，提起刑事附带民事诉讼，要求六人采取一定方式修复被其犯罪行为破坏的海洋生态环境。

【裁判结果】

江苏省连云港市连云区人民法院一审认为，尹宝山召集李至友、秦军、秦波涛、李明明、秦新波等人违反保护水产资源法规，在禁渔期、禁渔区非法捕捞水产品，情节严重，六人的行为均已构成非法捕捞水产品罪。六人主动退缴部分违法所得，确有悔罪表现，还主动交纳了海洋生态环境修复保证金，同意以实际行动修复被其犯罪行为损害的海洋生态环境，量刑时可酌情从轻处罚。六人在禁渔期、禁渔区非法捕捞海产品的犯罪行为，影响海洋生物休养繁殖，给海洋渔业资源造成严重破坏。为了保护国家海洋渔业资源，改善被六人犯罪行为破坏的海洋生态环境，六人应当根据《中华人民共和国侵权责任法》的规定，采取科学、合理的方式予以修复。根据专业机构出具的修复意见，采取增殖放流的方式，放流中国对虾苗可以有效的进行修复。遂对六人分别判处一年至二年三个月不等的有期徒刑，部分适用缓刑，没收全部违法所得。同时判决六人以增殖放流1365万尾中国对虾苗的方式修复被其犯罪行为破坏的海洋生态环境。一审判决作出后，尹宝山以一审量刑过重为由，上诉至江苏省连云港市中级人民法院，该院经审理后裁定驳回上诉，维持原判。

【典型意义】

本案系江苏省首例由检察机关提起刑事附带民事诉讼的环境资源刑事案件。该案在审判及执行方式上的探索创新，对环境资源案件审理具有较好的借鉴价值。一审法院在依法受理检察机关提起的刑事附带民事起诉后，查明案件事实并充分听取了各被告对修复方案的意见，将生态修复方案向社会公开，广泛征求公众的意见，在汇总、审查社会公众意见后，确认了相关职能部门出具的根据产出比1：10增殖放流中国对虾苗的修复方案的科学性、合理性，开创了引导社会公众参与环境司法的新机制。本案对环境资源审判贯彻恢复性司法理念审理海洋生态环境破坏案件，引导社会公众参与审判具有较好的示范意义。

三、湖南省岳阳楼区人民检察院诉何建强等非法杀害珍贵、濒危野生动物罪、非法狩猎罪刑事附带民事诉讼案

【基本案情】

2014 年 11 月至 2015 年 1 月期间，何建强、钟德军在湖南省东洞庭湖国家级自然保护区收鱼时，与养鱼户及帮工人员方建华、龙雪如、龙启明和涂胜保、余六秋、张连海、任小平等人商定投毒杀害保护区内野生候鸟，由何建强提供农药并负责收购。此后，何建强等人先后多次在保护区内投毒杀害野生候鸟，均由何建强统一收购后贩卖给李强介绍的汪前平。2015 年 1 月 18 日，何建强、钟德军先后从方建华及余六秋处收购了 8 袋共计 63 只候鸟，在岳阳市君山区壕坝码头被自然保护区管理局工作人员当场查获。经鉴定，上述 63 只候鸟均系中毒死亡；其中 12 只小天鹅及 5 只白琵鹭均属国家二级保护野生动物；其余苍鹭、赤麻鸭、赤颈鸭、斑嘴鸭、夜鹭等共计 46 只，均属国家"三有"保护野生动物。查获的 63 只野生候鸟核定价值为人民币 44617 元。

湖南省岳阳楼区人民检察院以何建强等七人犯非法猎捕、杀害珍贵濒危野生动物罪，向岳阳市岳阳楼区人民法院提起公诉。岳阳市林业局提起刑事附带民事诉讼，请求七名被告人共同赔偿损失 53553 元，湖南省岳阳楼区人民检察院支持起诉。

【裁判结果】

湖南省岳阳市岳阳楼区人民法院一审认为：何建强伙同钟德军、方建华在湖南东洞庭湖国家级自然保护区内，采取投毒方式非法杀害国家二级保护动物小天鹅、白琵鹭及其它野生动物，李强帮助何建强购毒并全程负责对毒杀的野生候鸟进行销售，何建强、钟德军、方建华、李强的行为均已构成非法杀害珍贵、濒危野生动物罪，属情节特别严重。龙雪如、龙启明、龙真在何建强的授意下，采取投毒方式，分别在国家级自然保护区内猎杀野生候鸟，破坏野生动物资源，情节严重，其行为均已构成非法狩猎罪。何建强、钟德军的犯罪行为同时触犯非法杀害珍贵、濒危野生动物罪和非法狩猎罪，应择一重罪以非法杀害珍贵、濒危野生动物罪定罪处罚。

此外，因何建强等七人的犯罪行为破坏了国家野生动物资源，致使国家财产遭受损失，各方应承担赔偿责任。相应损失以涉案 63 只野生候鸟的核定价值认定为 44617 元，根据各人在犯罪过程中所起的具体作用进行分担，判决何建强、钟德军、方建华、李强犯非法杀害珍贵、濒危野生动物罪，判处有期徒刑六年至十二年不等，并处罚金。龙雪如、龙真、龙启明犯非法狩猎罪，判处有期徒刑一年至二年不等，其中二人缓刑二年。由何建强等七人共同向岳阳市林业局赔偿损失人民币 44617 元。

【典型意义】

本案系非法猎捕、杀害珍贵、濒危野生动物刑事附带民事诉讼案件。刑罚是环境治理的重要方式，面对日趋严峻的环境资源问题，运用刑罚手段惩治和防范环境资源犯罪，加大环境资源刑事司法保护力度，是维护生态环境的重要环节。本案发生于东洞庭湖国家级自然保护区内，在检察机关提起公诉的同时，由相关环境资源主管部门提起刑事附带民事诉讼、检察机关支持起诉，依法同时追究行为人刑事责任和民事责任，具有较高借鉴价值。

一审法院在认定七名被告人均具有在自然保护区内投毒杀害野生候鸟的主观犯意前提下，正确区分各自的客观行为，根据主客观相一致原则对七名被告人分别以杀害珍贵、濒危野生动物罪和非法狩猎罪定罪；并根据共同犯罪理论区分主从犯，分别对七名被告人判处一年至十二年不等的有期徒刑，部分适用缓刑，既体现了从严惩治环境资源犯罪的基本价值取向，突出了环境法益的独立地位，又体现了宽严相济的刑事政策，充分发挥了刑法的威慑和教育功能。此外，本案不仅追究了被告人杀害野生候鸟的刑事责任，还追究了被告人因其犯罪行为给国家野生动物资源造成损失的民事赔偿责任，对环境资源刑事犯罪和民事赔偿案件的一并处理具有较好的示范意义。

四、吕金奎等 79 人诉山海关船舶重工有限责任公司海上污染损害责任纠纷案

【基本案情】

2010 年 8 月 2 日上午，秦皇岛山海关老龙头东海域海水出现异常。秦

皇岛市环境保护局的《监测报告》显示，海水悬浮物含量 24mg/L、石油类 0.082 mg/L、铁 13.1 mg/L。大连海事大学海事司法鉴定中心出具《鉴定意见》，结论为：2010 年 8 月 2 日山海关老龙头海域（靠近山船重工公司）存在海水异常区；海水水质中污染最严重的因子为铁，对渔业和养殖水域危害程度较大；根据山船重工公司系山海关老龙头附近临海唯一大型企业，修造船舶的刨锈污水中铁含量很高，一旦泄漏将严重污染附近海域，推测出污染海水源地系山船重工公司。吕金奎等 79 人系长期在山海关老龙头海域进行扇贝养殖的养殖户，诉请法院判令山船重工公司赔偿养殖损失 20084940 元。

【裁判结果】

天津海事法院一审认为：吕金奎等 79 人的委托诉讼代理人所做的调查笔录仅有被调查人陈述，未能提供现场的客观记录予以佐证；《鉴定意见》所依据的卫星图像不能证明养殖区域在 2010 年 8 月 2 日上午 10 时遭受污染，判决驳回吕金奎等 79 人的诉讼请求。吕金奎等 79 人上诉至天津市高级人民法院。天津市高级人民法院二审认为：大连海事大学海事司法鉴定中心具备相应的鉴定资质，选用卫星遥感监测技术具有科学性，《鉴定意见》与其他证据相互佐证，可以证实山船重工公司实施了向海水中泄漏含铁量较高污水的行为、涉案 79 人中的王丽荣等 21 人从事扇贝养殖且养殖区域遭受污染，以及山船重工公司的污染行为和王丽荣等 21 人损害之间可能存在着因果关系等三项事实。吕金奎等其余 58 人未能完成证明责任。

关于山船重工公司提出铁物质不属于评价海水水质的标准，其行为不属于环境污染侵权行为的问题，二审法院认为，环境标准并非判断某类物质是否造成损害的唯一依据，依据环境保护主管部门意见，鉴定人作出的涉案海域水质中铁物质对渔业和养殖水域危害程度较大的评价，可以作为确定铁物质能够致害的依据。山船重工公司未能完成证明本案存在法律规定的不承担责任或者减轻责任的情形以及行为与损害之间不存在因果关系的证明责任，应承担赔偿责任。综合王丽荣等 21 人养殖行为不具有合法性的事实以及《鉴定意见》确定的污染物有三类，其中山船重工公司排放的铁物质对水质污染最严重的结论，判决山船重工公司对王丽荣等 21 人养殖损失承担 40% 的损害赔偿责任，共计 1377696 元。宣判后，山船重工公司主动履行了全部判决内容。

【典型意义】

本案系海洋环境污染损害赔偿纠纷案件。近年来，伴随着经济社会的快速发展，新型污染物时有出现，由此引发的纠纷日益受到关注。在未纳入环境标准的物质导致损害结果的情况下，致害物质是否属于环境污染责任中的"污染物"以及是否构成环境污染侵权成为法院审理案件的难点。本案在正确分配举证证明责任的基础上，针对山船重工公司提出的铁物质不属于评价海水水质的标准，其行为不属于环境污染侵权行为的抗辩理由，综合考虑相关环境标准未及时更新和具备专业资质的鉴定人出具的鉴定意见，认定山船重工公司应就其污染行为承担侵权责任，确立了环境污染责任中"污染物"应界定为一切能够造成环境损害的物质，排放未纳入环境标准物质致损亦构成环境污染侵权的裁判规则，依法规范了生产企业的行为，对类似案件审理起到了较好的示范作用。

五、倪旭龙诉丹东海洋红风力发电有限责任公司环境污染侵权纠纷案

【基本案情】

倪旭龙于 1993 年建温室养殖场养殖中华鳖。2000 年 3 月，海洋红公司在倪旭龙养殖场周边村落建成大规模风力发电机组，其中两组发电机位于养殖场附近。一组位于养殖场东南约 100 米处，另一组位于养殖场西北 400 - 500 米处。2000 年 9 月份后倪旭龙养殖的中华鳖大量死亡。2001 年 7 月 25 日，倪旭龙自行委托监测站针对海洋红公司对倪旭龙中华鳖生产影响进行了论证，结论为：风力发电机叶轮转动投影及噪声扰乱改变了温室大棚中中华鳖所需的安静生活环境，而且这种惊扰正值中华鳖繁殖、发育和生长期间，导致了一系列不良后果。倪旭龙针对所致损失，又委托评估鉴定，结论为损失总计 1637966 元。

辽宁省丹东市中级人民法院委托渔业生态监测中心针对"丹东海洋红风力发电厂对室内养殖中华鳖生长影响"进行现场试验鉴定，渔业生态监测中心出具鉴定报告，结论为：试验现场的噪声、电磁辐射以及转动的阴影，不会对中华鳖的存活和生长造成影响。农业部渔业局资源环保处出具

证明材料认为：渔业生态监测中心"关于风车的噪声、电磁辐射、转动阴影等因素对中华鳖的存活和生活影响的试验鉴定"已超出该局核发的《渔业污染事故调查鉴定资格证书》的业务范围。农业部渔业局针对一审法院就相关问题的咨询函答复："渔业生态监测中心持有我局颁发的《渔业污染事故调查鉴定资格证书》（甲级），具有渔业污染事故调查资格"。倪旭龙诉请海洋红公司赔偿其养殖的中华鳖损失 1637966 元。

【裁判结果】

辽宁省东港市人民法院一审认为，因环境污染引起的损害赔偿诉讼，由加害人就法律规定的免责事由及行为与损害结果之间不存在因果关系承担举证责任。渔业生态监测中心作出的鉴定报告结论为："试验现场的噪声、电磁辐射以及转动的阴影，不会对中华鳖的存活和生长造成影响。"倪旭龙虽对此提出异议，但农业部渔业局已复函证实渔业生态监测中心具有渔业污染事故调查资格，故对该鉴定报告内容予以采信，判决驳回倪旭龙的诉讼请求。二审法院维持一审判决。

辽宁省高级人民法院再审认为，根据《最高人民法院关于民事诉讼证据的若干规定》第四条规定，因环境污染引起的损害赔偿诉讼，由加害人就法律规定的免责事由及行为与损害结果之间不存在因果关系承担举证责任。本案存在发生损害的事实，且海洋红公司客观上实施风力发电所产生的噪声、光影及电磁可能会形成环境污染，海洋红公司应当就倪旭龙饲养的中华鳖死亡与其实施的风力发电行为之间不存在因果关系承担举证责任。渔业生态监测中心虽作出鉴定意见认为现场的噪声、电磁辐射以及转动的阴影，不会对中华鳖的存活和生长造成影响。

但农业部渔业局资源环保处答复认为，渔业生态监测中心"关于风车的噪声、电磁辐射、转动阴影等因素对中华鳖的存活和生活影响的试验鉴定"已经超出核发的《渔业污染事故调查鉴定资格证书》的业务范围。农业部渔业局虽答复称，渔业生态监测中心具有渔业污染事故鉴定资质，但并未对本案噪声、电磁辐射、转动阴影等因素对中华鳖的影响是否系渔业生态监测中心的鉴定范围作出实质性答复。本案应当认定渔业生态监测中心不具有涉及本案环境污染因素的鉴定资质。

案涉环境污染损害纠纷，是基于风力发电产生的噪声、光影及电磁造成的新类型环境污染，不属于一般意义上的渔业水域污染，仅具有渔业污染鉴定资质的机构所出具的鉴定结论不能作为定案的依据。中华鳖属于对噪声及光影敏感生物，而本案中风力发电机最近一组机组距离养殖场仅100米，不符合相关规范要求。《辽宁省风力发电厂生态建设管理暂行办法》可以印证中华鳖死亡与风力发电机所产生的噪声、转动阴影、电磁辐射等因素具有一定因果关系。本案海洋红公司未完成中华鳖死亡与其实施的风力发电行为之间不存在因果关系的举证证明责任，应承担相应的民事责任。辽宁省高级人民法院再审判决撤销一审、二审判决，改判海洋红公司承担本案损失的80%民事责任，赔偿倪旭龙经济损失1310327.8元。

【典型意义】

本案系因风力发电产生的噪声、光影及电磁造成损害的新类型环境污染侵权纠纷。噪声是风力发电场典型的污染因素。光影的影响，虽未明确作为环境污染的类别，但与光污染类似，且相关研究表明风电场光影的规律性变化和晃动可能对居民和敏感生物产生影响，是可致污染的重要因素。关于电磁波污染，由于风力发电的原理即在于利用风力使得叶片带动磁场转动，由磁场能量转化为电能，在此过程中会产生磁场或电磁波的负面影响，也是已知的可能污染源。

本案再审法院根据案件系风力发电厂噪声、光影及电磁致损的新类型污染的特点，综合相关部门就鉴定资质出具的证据，对于鉴定机构的鉴定资质进行了审查判断，未予采信鉴定意见，同时依据风力发电机组与养殖场的距离、风力发电厂生态建设相关规范文件，结合中华鳖的习性，认定了风力发电产生的噪声、光影及电磁与中华鳖的死亡具有一定的因果关系，体现了环境资源审判中对于专业性问题审查判断的特殊性，对于准确认定污染行为和损害的因果关系具有一定示范意义。

六、江西星光现代生态农业发展有限公司诉江西鹰鹏化工有限公司大气污染责任纠纷案

【基本案情】

2014年6月，鹰鹏公司在生产中因故导致生产废气泄漏，致使星光公司苗木叶面受损，星光公司根据资产评估报告自行按比例计算损失为3742600.1元，据此诉请判令鹰鹏公司赔偿苗木损失。

【裁判结果】

江西省赣州市中级人民法院一审认为，鹰鹏公司作为侵权人应当承担侵权责任，赔偿星光公司因此造成的损失，星光公司根据资产评估报告自行按比例计算损失为 3742600.1 元，因其委托资产评估机构所作的资产价格评估不属损失鉴定，评估报告亦未对其苗木损失作出鉴定意见，不能达到其证明损失数额的证明目的，故参照当地林业部门的建议补偿标准，结合星光公司受损苗木面积、品种、树龄等本案实际情况，判令酌定由鹰鹏公司向星光公司赔偿损失共计 160000 元。

江西省高级人民法院二审认为，涉案资产评估报告可信程度较高，该评估报告虽未直接给出星光公司的受损价值金额，但根据该评估报告确定的资产评估价值，结合会昌县林业局出具的《关于江西会昌县鹰鹏公司废气污染林业苗木受害情况调查报告》，可以计算出星光公司的受损价值金额，会昌县林业局《2014 年鹰鹏污染事故林业苗木受损情况调查登记表》中载明了星光公司因案涉污染事故而受损苗木的树种、苗龄、面积、株数、受害程度（分轻度、中度、重度三个等级）等具体信息，评估机构的《苗木资产评估明细表》对应《2014 年鹰鹏污染事故林业苗木受损情况调查登记表》中载明的受损苗木的树种作出了单项评估价值，两者相结合并扣除必然发生的税费和交易成本，可以计算出星光公司的受损总值为 1363217.29 元，据此改判由鹰鹏公司赔偿星光公司因废气污染造成的苗木损失 1363217.29 元。

鹰鹏公司不服二审判决，向最高人民法院申请再审。最高人民法院认为，二审判决根据有资质机构作出的资产评估报告，以受损苗木的总资产价值 7492147 元为基础，酌定扣减涉案苗木的实际交易成本和税费，并参照林业评估报告中林分受损等级划分标准，取 75%、35%、15% 三个较低数值作为重度、中度、轻度三种损害程度的计算比值，得出星光公司苗木损失为 1363217.29 元，该计算方法公允、客观，事实依据充分。最高人民法院裁定驳回了鹰鹏公司的再审申请。

【典型意义】

本案系环境民事侵权案件，人民法院在能动计算环境侵权损失数额方面进行了积极有益的探索。环境侵权诉讼具有举证难、损失鉴定难的特点，在环境侵权行为和损害已经实际发生，但受害人难以举证证明损失具体数额的情况下，法官应当注重适度发挥职权作用，根据已有证据进行认定，以救济受害人的合法权益，倒逼污染者强化环境保护意识，预防环境损害的发生。本案是在两次委托鉴定未果的情况下，二审法院根据评估机构的评估报告、林业部门的调查材料，秉持衡平双方当事人利益的理念确认星光公司受损金额，具有公平合理性。

七、中华环保联合会诉谭耀洪、方运双环境污染民事公益诉讼案

【基本案情】

2011 年 8 月，方运双将其承包的两个鱼塘转租给谭耀洪。当年 9 月 1 日至 3 日，谭耀洪向其中一个面积为 0.75 亩的鱼塘倾倒不明固体污泥 110 车。之后，方运双收回鱼塘，撒上石灰后继续养鱼。2011 年 9 月 14 日，广州市白云区环境保护局到上述被倾倒污泥的鱼塘进行现场检查取样。经检测，确认该鱼塘铜和锌超过相应限值。中华环保联合会诉请法院判令谭耀洪、方运双共同修复鱼塘至污染损害发生前的状态和功能，或承担恢复鱼塘原状所需的环境污染处理费 4092432 元，广州市白云区人民检察院作为支持起诉人支持中华环保联合会提起诉讼。

【裁判结果】

广州市白云区人民法院一审认为，中华环保联合会作为专门从事环境保护公益活动的全国性、非营利性社团组织，对危害社会公益的行为提起公益诉讼，为当地百姓消除环境污染损害，对其积极维护公共利益的行为予以赞许。双方对于谭耀洪向涉案鱼塘倾倒不明固体污泥、造成环境污染的事实均无异议，对该侵权事实予以认定。只要污染源没有清理，重金属通过食物链的浓缩和富集会对鱼塘及周边环境形成持续的污染危害。方运双既未证明鱼塘倾倒污泥前已经受到污染，也未证明污染损害已经消除。遂判决谭耀洪、方运双共同修复涉案鱼塘到本次污染损害发生之前的状态和功能；逾期未修复的，由环保部门指定具有专业清污资质的机构代为修复，修复费用由谭耀洪与方运双共同承担，并相互负连带责任。

广州市中级人民法院二审认为，中华环保联合会作为专门从事与环境

相关活动的非营利性社会团体，依法有权对损害社会公共利益的行为提起环境民事公益诉讼；广州市白云区人民检察院作为国家法律监督机关，在社会公共利益遭受损害的情况下，支持中华环保联合会提起环境民事公益诉讼，具有合法性和正当性。谭耀洪倾倒污泥的行为造成鱼塘污泥中的铜、锌重金属超标，损害了社会公共利益，构成环境污染侵权，其依法应承担相应的法律责任。本次污染的损害后果是由谭耀洪倾倒污泥的行为和方运双出租鱼塘的行为直接结合所共同导致的，故二人构成共同侵权，应当承担连带责任。谭耀洪直接倾倒污泥导致污染的发生，其对损害结果的发生起到主要作用；而方运双仅为倾倒污泥提供场所和便利，且在事后积极向村委会反映情况，配合村委会阻止了谭耀洪的继续倾倒行为，其行为对损害结果的发生仅起到次要作用，故酌情确定谭耀洪承担80%的责任，方运双承担20%的责任。修复鱼塘属于谭耀洪和方运双履行生效法律文书所确定的行为义务，如果二人逾期未履行，应当由人民法院选定代为修复的机构，而非由环保部门指定。二审法院对谭耀洪、方运双的责任分担以及代履行机构的选定等内容进行改判。

【典型意义】

本案系倾倒固体废物污染水体的环境民事公益诉讼案件。本案由社会组织作为原告、检察机关支持起诉，弥补了个体受害者难以应付专业性强、案情复杂的环境侵权诉讼的不足和环境公益救济主体的缺失，无论对个体权益还是对社会公共利益的保护都非常必要和及时。本案环境污染的后果是鱼塘污泥中的铜、锌重金属超标，侵权行为所侵害的环境权益是公众享有无害水产品和清洁水环境的权益，虽然没有证据显示已有特定主体因此受到重金属的毒害，但是二审判决基于"超过最高容许含量的重金属会通过食物链进一步浓缩和富集，并最终毒害人体"的原理认定污染行为"造成损害"，符合环境污染损害的特点，对于审理固体废物污染案件具有一定示范意义。

八、邓仕迎诉广西永凯糖纸有限责任公司等六企业通海水域污染损害责任纠纷案

【基本案情】

2012 年 4 月 29 日至 5 月 25 日，广西横县郁江六景至飞龙河段连续发生多起网箱养殖鱼类死亡事故，邓仕迎是遭受死鱼事故的养殖户之一。事故河段是横县人民政府为保护重点流域水质和饮用水源安全而划定的禁止网箱养殖水域，邓仕迎未持有合法有效的《水域滩涂养殖许可证》。死鱼事件发生后，当地渔业管理部门和环境保护主管部门对死鱼原因开展调查，认为溶解氧偏低是主要原因。邓仕迎认为广西永凯糖纸有限责任公司等六企业所在的河岸位置均属其养殖河段的上游，且其排污管都是通向郁江，其排污行为直接造成郁江六景至飞龙河段溶解氧过低，从而导致其网箱鱼大量死亡，诉请法院判令六家企业连带赔偿其经济损失、人工费 114786 元、饲料鱼苗成本 302500 元，并共同承担本案的诉讼费用。

【裁判结果】

北海海事法院一审认为，邓仕迎已经举证证明永凯公司、祈顺公司和华鸿公司均排放了可能造成其养殖鱼缺氧致死的污染物，并且该污染物到达了损害发生地，而永凯公司、祈顺公司和华鸿公司未能举证证明其污染行为与邓仕迎的死鱼损害不存在因果关系，故应认定永凯公司、祈顺公司和华鸿公司的排污行为与邓仕迎的养殖损失存在因果关系。邓仕迎在死鱼事故发生时未依法取得养殖证，并不享有使用水域从事养殖生产的权利，其养殖收益不具有合法性，故养殖鱼价值构成中的利润部分及养殖人工费不受法律保护，但其购买的鱼苗、饲养鱼类必要的饲料等成本性投入属于合法民事利益，应当受到法律的保护。对于邓仕迎可受法律保护的养殖损失，强降雨导致各种污染源汇入郁江所输出的有机污染物与损害后果的原因力比例为 75%，沿江生产企业正常排放生产废水所输出的有机污染物与损害后果的原因力比例为 25%。对于生产企业排污所造成的邓仕迎养殖成本损失 23056.13 元，永凯公司、祈顺公司和华鸿公司应平均承担赔偿责任。

广西壮族自治区高级人民法院二审认为，一审判决认定永凯公司、祈顺公司、华鸿公司的排污行为与邓仕迎养殖的鱼类死亡有因果关系正确。一审法院以行政部门记载的死鱼数据为依据，综合鱼种类、数量、鱼苗市场价格等各方面实际因素，对邓仕迎购买鱼苗的损失进行合理计算，对购买饲料的成本根据养殖惯例进行酌定，尊重客观事实且公平合理。邓仕迎未经相关行政主管部门许可使用全民所有的水域，对其非法占有水域进行养殖而取得的不正当收益损失部分法律不予保护，对其具体实施非法养殖行为所投入的人工费亦不应支持，但其购买的鱼苗、饲料、鱼药等生产成本并无非法性，仍属于合法的民事权益，应予以保护。根据南宁市环保局的报告，从造成死鱼河段溶解氧降低的有机污染物的来源构成来看，沿江生产企业正常排放的生产废水为输出耗氧有机物的来源之一，还存在另外三方面的污染源，一审确定排污企业对邓仕迎可受法律保护的养殖损失应承担25%的责任比例有事实和法律依据。二审判决驳回上诉，维持原判。

【典型意义】

本案系网箱养殖鱼死亡事件引发的环境污染损害赔偿诉讼。本案被诉排污企业较多，水体污染来源多样，甄别侵权责任主体及判定各主体责任比例是审理的难点。一审、二审法院依法适用环境污染侵权的无过错责任原则，认定被告企业的排污虽未超过国家和地方的污染物排放标准，但并不能直接免除其责任；正确分配举证责任，由原告对存在侵权行为、损害以及侵权行为和损害之间有一定关联性承担举证责任，被告对法律规定的不承担责任或者减轻责任的情形及其行为与损害之间不存在因果关系承担举证责任；准确认定责任比例，在数个企业分别排放污水，造成流域性溶解氧急剧下降的情况下，每个企业的污染行为都不足以造成全部损害，难以确定各自责任大小，判定平均承担赔偿责任。

本案原告系无证在政府划定的禁止网箱养殖水域进行生产的养殖户，其主张的损失应否支持是本案审理的另一难点。一审、二审法院正确处理行政管理和保护合法民事权益的关系，对原告的损失进行细化定性，对不正当收益损失部分及其具体实施非法养殖行为所投入的人工费不予支持，对其购买鱼苗、饲料、鱼药等生产成本的损失赔偿请求予以支持。本案审理思路清晰，对水污染案件的审理具有一定示范意义。

九、海南桑德水务有限公司诉海南省儋州市生态 环境保护局环保行政处罚纠纷案

【基本案情】

2013 年 6 月 5 日，海南省环境监测中心站出具琼环监字 ［2013］ 第 153 号《监测报告》（简称 153 号《监测报告》）。儋州环保局根据该《监测报告》，认为桑德水务公司涉嫌违法排放水污染物，于 2014 年 4 月 16 日拟对桑德水务公司作出行政处罚。桑德水务公司在法定期限内未提出陈述、申辩和听证的申请。同年 6 月 16 日，儋州环保局作出被诉儋土环资罚决字 ［2014］ 47 号《行政处罚决定书》（以下简称 47 号处罚决定），对桑德水务公司处以 2013 年 5 月应缴纳排污费二倍的罚款 177719 元。儋州市人民政府经复议后对 47 号处罚决定予以维持。桑德水务公司不服，遂诉至法院，请求撤销 47 号处罚决定。

【裁判结果】

海南省儋州市人民法院一审认为，儋州环保局作为儋州市环境保护工作的行政主管部门，具有对本辖区内违法排放水污染物的行为作出行政处罚的法定职权。根据《环境行政处罚办法》第三十四条规定，采样是本案监测的必经程序。但儋州环保局未能提供采样记录或采样过程等相关证据，无法证明其采样程序合法，进而无法证明送检样品的真实性，直接影响监测结果的真实性。因此，儋州环保局在没有收集确凿证据证实样品来源真实可靠的情况下，仅以海南省环境监测中心站出具的 153 号《监测报告》认定桑德水务公司超标排放废水，主要证据不足。

儋州环保局于 2014 年 6 月 16 日同时分别对桑德水务公司 2013 年 1 月 14 日和 5 月 22 日超标排放行为给予二次处罚，程序违法。被诉 47 号处罚决定只给予桑德水务公司罚款，未责令桑德水务公司限期改正，行政处罚行为明显不当。一审法院判决撤销 47 号处罚决定，由儋州环保局承担诉讼费用。海南省第二中级人民法院二审认为，153 号《监测报告》的合法性是审查本案被诉环保行政处罚事实认定是否清楚的基础。由于 153 号《监测报告》的取样程序违法，不能作为认定桑德水务公司存在环境违法行为

事实的主要证据。而除153号《监测报告》外，儋州环保局没有进行相关调查，并且违反查处分离的规定，程序违法。47号处罚决定认定事实的主要证据不足，适用法律错误。二审法院判决驳回上诉，维持原判。

【典型意义】

本案系环保行政处罚纠纷，涉及对环保行政处罚行为所依据证据的审查认定，具有典型性和指导意义。近年来，各级环保行政执法部门加大了生态环境违法案件的行政执法力度，有效遏制了环境持续恶化的基本态势。但从法院审理环境行政处罚案件情况看，环保行政执法不同程度存在执法不规范，"重结果、轻程序"等问题。环保行政执法部门在环境监测过程中，应重视环境监测程序的合法性，特别是在涉及水污染的环保处罚案件中，被检测标本的取样是否合乎技术规范，直接影响该标本检测结果正确与否。因此，《环境行政处罚办法》专门进行对现场调查取样程序作了规定，要求制作取样记录或者将取样过程记入现场检查（勘察）笔录，并可以采取拍照、录像或者其他方式记录取样情况。

由于儋州环保局在一审中未能提供取样记录或取样过程等相关证据，无法证明其取样程序的合法性，故法院认定153号《监测报告》不能作为认定桑德水务公司存在环境违法行为事实的主要证据，依法撤销处罚决定。本案判决体现了人民法院对环保行政执法行为的监督，对于推动环境保护行政主管部门规范行使行政处罚职权、促进依法行政具有积极作用。

十、陈德龙诉成都市成华区
环境保护局环保行政处罚案

【基本案情】

陈德龙系个体工商户龙泉驿区大面街道办德龙加工厂业主，自2011年3月开始加工生产钢化玻璃。2012年11月2日，成华区环保局在德龙加工厂位于成都市成华区保和街道办事处天鹅社区一组B-10号的厂房检查时，发现该厂涉嫌私自设置暗管偷排污水。成华区环保局经立案调查后，依照相关法定程序，于2012年12月11日作出成华环保罚字（2012）1130-01号行政处罚决定，认定陈德龙的行为违反《水污染防治法》第二十二条第二款的规定，遂根据《水污染防治法》第七十五条第二款的规定，作出责令立即拆除暗管，并处罚款 10 万元的处罚决定。陈德龙不服，遂诉至法院，请求撤销该处罚决定。

【裁判结果】

成都市成华区人民法院一审认为，德龙加工厂工商登记注册地虽然在成都市龙泉驿区，但其生产加工形成环境违法事实的具体地点在成都市成华区，根据《行政处罚法》第二十条、《环境行政处罚办法》第十七条的规定，成华区环保局具有作出被诉处罚决定的行政职权；虽然成都市成华区环境监测站于 2012 年 5 月 22 日出具的《检测报告》，认为德龙加工厂排放的废水符合排放污水的相关标准，但德龙加工厂私设暗管排放的仍旧属于污水，违反了《水污染防治法》第二十二条第二款的规定；德龙加工厂曾因实施"未办理环评手续、环保设施未验收即投入生产"的违法行为受到过行政处罚，本案违法行为系二次违法行为，成华区环保局对德龙加工厂作出罚款 10 万元的行政处罚并无不妥。遂判决驳回陈德龙的诉讼请求。

成都市中级人民法院二审认为，德龙加工厂的工商登记注册地虽然在龙泉驿区，但相关证据能够证明涉案地点在成华区，根据相关法律规定，成华区环保局具有作出被诉行政处罚的行政职权；陈德龙租赁成华区保和街道办事处天鹅社区厂房的目的是用于德龙加工厂的钢化玻璃生产加工，涉案生产点是否办理工商登记、租赁者是否为陈德龙个人，并不影响涉案生产点的经营主体为德龙加工厂这一客观事实，故成华区环保局将德龙加工厂作为处罚对象并无不当；涉案生产点存在私设暗管排放生产污水的违法行为，该生产点所排放的生产污水是否达标并不影响德龙加工厂私设暗管规避监管这一违法事实的成立；成华区环保局在《水污染防治法》第七十五条第二款所规定的幅度内，综合考虑德龙加工厂系二次违法等事实，作出罚款 10 万元的行政处罚并无不当。遂判决驳回上诉，维持原判。

【典型意义】

本案系典型的逃避监管和查处的环境违法案件。主要表现在以下方面：

一是工商注册地与违法行为发生地不一致，导致监管缺失；

二是违法行为实施主体隐藏，导致处罚对象认定困难；

三是违法行为和违法后果隐蔽，导致发现和查处困难。

对此，在认定执法主体时，一审、二审法院依据法律关于违法行为发生地管辖的规定，在查明生产加工形成环境违法事实具体地点的基础上，准确界定了行政职权的行使主体，避免了执法监管的空白。在认定处罚对象时，一审、二审法院认为，尽管涉案生产点未办理工商登记，涉案厂房租赁者为陈德龙个人，但根据陈德龙系个体工商户德龙加工厂业主这一事实，以及涉案厂房生产加工的产品与德龙加工厂生产经营范围的关联性，可以认定涉案生产点的实际经营主体为德龙加工厂，违法行为的实施者和被处罚对象应为德龙加工厂，从而避免了违法行为人利用其身份的隐藏性、模糊性逃避监管和处罚。

在认定违法行为时，一审、二审法院从《水污染防治法》第二十二条的立法目的出发，认为只要存在私设暗管等规避环境执法部门监管的行为，无论其排放的污染物是否达标，是否对环境实际造成了影响，均应受到处罚，从而更加有效地打击规避监管的违法行为。本案的处理有利于揭开该类逃避监管和查处的环境违法行为的面纱，为环保执法部门的行政执法提供有价值的参考，具有较好的示范意义。

长江流域环境资源审判十大典型案例

一、汤某等十二人非法捕捞水产品案

【基本案情】

2016 年 3 月 1 日至 6 月 30 日，岳阳县东洞庭湖为禁渔期、禁渔区。2016 年 3 月 24 日 23 时许，在汤某、彭某等六人的授意下，万某等人前往岳阳县东洞庭湖麻拐石水域捕捞螺蛳。3 月 25 日凌晨 2 时许，万某等人停止捕捞，根据汤某、彭某的指示，先后携带捕捞的螺蛳前往北门船厂码头。3 月 25 日 6 时许，万某等人被岳阳县渔政局执法大队查获，其捕捞的螺蛳重约 7.6 吨，所有渔获物由岳阳县渔政局执法大队现场放生。岳阳县人民检察院以汤某等十二人犯非法捕捞水产品罪提起公诉。

【裁判结果】

湖南省岳阳县人民法院认为，汤某等十二人违反我国渔业法的规定，在禁渔期、禁渔区进行非法捕捞，情节严重，构成非法捕捞水产品罪，依法应予惩处。根据各人在共同犯罪中的作用、案发后的自首、坦白等情节，判决汤某、彭某等人犯非法捕捞水产品罪，分别处以二到五个月不等拘役；万某等人犯非法捕捞水产品罪，分别处以三千至五千不等的罚金。

【典型意义】

洞庭湖位于长江中下游荆江南岸，是我国五大淡水湖之一，也是我国重要的调蓄湖泊和生态湿地。近年来，洞庭湖水生生物多样性指数持续下降，多种珍稀物种濒临灭绝，洞庭湖的湖泊、湿地功能退化严重。为加强水生生物物种保护，洞庭湖每年都会设定禁渔期和禁渔区，但依然有不法分子在禁渔期、禁渔区内违法捕捞水产品。本案中，岳阳县东洞庭湖从 2016 年 3 月 1 日至 6 月 30 日全面禁渔，被告人汤某等人违反渔业法的规定，在禁渔期、禁渔区非法捕捞，已构成非法捕捞罪。捕捞的螺蛳是东洞庭湖生态环境的重要组成部分，对于净化水质、促进水藻生长、为鱼类提供食物、维持湖内生态系统的平衡起着重要作用。本案判决对引导沿岸渔民的捕捞行为，有效遏制非法捕捞，保护洞庭湖乃至长江中下游流域生物链的完整具有指导意义。

二、十堰市驰迈工贸有限公司、古文秀污染环境案

【基本案情】

2015 年 5 月 1 日上午，驰迈公司厂房搬迁，该厂生产负责人古文秀明知该厂操作污水处理设备的工人赵正明在新厂区调试设备，老厂房无人能操作污水处理设备，仍安排工人潘立春等人在老厂房内，在未运行污水处理设施的情况下进行电镀生产，造成电镀废水未经处理非法外排，被十堰市环保局当场查获。经环保局现场采样，十堰市环境监测站分析检测，并报湖北省环境监测中心站审查，该公司排出的电镀废水中重金属总铬浓度值为 88.8mg/L，六价铬浓度值为 80.4mg/L，锌浓度值为 11.7mg/L，分别超出国家排放标准 88 倍、401 倍、6.8 倍。湖北省十堰市张湾区人民检察院以污染环境罪对驰迈公司和古文秀提起公诉。

【判决结果】

湖北省十堰市张湾区人民法院一审认为，驰迈公司非法排放含重金属的污染物严重超标，已构成污染环境罪；古文秀作为生产管理负责人，明知电镀作业产生的污水未经处理会流向犟河造成环境污染，仍安排工人从事电镀生产作业，放任单位排放污水污染环境的行为，亦构成污染环境罪。鉴于被告人积极认罪悔罪，在量刑上可以酌情从轻。对驰迈公司判处罚金 1 万元、古文秀拘役四个月。驰迈公司和古文秀以污染环境后果较轻为由提起上诉，十堰市中级人民法院二审认为，一审判决体现了对污染环境犯罪的零容忍态度。十堰作为南水北调中线工程核心水源区，加强水资源保护，确保"一江清水永续北送"，具有非同寻常的意义。对恣意排放

生产废水，严重破坏生态环境的违法犯罪行为，必须始终保持高压态势，依法严厉打击。二审裁定驳回上诉，维持原判。

【典型意义】

依法审理水污染防治案件，加强对饮用水水源地的司法保护，保障饮用水水源地的水质安全，是人民法院环境资源审判的重要职责。湖北十堰作为南水北调中线工程的水源地，严控水体污染，抓好水体保护，维护水质安全，确保"一江清水永续北送"具有非同寻常的意义。二审法院立足"十堰作为南水北调中线工程核心水源区"的重要生态环境定位，以保护用水区人民群众身体健康为根本目标，落实最严格的生态环境保护制度，严格执行国家环境质量标准，强化污染者的责任，对污染环境犯罪采取零容忍态度，以对生态环境的损害情况作为刑事处罚的重要情节，严厉打击了在饮用水水源地非法排放生产废水的违法犯罪行为。该案是十堰法院受理的首例水污染刑事案件，宣判后对全市造纸、印染、电渡等高能耗、重污染企业起到了教育、引导和震慑作用。

三、尼玛多吉非法收购、运输、出售珍贵、濒危野生动物制品案

【基本案情】

2016年12月2日，尼玛多吉从桑培手中以每只8000元的价格购买了五只麝香，合计40000元。随后又从布恩手中以每只6000元的价格购买了五只麝香，合计30000元。十只麝香共计70000元。2016年12月5日尼玛多吉携带十只麝香在玉树市相古村卡沙社设卡点被公安人员查获，当场缴获了十只麝香。经宁夏绿森源森林资源司法鉴定中心鉴定，案涉十只马麝，价值为75000元。玉树市人民检察院以非法收购、运输、出售珍贵、濒危野生动物制品罪对尼玛多吉提起公诉。

【判决结果】

青海省玉树市人民法院一审认为，尼玛多吉明知麝香为珍贵、濒危野生动物制品而予以购买交易的行为已触犯我国刑法，构成非法收购、运

输、出售珍贵、濒危野生动物制品罪。鉴于尼玛多吉归案后能够如实交代自己的犯罪事实，认罪态度较好，确有悔罪表现，同时向公安机关提供了赃物来源的线索，为侦破案件提供了真实情况，属于立功表现，量刑时予以酌情从轻考虑。判处尼玛多吉有期徒刑三年，缓刑四年，并处罚金3000元，对十只麝香予以没收。

【典型意义】

本案系青海省玉树藏族自治州玉树市法院生态法庭成立以来审理的首起环境资源刑事案件，对于加强三江源地区生态环境保护有着特殊意义。三江源地区被誉为长江上游生态安全屏障、"中华水塔"，是我国重要的生态功能区。鉴于三江源地区特殊的生态环境地位，人民法院要重点关注区域内环境污染和自然资源破坏案件，坚决打击采矿、砍伐、狩猎以及擅自采集国家和省级重点保护野生动植物等违法行为，促进三江源地区自然资源的持久保育和永续利用，筑牢国家生态安全屏障。麝是我国一级保护动物，也是世界濒危物种之一，麝香是一种极其稀缺的名贵药材。随着麝香市场价格日益昂贵，不法分子为获取暴利不断猎杀野生麝，我国的麝和天然麝香资源已处于极为严重稀缺的状态。"没有买卖就没有杀害"。社会各方都要充分关注濒危野生动物的保护，共同守护美丽家园。

四、贵州泰蘋河生态养殖开发有限公司诉贵州华锦铝业有限公司财产损害赔偿案

【基本案情】

泰蘋河公司是一家主要从事鲟鱼养殖的企业，从戈家寨大沟取水。华锦公司于2014年10月在戈家寨水库上游河段筑坝取水。由于华锦公司筑坝拦水，下游河道水量减少，导致泰蘋河公司养殖的鲟鱼在4月21至23日因严重缺水缺氧大量窒息死亡。泰蘋河公司主张，华锦公司从事工程建设，明知对原有供水水源有不利影响，应当采取相应的补救措施。华锦公司在未通知下游用水户做好应对准备的情况下，擅自蓄水断水，造成泰蘋河公司养殖的鲟鱼缺氧窒息大量死亡。泰蘋河公司诉至法院，主张华锦公司承担赔偿责任。

【裁判结果】

贵州省清镇市人民法院一审认为，河流生态流量可以保证河流所需的自净扩散能力，维持水生生态系统平衡，保证库区养殖业所需的水质水量。我国虽然没有关于河流生态流量的法律规定，但实践中有此要求，如水电站最小下泄流量就是保障河流生态流量的措施。华锦公司未办理取水行政许可及环境影响评价，擅自修建拦截坝取水，未保障必要的生态下泄流量，导致下游水量减少，养殖场进水减少，鲟鱼窒息死亡。故泰蘱河公司养殖的鲟鱼死亡与华锦公司蓄水之间存在因果关系，判决华锦公司赔偿泰蘱河公司经济损失 757158.6 元。华锦公司不服，提起上诉。贵阳市中级人民法院二审判决驳回上诉、维持原判。

【典型意义】

长江流域蕴藏着十分丰富的水资源，依法审理水资源开发利用案件，促进水资源可持续利用是人民法院环境资源审判的重要职责。本案系水资源开发利用过程中产生的侵权纠纷，涉及到水资源利用中"生态流量"的保障和控制。河流生态流量具有重要价值，上游地区用水户在水资源开发和利用过程中，要保障河流生态流量，不能损害下游地区供水、通航、灌溉、养殖等生态流量受益方的合法权益，从而保障全流域水生生态系统基本功能的正常运转。本案中，作为主要从事鲟鱼养殖的泰蘱河公司与华锦公司均系戈家寨水库的需水方，均应依照法律规定取水、用水、排水。华锦公司在上游取水用水时未办理取水行政许可和环境影响评价，擅自修建拦截坝取水，未保障必要的生态下泄流量，损害了下游用水户的合法权益，导致损害事实的发生，依法应当承担赔偿责任。本案肯定了生态流量的重要价值，维护了生态流量受益方的合法权益，对于人民法院审理水资源开发利用案件具有指导意义。

五、赵来喜、周正红与赵成春买卖合同案

【基本案情】

赵来喜与周正红夫妻二人雇佣赵加龙、徐培金驾驶船只停靠在赵成春位于镇江市内的长江采砂点，赵成春用吸砂船吸出江砂直接放置在赵加

龙、徐培金驾驶的船上，卖给赵来喜、周正红。2014 年 5 月 8 日，赵来喜与赵成春对 2012 年至 2014 年的砂款进行结算，扣除已付款项后，赵来喜向赵成春支付了 20700 元。赵成春认为赵来喜、周正红尚欠其砂款 380000元未付，并多次向赵来喜、周正红催要，而赵来喜、周正红以双方之间的款项已结清为由，拒绝支付。赵成春将赵来喜、周正红起诉至法院，要求给付砂款。

【裁判结果】

江苏省南京市栖霞区人民法院一审认为，国家对长江采砂实行许可证制度，赵成春无采砂许可证，在长江中用吸砂船非法采砂，转卖给周正红、赵来喜，其行为违反了《长江河道采砂管理条例》第九条的规定，侵害了国家对自然资源的所有权。依照民法通则及物权法的相关规定，判决驳回赵成春对赵来喜、周正红的诉讼请求，并作出处罚决定，对赵成春的违法所得予以收缴。赵来喜、周正红不服，上诉至江苏省南京市中级人民法院。南京中院二审认为，赵成春与赵来喜、周正红的行为属于非法采砂行为，该买卖纠纷不属于人民法院民事诉讼的管辖范围，且本案所涉非法采砂行为已涉嫌刑事犯罪，应移交刑事侦查机关进行侦查，并根据侦查情况作出处理，故撤销一审判决和处罚决定书，驳回赵成春的起诉。宣判后，二审法院依据《最高人民法院关于在审理经济纠纷案涉及经济犯罪嫌疑若干问题的规定》第十一条的规定，将此案移送至江苏省镇江市公安局立案侦查。

【典型意义】

长江江砂属于国家所有，《长江河道采砂管理条例》明确规定国家对长江采砂实行许可证制度，但长江中下游部分地区非法采砂的情况时有发生，不仅侵害了国家对自然资源的所有权，也严重影响长江航道通行，破坏了长江河道生态环境。因此，必须严厉打击河道非法采砂，切实保障长江水域水运安全。按照《最高人民法院关于审理非法采矿、破坏性采矿刑事案件具体应用法律若干问题的解释》第三条的规定，对于非法采砂行为，应充分考虑生态环境的破坏程度，依法以非法采矿罪进行处罚。一审法院将本案作为民事案件进行审理，忽略了本案刑事违法性的本质，二审法院准确认定案件性质，认为本案并不属于民事诉讼管辖范围，所涉非法采砂行为涉嫌刑事犯罪，并将案件移送公安机关立案侦查，适用法律正确，对于打击河道非法采砂起到了威慑作用。

六、镇江市自来水公司诉韩国开发
银行投资公司水污染损害赔偿案

【基本案情】

2012 年 2 月 2 日 13 时，FC 轮（所有人为韩国开发银行投资有限公司）靠泊江苏镇江某化工码头后开始卸货。2 月 3 日 19 时，镇江市自来水公司检测出自来水厂出水中挥发酚浓度超过标准值 9.4 倍。随后，镇江市自来水公司采取了相关应急措施。2 月 6 日至 2 月 15 日，镇江海事局先后对 FC 轮的船长、大副以及其他船员进行调查。镇江海事局作出《调查报告》称：FC 轮因违反操作规程、设备存在缺陷等原因导致在卸货作业过程中有约 44 吨苯酚通过该轮的水下排放管路直接排出了舷外造成长江水体污染。镇江市自来水公司起诉至武汉海事法院，要求韩国开发银行投资公司赔偿损失。

【裁判结果】

武汉海事法院一审认为，FC 轮因违反操作规程、设备存在缺陷等导致在卸载作业过程中有约 44 吨苯酚直接排出舷外，造成长江水体污染，判决韩国开发银行投资公司赔偿镇江市自来水公司经济损失。韩国开发银行投资公司不服，提起上诉。湖北省高级人民法院二审维持一审判决认定的事实及赔偿金额、利息，仅改判该项赔偿款从韩国开发银行投资公司设立的海事赔偿责任限制基金中受偿。

【典型意义】

长江水道被誉为"黄金水道"，但长江上港口、码头众多，通航船舶不计其数，其中，涉危险化学品码头和船舶数量多，分布广，发生危险化学品泄漏的风险持续加大，有的直接威胁长江水体和沿江地区饮用水的水质安全。人民法院要加强对港口、码头使用过程中引发的水污染案件以及船舶排放、泄漏、倾倒油类、污水或者其他有害物质造成水域污染案件的审理，保护长江水域生态环境安全。本案为船舶污染案件，存在涉外因素、社会关注度高、公众反映强烈。FC 轮在卸载苯酚过程中，因违反操作规程、设备存在缺陷等原因导致约 44 吨苯酚直接排出舷外，造成长江水体污染，人民法院依法判决韩国开发银行投资公司承担赔偿责任，维护了长江水域生态环境安全及长江沿岸人民群众的生命健康权益。

七、富启建材有限公司诉姚友刚等确认合同无效案

【基本案情】

2013 年 5 月 28 日，宜宾县喜捷镇自然村征服组与姚友刚签订《农村集体土地租赁合同》，由姚友刚租赁征服组菜喜码头 "喜捷码头至岷江船厂" 所有土地。合同签订后，姚友刚一直未使用租赁场地。2015 年 9 月 15 日，姚友刚与富启公司签订《农村集体土地租赁（转租）合同》，将租赁土地转租给富启公司。双方约定租赁用途为沙石堆放、加工生产及转运，租金 120 万元。富启公司实际支付首期租金 80 万元。因征服组村民阻扰富启公司生产加工，富启公司向法院提出诉讼，请求确认富启公司与姚友刚之间签订的《农村集体土地租赁（转租）合同》无效；姚友刚返还富启公司已支付的租金并赔偿损失。

案件审理中，宜宾县水务局出具《关于老喜捷段河道管理范围的说明》，主要内容为：老喜捷段河道的管理范围内有农户的责任承包地（集体土地），如村社或者农户能够提供相应的土地承包手续，应认定为集体土地，如没有相应的土地承包手续，应视为习惯性耕种，土地属性为国有河滩地，属国家所有。宜宾县国土资源局出具复函称，征服组菜喜码头公路边河道侧 "喜捷码头至岷江船厂所有地" 未办理土地登记。

【裁判结果】

四川省宜宾市翠屏区人民法院一审认为，本案诉争土地为宜宾县喜捷镇自然村征服组菜喜码头公路边河道侧喜捷码头至岷江船厂所有土地，该区域位于岷江河道侧，且已被洪水淹没大部分。根据物权法第四十八条规定，森林、山岭、草原、荒地、滩涂等自然资源，属于国家所有，但法律规定属于集体所有的除外。结合宜宾县水务局出具的说明及宜宾县国土资源局出具复函，该区域属于滩涂性质，系国家所有的自然资源，因此征服组将该地块出租给姚友刚，姚友刚又转租给富启公司的行为应属无效。遂

判决富启公司与姚友刚签订的《农村集体土地租赁（转租）合同》无效；姚友刚返还富启公司租金 80 万元。宜宾市中级人民法院二审维持原判。

【典型意义】

江河湖泊的滩涂具有重要的通航生态功能和水域岸线生态功能，不能乱占滥用。作为本案租赁物的土地位于长江主要支流岷江河道侧，系国有性质的滩涂，附近村民在河道枯水期对滩涂"习惯使用"，只要对自然资源保护与生态环境不构成危害，有关部门往往并不严加禁止，但如果将滩涂用于破坏生态和污染环境的生产经营活动，威胁防洪、供水和生态安全，则为法律所不容许。富启公司通过转租形式"租赁"本案滩涂后，进行砂石粉碎加工活动，产生大量噪音、粉尘污染，对水域环境和安全造成危害。人民法院确认争议土地的性质为国有滩涂，属国家所有的自然资源，任何单位和个人不得侵占和破坏，判决双方当事人以国有滩涂为标的的合同无效，制止了在国有滩涂上进行的生产经营活动，保护了国有自然资源，维护了岷江河道水域岸线生态功能和河道通航功能。

八、贵州省金沙县人民检察院诉毕节市七星关区大银镇人民政府不当履职案

【基本案情】

2010 年以来，大银镇政府将该镇集镇及邻近村寨产生的固体生活垃圾收集后，雇请专人运输倾倒在该镇羊桥村石人脚公路旁。该镇大量垃圾露天堆放，散发出难闻气体，严重危害当地生态环境、影响当地群众的生活。期间，因垃圾倾倒在公路上影响该处正常通行，大银镇政府于 2016 年 3 月底组织修建了简易围墙将垃圾场与公路隔开，除此之外并未对场内垃圾进行任何处理。七星关区人民检察院于 2016 年 4 月 28 日向大银镇政府发出检察建议书，督促其"及时纠正违法行为，并采取补救措施，消除其违法倾倒垃圾对周边环境和群众生产生活造成的影响。"大银镇政府虽作出书面回复，但并未积极履职，亦未采取补救措施。毕节市人民检察院指定金沙县人民检察院管辖本案，金沙县人民检察院以大银镇政府不履行行政职权为由，向仁怀市人民法院提起行政公益诉讼。

【裁判结果】

贵州省仁怀市人民法院一审认为，检察机关在履行职责过程中发现在生态环境和资源保护等领域负有监督管理职责的行政机关违法行使职权或者不作为，造成国家和社会公共利益受到侵害，可以向人民法院提起行政公益诉讼。毕节市人民检察院指定金沙县人民检察院管辖本案符合法律规定。七星关区人民检察院向大银镇政府发出检察建议书，督促其纠正违法行为，采取补救措施，大银镇政府虽作出书面回复，但并未积极履职，亦未采取补救措施。遂判决确认大银镇政府倾倒垃圾的行为违法；责令大银镇政府依法履行法定职责，采取补救措施弥补对环境造成的危害。

【典型意义】

长江流域环境资源要素跨区域特征明显，要优化审判机制，打破行政区划的界限和壁垒。本案中，人民检察院跨行政区划提起环境行政公益诉讼，人民法院跨行政区划审理，具有较强的典型意义。本案中，毕节市人民检察院指定金沙县人民检察院跨区划管辖本案；遵义市所辖仁怀市人民法院根据贵州省高级人民法院《关于环境保护案件指定集中管辖的规定》审理本案，并依法对毕节市人民检察院指定金沙县人民检察院管辖本案予以确认，对于推动构建流域内环境公益诉讼等案件的集中管辖和探索重大环境资源行政案件在跨行政区划法院审理的专门管辖机制具有指导意义。另外，按照环境保护法第三十七条的规定，地方政府负有对生活废弃物分类处置的义务，大银镇政府虽然雇佣了专人收集、清理固体废物，但没有完全履行固体污染物处置义务，给环境造成持续的污染，属于行政违法行为。本案公益诉讼对于督促行政机关积极开展农村人居环境整治，加强固体废弃物和垃圾处置具有指导作用。

九、宜宾县溪鸣河水力发电有限责任公司诉
沐川县人民政府政府信息公开案

【基本案情】

溪鸣河公司系龙溪河流域光明电站业主。2015年11月，溪鸣河公司

向沐川县发改经信局多次提交关于要求公开溪鸣、福尔溪、箭板三电站初步设计、核准、施工许可、设计变更、验收等工程相关文件的申请。因沐川县发改经信局未予答复，溪鸣河公司于 2015 年 12 月 14 日以沐川县发改经信局为被申请人向沐川县政府提交《行政复议申请书》。2015 年 12 月 15 日，沐川县人民政府作出沐府复（2015）12 号《行政复议（不予受理）决定书》，对溪鸣河公司的复议申请不予受理。溪鸣河公司不服沐川县政府作出的行政复议决定，向人民法院提起行政诉讼。

【裁判结果】

四川省乐山市中级人民法院一审认为，溪鸣电站、福尔溪电站、光明电站、箭板电站是龙溪河流域开发规划中的 5、6、7、8 级电站。因此，溪鸣河公司主张溪鸣电站、福尔溪电站、箭板电站的水位标高、水资源利用、质量安全等与其所有的光明电站的生产密切相关，其理由成立。沐川县政府以溪鸣河公司与沐川县发改经信局的行政行为之间没有法律上利害关系，不具有行政复议申请人资格为由，对溪鸣河公司的复议申请决定不予受理，适用法律、法规错误，故判决撤销沐川县政府作出的沐府复（2015）12 号《行政复议（不予受理）决定书》。由于沐川县政府尚未受理溪鸣河公司的复议申请，沐川县政府是否应当责令沐川县发改经信局向溪鸣河公司公开相关信息尚需其进一步处理，故对溪鸣河公司关于判决沐川县政府责令沐川县发改经信局向溪鸣河公司公开溪鸣、福尔溪、箭板三电站项目相关资料信息的诉讼请求，不予支持。

【典型意义】

长江中上游地区水利资源丰富，水利发电是水资源开发利用的重要方式之一。长江流域水资源是一种流域资源，它具有整体流动的自然属性，以流域为单元，水量水质、地上水地下水相互依存，上下游、左右岸、干支流的开发利用互为影响。本案涉及如何认识与对待流域水资源开发利用权益保护问题，具有不同于一般信息公开案件的特殊性。人民法院在审理该案过程中，准确把握纠纷的流域性实质和特征，对于主体之间不存在"财产毗邻"或者"行为直接互动"，而是因为水的流动性而形成的"间接法律关系"予以确认，认定"溪鸣河公司与沐川发改经信局的政府信息公开行为之间具有利害关系"，体现了运用司法手段保护长江流域生态环境、保障上下游之间不同主体合法权益的司法智慧，具有示范意义。

十、罗建兰、游泳等人诉
丰都县水务局行政批复违法案

【基本案情】

2009 至 2013 年间，经游泳申请，丰都县水务局每年均为其经营的"游某采砂场"办理了期限为一年的《重庆市河道采砂许可证》。2010 年，罗建兰出资与游泳合伙经营，并将采砂厂名称变更为"丰都县羊鹿沟采砂场"。2014 年，丰都县水务局收取了罗建兰申请办理采砂许可证的费用，但未向其交付 2014 年度的采砂许可证，仅允许其正常经营。2014 年 4 月，重庆市水利局作出行政处理决定书，认定罗建兰在丰都县羊鹿沟的砂石加工场属于在重庆长江三峡龙河流域湿地自然保护区范围内违规修建的房屋和砂石加工场，根据《重庆市河道管理条例》的规定，要求罗建兰限期报送工程建设方案及洪水影响评价报告，补办审批手续。随后，罗建兰向丰都县水务局递交了《丰都县羊鹿沟砂石加工场涉河建设方案及洪水影响评价报告》。2014 年 9 月 3 日，丰都县水务局作出丰都水务发〔2014〕94 号《关于丰都县羊鹿沟砂石加工场涉河建设方案的批复》，原则同意丰都县羊鹿沟砂石加工场建设工程，建议按基本建设程序到相关部门完善相关审批手续。2016 年 2 月，罗建兰再次向丰都县水务局申请办理《采砂许可证》时，丰都县水务局答复早在 2008 年丰都县人民政府的文件就已将罗建兰的经营场所及范围划为湿地自然保护区，禁止采砂，不予办证。罗建兰不服，诉至法院，请求确认丰都县水务局作出的丰都水务发〔2014〕94 号《关于丰都县羊鹿沟砂石加工场涉河建设方案的批复》违法。

【裁判结果】

重庆市涪陵区人民法院一审认为，根据《重庆市河道管理条例》第八条规定，丰都县水务局作为县级河道主管机关，具有对本行政区域河道管理范围内工程建设方案的审查职权。对罗建兰提交的《丰都县羊鹿沟砂石加工场涉河建设方案及洪水影响评价报告》，丰都县水务局依法应按照防洪要求进行审查，并作出批复。根据《中华人民共和国行政诉讼法》第三十四条规定，丰都县水务局未依法提供证明批复合法的事实证据，其作出的行政批复应视为没有证据，故依法撤销丰都县水务局作出的丰都水务发〔2014〕94号《关于丰都县羊鹿沟砂石加工场涉河建设方案的批复》。

【典型意义】

三峡库区处于长江流域中上游，自然资源丰富且生态环境脆弱、不易修复，因此要合理开发利用水资源，加大对湿地生态系统的保护。本案系湿地资源开发许可过程中引发的行政案件，涉及对环保行政批复行为所依据证据的审查认定，具有典型性和指导意义。丰都县水务局作为湿地保护行政主管机关，具有许可公民申请采砂的行政职权，许可前的批复是针对建设工程是否影响河道行洪作出的行政审查。从查明事实看，丰都县水务局作出批复时不知道丰都县人民政府对丰都县林业局作出的丰都府（2008）194号《关于同意建立重庆长江三峡龙河流域湿地自然保护区的批复》，导致其对湿地自然保护区范围不清楚。因丰都县水务局未依法提供证明批复合法的事实证据，其作出的行政批复应视为没有证据，依法应予撤销。本案反映出行政机关对湿地自然保护区的行政信息公开不规范，体现了人民法院对行政批复行为的监督，对于推动行政主管部门规范行使行政许可职权、促进依法行政具有积极作用。

【理论与实务研究】

开启环境司法新征程

吕忠梅[*]

党的十八大以来，我国环境司法发展非常迅速。我们不断创新司法理念，推进司法改革，出台一系列司法解释和司法政策，推出一系列重大举措，解决了许多长期想解决而没有解决的难题，办成了很多过去想办而不能办理的案件，推动了环境法治的历史性变革。当前，中国进入了新时代，环境司法或者说中国生态文明建设的司法状况应该怎么样，在此与大家分享一些思考。

一、十九大报告对新时代生态文明的重要论断和部署

十九大报告提出一个重大命题，就是中国社会主要矛盾发生了转变，这个社会主要矛盾就是人民日益增长的美好生活需要和不平衡不充分的发展之间的矛盾。人民对美好生活的需要包括哪些方面，习近平总书记在"7.26"讲话中说了八个层次：更好的教育、更稳定的工作、更满意的收入、更可靠的社会保障、更高水平的医疗卫生服务、更舒适的居住条件、更优美的环境和更丰富的精神文化生活。这八个方面是我们对美好生活需要的非常直接的一些表达，其中，更优美的环境是人民群众美好生活需要的一个非常重要的部分。

（一）新的社会矛盾在生态环境领域的主要体现

不能满足人民群众需要的不平衡不充分的发展，在环境领域主要表现

＊ 全国政协社会和法制委员会副主任。

为几个方面：

一是不同地区在资源开发和环境保护程度上存在较大差异。当前我国东中西部不同的地方，在环境保护领域的差别程度是很大的，是不平衡的。

二是长期处在价值链低端的国际分工使得中国资源环境破坏较为严重。这种在价值链低端的发展模式带来的问题，就是以大量消耗自然资源和破坏生态环境、污染环境来换得经济增长的速度。

三是生态环境保护意识不浓、法制不健全、生态投资不足。

四是人民对新鲜空气、清洁水、良好环境质量的需要难以得到完全满足。

（二）十九大报告对生态文明建设的新论断、新部署

正因为有这样不平衡不充分的发展，所以十九大报告对生态环境保护提出了新要求，不仅把生态文明建设纳入了"五位一体"总体布局，纳入了五大发展理念，纳入了"四个全面"战略布局，而且明确提出了"两步走"的目标：第一个阶段，从2020年到2035年，做到生态环境根本好转，美丽中国目标基本实现；第二个阶段，从2035年到本世纪中叶，把我国建设成为富强民主文明和谐美丽的社会主义现代化强国。大家注意到，十九大报告对社会主义现代化强国的表述中专门增加了一个词"美丽"。为什么要把"美丽"加进去？我的观点是，把"美丽"加进去，就为中国特色社会主义现代化增加了绿色内涵，只有把"美丽"加进去，才能和"五位一体"总体布局相契合。为了建设美丽中国，十九大报告从理论和实践的四个方面做出了新的部署，提出了一些新的论断。一是要推进绿色发展；二是要着力解决突出环境问题；三是要加大生态系统保护力度；四是要改革生态环境监管体制。

十九大报告充分体现了习近平总书记新时代生态法治观，我把它归结为"最严"生态法治观。习近平总书记强调，要用最严格的制度保护生态环境。最严格的制度体现在哪些方面，或者说基于一个什么样的思维方式或者认识来归结这些最严格的法律制度，我认为有几个非常重要的观念。

一是生态伦理观。要统筹山水林田湖草系统治理。十九大报告在"统筹山水林田湖"基础上加上了"草"，把生态系统各个要素都纳入了系统治理的内涵。

二是协同发展观。绿水青山就是金山银山。绿色发展不是不要发展，

而是要有环境保护的发展，要有不破坏后代人环境、满足后代人需求的发展。

三是科学政绩观。一定要走生产发展、生活富裕、生态良好的发展道路。

四是执政为民观。我们保护生态环境、建设生态文明，是要为人民创造良好的生产生活环境，也要为全球生态环境安全作出贡献。

十九大报告第九部分专门对生态文明建设进行了部署，其中有一些非常重要的内容跟法治建设，特别是我后面要讲到的司法密切相关，主要包括：

一是坚持节约优先、保护优先、自然恢复为主的方针，对于我们要形成的保护格局作了明确阐述。

二是提出加快建立绿色生产和消费的法律制度和政策导向，建立健全绿色低碳循环发展的经济体系。这讲的是环境保护与经济发展的关系。

三是提高污染排放标准，强化排污者责任，健全环保信用评价、信息强制性披露、严惩重罚等制度。这是强调要加强执法，严格执法。

四是实施重要生态系统保护和修复重大工程，建立市场化、多元化生态补偿机制。

五是设立国有自然资源资产管理和自然生态监管机构。十九大报告提出来新设立四大机构，分别是全面推进依法治国领导小组、国家监察委员会、退伍军人保障机构，还有一个就是设立统一的国有自然资源资产管理和自然生态监管机构，这也意味着下一步生态文明体制改革将会有非常大的动作。

六是坚决制止和惩处破坏生态环境的行为。

以上这些内容对生态文明建设作出了非常明确具体的部署，在这个过程中需要建立起一个共同治理环境的体系，而司法是在这个环境治理体系中发挥独特作用的重要部分。因为司法是通过解决纠纷的方式对已经受到破坏的社会秩序予以恢复，所以环境司法状况对于环境治理状况所具有的独特功能是值得观察和思考的。

二、新时代环境司法面临新机遇新挑战新建议

（一）新时代给环境资源司法创造了新机遇

党的十九大报告明确提出中国特色社会主义进入了新时代。新时代环

境司法面临新的机遇。我把新机遇归结为四个方面。

第一，"人与自然和谐共生"的生态观为环境资源司法提供了价值遵循。判决案件要有价值判断，也就是明确了在发展和环境保护出现冲突的时候，我们应该优先选择什么。

第二，节约优先、保护优先、自然恢复为主的方针为环境资源司法提供了理念支撑。

第三，统筹山水林田湖草的系统治理体系为环境资源司法专门化的推进提供了巨大空间。

第四，设立国有自然资源资产管理和自然生态监管机构为环境资源普通化的发展提供了新途径。设立专门的国有自然资源管理资产管理和自然生态监管机构，涉及到多个部门职能调整。民法典有关于国家自然资源所有权的规定，目前中央深改组正在研究制定关于自然资源产权制度改革的重要文件。国家自然资源所有权在国家，那么谁来监管，怎么把所有权主体和监管主体分开，必须要把所有者、使用者、监管者等等这些关系理清楚。

（二）新时代对环境资源司法提出了新挑战

我把新挑战也归结为四个方面。

第一，绿色发展理念所要求的"经济要环保、环保要经济"与环境资源司法"保护优先、恢复为主"的理念在具体案件中如何协调。

其实环境资源司法永远面临一个矛盾，保护优先还是发展优先，需要处理好经济发展和环境保护的关系。理论上来讲，我们说保护优先、恢复为主，但是到了具体个案，什么时候保护优先，什么时候发展优先。回顾一下天价公益诉讼案——泰州污染案。法院判决六个公司 1.6 亿赔偿生态补偿金，足以使其中四家公司破产，如果说大量的判决最终使公司破产，还要不要发展，讲环保要不要经济，客观上是会存在矛盾的。这些矛盾在司法裁判中法官如何来平衡，其实是一个非常大的挑战。

第二，环境资源案件多重法律关系属性与三大诉讼分立、裁判规则相异的情形如何处理。

通常情况下，矿产资源开发不仅仅涉及所有权问题，还牵扯到开发许可、合同等等各种问题，造成环境污染可能涉及刑事、行政、民事等多个不同的法律关系，而我们三大诉讼是分离的，法院有刑事庭、行政庭、民事庭，三大诉讼法的规则也是不一致的。现实中经常会出现案件审理中突然停下来，等刑事判决、行政判决下来再接着审，然后又说刑事判决、行政判决不能用，来来回回打官司，当事人来回跑，老是打不完。如果把案件都拿到一个庭来审，三大诉讼法规则之间的冲突怎么解决。

第三，环境资源案件三审合一机制需要怎样的法律解释方法。

最近看到一个法院的判决。一个农户到山上挖了一把草，也不知道是什么，被抓住后以破坏野生植物罪被判刑。刑法的重要原则是罪刑法定，要入罪量刑必须有刑法的明确规定。这把草后来搞清楚了叫蕙兰，可能是兰草中比较珍贵的品种，按照刑法规定，破坏野生植物罪的对象必须是列入国家野生动植物濒危名录的，但是在名录上找不到蕙兰。法官说判决依据的是省里某个部门出台的规定，但是省里面出台的这么一个保护规定显然不足以成为定罪量刑的依据，随意入罪会带来很大的负面影响。过去在环境保护判决中也出现过类似一把草、一棵树、一头猪的问题，为什么会出现这些问题，保护环境是正确的，但不能代替司法理性和法律理性。罪刑法定是刑法的核心原则，不能因为保护环境就改变解释规则。

第四，环境资源案件的统一裁判规则应该如何建立。

民事案件庭审，是原告先说被告后说，行政案件庭审是被告先说原告后说，刑事案件庭审公诉人先说被告后说。举证责任配置规则不同，庭审程序也不同。如果把环境资源案件把刑事、民事、行政法律关系都放到一个案件中来审理，谁先说谁后说就是个问题。还有检察机关提起公益诉讼，如果上诉，检察院处于什么样的诉讼地位，这都是非常现实的问题，也是我们要面临的挑战。

（三） 新时代环境资源司法要有新目标

中国的环境司法走了一条专门化的道路，就是成立专门的环保法庭，和三大诉讼分离的普通化并行的模式。现在遇到一些困难和挑战，需要加以改进。

1. 专门化是中国环境司法发展的重要维度

环境资源司法的对象为因环境资源利益而产生的各类纠纷，该领域的利益关系、法律关系具有复合性、复杂性，实行专门化司法是当今世界的趋势。

环境司法专门化内涵丰富，既包括审判机关相关业务的专门化，也包括检察机关相关业务和法律服务的专门化。

具有深厚文化积淀又具有社会主义制度优势的中国司法，应该创造出具有中国特色、服务中国的环境资源司法的专门化机制，为环境案件的准确裁定做出贡献，让人民群众在每一个环境案件中都能感受到公平正义。

同时，具有中国特色的环境资源司法专门化机制，也应该为全球生态环境治理、构建人类命运共同体做出贡献，为世界提供中国的"绿色司法模式"。

2. 精细化司法是司法目的实现的主要路径

（1）事实认定的精细化。事实认定难，是当前环境司法特别是污染环境类案件审判过程中的难点。这是由环境被污染、生态被破坏的特征决定的，有些案件的事实演化存在时空隔离性或其他复杂情形，对环境案件的事实认定很难达到"还原"的程度，因此，在环境司法过程需高度重视事实认定的精细化，通过科学技术手段等尽量提高事实的还原度。

（2）法律适用的精细化。环境资源司法活动中，"找法"比其他类型的司法活动更具难度。由于我国环境法尚无法典化，法律法规较为分散，且环境资源领域存在诸多技术性标准与规范，这些技术性标准与规范往往与环境资源法律共同构成对相关行为违法性或有责性的判断，因此在环境司法中需通过精细的规范查明、有效的辩护等加强法律的适用，以此来提升裁判的科学性。

（3）裁判执行的精细化。环境资源司法中执行更具难度，但从环境资源司法的目的上看，裁判的有效执行是关键。既要关注对相关主体法律责任配置的执行情况，也要注意法律一般预防功能的保留；既要关注生态环境的恢复程度，也要将其与社会关系的调整与修复统一起来。

3. 个案公正是环境资源司法追求的价值目标

案件当事人在本质上对司法的追求只有一个，即公正的判决。

要坚持"判决书是运送正义的主要方式"的理念，秉持所有的司法活动最终是为了促进个案公正的司法价值观，完善司法机制、优化司法过程，精细化地进行事实认定、科学公正地适用法律。

在环境资源司法普通化发展中，坚持不同类型、不同性质的案件适用不同法定程序的原则；

环境刑事司法要避免对案件的预判、预断，坚持"疑罪从无"；

环境民事案件，要在既有实体与程序规则体系下严格举证规则，完善事实认定与法律适用；

环境行政案件，要防止以环境政策替代司法政策，切实做到"以审判为中心"。

在所有类型的环境司法活动中，都要充分重视二审、再审等的程序功能，使环境类案件在诉讼流程中正常流动。

中国的环境司法既要满足人民群众对良好生态环境的需求，也要保障法治价值的独立性、系统性，实现生态文明与法治文明的协同发展。

（四）新时代对环境资源司法的新建议

1. 以提升质量与能力为核心，扎实推进环境司法专门化

（1）按照司法体制改革要求和案件审判实际需求，规定设立专门审判机构的基本条件和配置标准，防止"有名无实"。

（2）针对环境资源审判机制的运行过程中出现的一些主要问题，如审判庭之间的职能交叉重叠、不同层级环境资源审判机构案件管辖等方面的不一致、各地方环境资源审判机构的不仅名称不一且承担的审判任务差异较大等，研究出台制度化、规范化措施。

（3）研究制定《环境公益诉讼审判规则》，对《关于审理环境公益诉讼案件的工作规范（试行）》实施情况及时跟踪分析，妥善解决公益诉讼案件审理中的程序问题和审判流程问题，特别是检察院提起公益诉讼案件的特殊程序问题。

（4）研究环境资源案件类型化的途径和方法，针对目前存在的传统案由确定方式无法解决环境资源案件类型化需求、环境资源案件大多存在责任竞合或责任聚合情形、环境资源案件体现科学不确定性特征等情况，利用现代技术手段，运用大数据分析、数据挖掘与实证分析相结合的方法，寻找环境资源案件类型化的新理论、新方法。

（5）完善环境资源典型案件、指导性案件的发布制度，更好发挥案例指导功能。在总结现有典型案件评选、案例发布经验的基础上，建立环境资源案件质量评价制度，明确典型案例、指导性案例评价标准，明确案例分析规则，改单案例点评方式。

（6）探索设立跨行政区划的专门审判机制的必要性与可行性，以最高人民法院第三巡回法庭的实践为基础，积极探索解决环境资源案件审判实际存在的"主客场"现象等问题的方法，为将环境资源案件纳入跨行政区划的专门法院管辖、乃至设立跨行政区划的专门环境资源法院积极准备。

（7）加强环境资源审判机构和队伍的能力建设，加强环境资源审判知识和技能培训力度。建立有效的激励机制，鼓励法官进行环境资源审判研究，鼓励法官探索适应环境资源案件公正裁判所需要的庭审方式、事实认

定方法、证据规则、法律适用规则，鼓励法官在裁判文书中充分说理、归纳裁判规则；鼓励环境法学者、环境科学工作者与法官进行双向交流与互动，建立联系机制，保证在环境资源审判过程中实现知识理性与实践理性的有机结合。

2. 以实现公平正义为宗旨，稳健发展环境资源审判普通化

（1）认真研究环境资源审判专门机构与传统审判机构之间的职能分工与合作机制，明确环境资源审判机构与民事审判庭、行政审判庭、刑事审判庭合理的业务分工标准、案件管辖范围。

（2）建立环境资源专门审判机构与传统审判机构联系与协同机制，明确环境资源案件与普通案件的不同类型化标准与方法，建立普通案件与环境资源案件的移送制度、联合审判制度，成立不同审判机构间的沟通平台及裁判研讨会议制度。

（3）研究制定传统审判机构审理环境资源案件的证据规则、法律适用规则、程序规则及裁判规则，明确普通案件与环境资源案件的界分标准、特殊裁判需求以及特殊事项。

（4）完善普通审判机构发布环境资源典型案例和指导性案例制度，建立相对统一的案例遴选、案例分析、案例点评标准，建立环境资源典型案例和指导性案例发布的联合评估制度，减少司法过程的内部矛盾与冲突。

（5）加强对普通审判机构法官的环境资源法培训，鼓励不同审判业务部门的法官进行环境资源案件研究，鼓励环境资源审判庭的法官与传统审判庭法官的人员交流、业务交流。

3. 以完善生态环境法治为目标，促进立法科学化和司法活动规范化

（1）及时总结环境司法专门化与普通化发展的相关实践，提出民法典编撰、环境保护法和各环境单行法立改废、完善诉讼法等立法建议。

（2）综合梳理环境资源司法领域中出现的立法问题，如检察机关提起环境公益诉讼的法律适用问题、跨区域管辖和集中管辖改革与两院组织法规定不尽一致问题、环境资源案件的责任竞合聚合与现有三大诉讼模式分立等问题，向全国人大提出进行立法解释的建议。

（3）针对生态文明体制改革过程中涉及的重大司法问题，如长江经济带发展战略、一带一路战略、生态损害赔偿试点、碳排放权交易、水权交易、国家自然资源所有权制度改革，等等，及时进行研究，发布司法政策、制定司法解释、发布指导性案例等方式，统一裁判原则、裁判标准，规范司法行为。

（4）充分发挥环境资源司法研究中心与研究基地、实践基地的人才、智力、思想优势，以发布课题指南、委托专门研究、鼓励自主研究等多种方式，为环境司法健康发展提供理论支撑，通过理论创新、制度创新、实践创新推进中国特色环境司法模式的形成。

（5）加强环境司法领域的国际交流与合作，建立不同国家间的司法交流机制，创建以中国为主导的"绿色司法国际论坛"，逐步形成中国环境司法模式对全球生态环境治理格局的影响力与引导力，为建立人类命运共同体贡献中国司法智慧。

环境权的法律保护

王明远[*]

一、环境权含义的法律解读

(一) 环境权的产生及其内涵

自从二十世纪六、七十年代，西方工业化国家进入了风险社会，其国家形态和性质也开始发生变化，即在社会福利国家的基础上进一步升级发展成所谓的环境国家、保护国家。在这种情形之下，在法律上，除了原有的第一代人权（公民权利和政治权利）以及第二代人权（经济、社会和文化权利）保护之外，开始关注和强调第三代人权（发展权和环境权等）。

在我看来，公民环境权在总体上乃是一种程序性权利，公民的环境权特别是程序性环境权对应的乃是企业（包括污染者和自然资源开发利用者）的环境保护义务以及政府的环境保护职责，公民的程序性环境权和企业的环境保护义务以及政府的环境保护职责相结合，也就导致了公众参与环境保护这一新潮流的出现。

公民环境权特别是其中的知情权、参与权、获得救济权等程序性权利，所对应的国际法律文件主要是《在环境问题上获得信息、公众参与决策和诉诸法律的公约》即《奥胡斯公约》。对此，大家都非常熟悉。

(二) 环境权概念辨析

当然，除了公民有环境权之外，还有一些人提出了企业环境权、政府环境权和国家环境权等相关概念和理论。实际上，学者们可能是滥用了中

---

[*] 作者单位：清华大学。

文语境下的这个"权"字。

公民环境权,英文通常翻译为 Environmental Rights,或者 Rights to the Environment,最初是环境运动的产物,是环境运动这一新社会运动的旗帜,是在环境危机爆发、"有问题无制度"背景下社会期待性环境利益、意愿和诉求的体现,在法律上应当是指公民环境权益的集合体,包括公民的环境权利与环境利益。在这个环境权益集合体中,有的是实体性环境权利和利益(substantive environmental rights and interests),有的是程序性环境权利(procedural environmental rights);有的是环境私权利(private environmental rights),有的是环境公权利(public environmental rights);有的是主观权利,有的只是事实上的客观利益。所以,将公民环境权(益)和《奥胡斯公约》结合起来,和企业环境保护义务以及政府环境保护职责/国家环境保护义务结合起来,就比较好理解了:公民环境权(益)的实现,往往不是其自身通过私益诉讼(主观诉讼)等法律救济方式就能完成的,而是主要靠政府执行环境行政法律和环境政策(公力执法,包括国家利益诉讼)来实现,更多的是反射利益、事实上利益;公民的程序性环境权(包括民间环保组织提起社会公益诉讼,私力执法)必须和企业环境保护义务以及政府环境保护职责的履行相结合,才能产生应有的功效。

至于企业环境权,其实是 Environmental Privilege,是一种"特权"。因为无论污染排放还是自然资源开发,法律原则上不允许企业无条件地行使这种权利和自由,也就是说,企业必须依法获得许可证或者配额后才能进行污染排放或自然资源开发。如果将企业利用环境与自然资源的这种特权简单地称为企业环境权,那就容易与公民环境权概念混淆,形成一种误导。

此外,政府环境权应当就是 Environmental Public Power,即政府的环境管理权;而国家环境权应当是指国际法意义上的环境主权、自然资源主权。

(三)基本观点:环境权与风险行政

概括说来,在环境国家和环境时代,公民环境权(益)是一种基础性的公民权益之形态,它不是以实体性的权利为主,而是以程序性的权利为主,它是和企业环境义务以及政府环境行政职责相结合、相对应的。

这一时代的行政,特别是环境行政和食品安全行政等,许多都属于风险行政。这种风险行政,通常是行政机关基于法律的规定(其中也包行政机关根据授权性立法所制定的规则或标准）以及科技知识来做出的。国家对法律可以实行垄断性的控制，但是对于科技知识丧失了垄断力，致使环境行政等风险行政开始面临很大问题甚至危机，行政主导下的实体正义向程序正义转型遂应运而生。

二、环境权理论及其法律实践概览

（一）传统实体性环境权之一般评价

传统的实体性环境权理论及其法律实践是随着二十世纪中叶以来环境问题严重化和环境意识的觉醒而首先在欧美、日本等发达国家产生和发展起来的，并受到了国际社会的有力推动。但由于该环境权概念的模糊性和环境问题具有高度利益冲突的性格等，传统环境权理论在环境权的内容、性质等方面一直众说纷纭，莫衷一是。就整体效果而论，虽然实体性环境权的提倡有助于促进环境立法的完善、环境法的实施和环境保护，但在法律实践特别是司法活动中则因为其主体、客体、内容等的界定十分困难，往往没有实定法上的根据，缺乏可操作性等而受到相当冷落。

（二）环境权理论：基本学说

1. 实体性环境权理论

在理论上，关于实体性环境权的性质，环境权论者（与此相对应，也有学者否认环境权的存在）主要持人权说、生存权说、社会权说、宪法上基本权利说、私法上人格权和财产权说等观点。其中环境权作为应受宪法保障的基本人权，是环境立法和环境行政、环境司法的指导纲领，这一点在学术界已成定论。

而环境权之私权化，即把环境权作为私法上的实体权，受害人可据以提出侵权行为的不作为请求的观点，尽管受到相当质疑，仍为影响很大的有力学说。

以日本为例，环境权研究会认为环境权首先就是人权之一种。根据宪法第 13 条、第 25 条的规定，在形式上，可以依据环境权的权能积极地要求国家或地方公共团体确保良好的环境，由此则环境权就是生存权这一基本权利；同时，可以依据环境权的权能要求企业保护弱者即公害受害人，由此则环境权又具有社会权的基本权利性质。而学者淡路刚久认为环境权同样具有包含所有权和人格权等在内的私权属性，即环境权把环境视为可以直接予以支配的物，依据该排他性的支配权、私权可以提起侵害排除之诉，这才是环境权的目标之所在。

2. 程序性环境权理论

而与上述实体性环境权论相对应，以参与为本位的程序意义上的环境权学说和立法也受到人们的重视。

如欧洲地区环境中心认为环境权在本质上更应具有程序性特征，包括以下三种程序性权利：所有个体知悉对环境产生影响的计划和项目的权利；参与环境决策的权利；遭受环境损害时获得充分赔偿和补偿的权利；日本学者原田尚彦指出："环境权的提示，在通过强调良好环境是一种权利，确立公害行政、环境秩序整顿行政中居民的法律主体地位，明确居民参与的方向等方面的意义应该得到承认"；"环境法最终的课题，是通过居民的参加，提供民主地选择环境价值的实现与其他基本人权的调和的法律结构，创造出能够把环境价值也考虑进来的谋求公民最大福利的社会制度"；我国台湾学者叶俊荣更是大力主张以参与为本位的程序性环境权，认为应从强调拥有环境转变为强调参与环境决策。

又如，1982 年的《世界自然宪章》原则 23 规定："就自然保全政策所作的计划，就生态所作的调查报告，就活动计划和政策对自然影响所作评价的内容，应以适当方法并及时使公众有所知悉，使公众获得有效咨询并参与对其直接关切问题所作的决定。而于公众受有损害或危害时，应作有效之救济"；1992 年的《里约环境与发展宣言》原则 10 强调："环境问题最好是在有关市民的参与下，在有关级别上加以处理。在国家一级，每个人都应有权适当地获得公共当局所持有的关于环境的资料，包括在其社区内的危险物质和活动的资料，并有机会参与各项决策进程。各国应通过广泛提供资料来便于和鼓励公众的认识和参与，应让人人都能有效地使用司法和行政程序，包括补偿和补救程序"，等等。

3. 其他环境权理论

个别学者还提出环境权是法律上对资源使用冲突关系所判定的"环境优势"，其内容可得转让的新理论。

此外，也有学者同时从实体意义和程序意义两个角度对环境权进行全面分析，认为公民环境权主要有以下几类：（1）在良好环境中生活的权利，如安宁权、阳光权、通风权、清洁空气权和清洁水权等；（2）优美环境享受权；（3）参与国家环境管理的权利；（4）受害索赔权；（5）请求保护权。

（三）环境权法律实践的状况与不足

在立法和司法实践方面，与理论上的状况形成了较为鲜明的反差：实体性环境权理论的建树较少，而以知情权、参与权、求偿权为内容的程序性环境权却在环境法中得以具体化并发挥了重大作用。目前，就实体性环境权而言，只有部分国家的宪法或环境基本法对公民享有环境权作出了抽象、原则的规定和政策宣告（与此相对应，许多国家通过明确规定或宪法解释等途径确立国家环境保护义务/政府环境保护职责）；在司法实践中，法院普遍拒绝承认新型的私权性环境权，公权性环境权虽得到了有限的承认，但法院认为在立法者通过法律将其具体化之前，不能作为直接主张权利的依据。而就程序性环境权而言，很多环境保护先进国家以法律上的具体程序性规定维护公民的环境权益（包括依法提起环境公益诉讼权利），如美国的"公民诉讼"制度（旨在纠正企业和政府机构违反环境法、破坏客观法律秩序的公益诉讼，私力执法/私人检察官制度）、日本的公害纠纷行政处理制度和公害健康受害行政补偿制度等即其著例。

（四）环境权理论与实践冲突的原因

其一，实体性环境权与程序性环境权的特质差异。实体性环境权的概念较为模糊，虽从认识上、感情上容易被接受，但大都难以具体化，如清洁空气权、清洁水权等，因而从实体意义来看，环境权往往只能作为一种社会上期待性环境权益、法律外的"应有权利"或法律上具有纲领性、政策宣示性的"准法律权利"，无法具体化为私法或公法上的法律权利，因而以实体性的环境权排除环境侵害的愿望无从得到法院的支持。而程序性环境权的知情权、参与权、求偿权，则容易在环境法中得到确认和保障，从而成为环境行政程序中的法律权利，进而与企业环境保护义务以及政府环境保护职责结合，能够产生保护公民环境权益及其他权益、促进程序正义之功效。

其二，环境问题的预防原则需要强化公权力的作用和公众参与。国际社会和各国已普遍意识到，对于环境问题这一关系到今世后代人（Present and Future Generation）生存与发展的重大问题，必须采取预防原则，做到"防患于未然"，因而公民环境权的具体体现，应是在环境危害产生之前为该公民或有关组织提供法律上的预防性手段，而在环境权益损害产生之后，则应对受害人提供及时、充分的救助，特别是损害的赔偿或补偿。

关于这一点，1992 年《里约环境与发展宣言》的有关规定可谓最具代表性和指导价值：关于环境侵害的预防，原则 15 强调："为了保护环境，各国应按照本国的能力，广泛采用预防措施"；关于环境权，原则 1 首先从实体性意义肯定人类的环境权，即"人类应享有以与自然相和谐的方式过健康而富有生产成果的生活的权利"，显然具有纲领性政策宣示的意味；原则 10 则从程序性意义上指明公民的环境权，即"环境问题最好是在全体有关市民的参与下，在有关级别上加以处理。在国家一级，每一个人都应能适当地获得公共当局所持有的关于环境的资料，包括关于在其社区内的危险物质和活动的资料，并应有机会参与各项决策进程。各国应通过广泛提供资料来便利和鼓励公众的认识和参与。应让人人都能有效地使用司法和行政程序，包括补偿和补救程序"。而 1982 年的《世界自然宪章》原则 23 关于公众参与的规定，即"就自然保全政策所作的计划，就生态所作的调查报告，就活动计划和政策对自然影响所作评估的内容，应以适当方法并及时使公众有所知悉，使公众获得有效咨询并参与对其直接关切问题所作的决定。而于公众受有损害或危害时，应作有效之救济"，同样因其前瞻性而著名。

因此，可以说虽然构建实体意义的环境权，特别是私法上环境权的直接目标和构建公法上的程序意义的环境权的最终目标都是保护环境权益、"防患于未然"并进而保护人格权和财产权，但总体上看，实体性环境权无法与原有的法律体系特别是私法充分相容，因此难以广泛发挥实际效用，而程序性环境权则可以通过融入环境法特别是环境行政法的主体——环境预防法律制度、环境管制法律制度等而在环境保护和环境权益救济方面大显身手。

三、结语

环境权理论的提倡对环境权益的救济、环境立法、环境执法、环境司法、环境守法、公民环境权利意识的提高、国家环境保护事业的发展均有其积极意义。就环境权益救济而言，单纯依靠实体性环境权甚至将环境权私权化并据以排除环境侵害、防止对环境质量、人体健康、财产等的进一步损害的尝试，在理论上、情感上具有其合理性与正当性，而实践中却往往缺乏可操作性，因此难收预想之效。但决不能由此而否认环境权理论在环境权益救济乃至整个环境保护事业中的重要作用。实际上，应当同时从实体意义和程序意义两个方面来理解和把握环境权及其在环境保护、环境权益救济中的重要性。

就实体意义而言，环境权作为现代社会的一种新型权利，具有公权（利）和私权（利）的双重性格。其中的通风权、采光权等，加害人和受害人容易确定，"私权性"最强（私人物品性质最强），同时受公法（如宪法、建筑法、城市规划法等）和私法的保护，权利受害人可以提起私益诉讼（包括民事和行政诉讼）；清洁空气权，加害人和受害人往往均难以确定，"公权性"最强（公共物品性质最强），仅受环境法等公法的保护，利益受害人只可能通过公众参环境行政程序（包括依法提起公益诉讼、进行私力执法）反映自身诉求、维护自身利益；至于环境权中的其他"亚权利"，如清洁水权、宁静权、安稳权等，则介于以上两种类型之间，兼有公权（利）和私权（利）的性质。

在程序意义上，包括知情权、参与权和求偿权的环境权，可以在宪法和法律明确政府的环境保护职责（包括行政执法和国家利益诉讼等公力执法）的基础上，通过环境法中的公众参与制度（特别是环保组织提起环境公益诉讼的制度、私力执法）、环境权益损害的行政补偿制度等体现出来，加强和弥补民事救济和行政保护的不足和缺陷，从而可以更好地实现侵害的排除和损害的填补。如针对加害人支付能力不足或加害人难以确定的情形，通过行政补偿对受害人加以救济；针对环境侵害排除诉讼中因法院进行利益衡量而牺牲公民环境权益的情形，可以通过参与污染性企业、设施的设厂审批等决策过程以及对政府机构的环境违法行为提起行政诉讼等方式促使环境利益得到充分考虑和保障。

以党的十九大精神为指引
推进环境司法理论研究

周　珂*

习近平同志在十九大报告中指出，"必须树立和践行绿水青山就是金山银山的理念，坚持节约资源和保护环境的基本国策，像对待生命一样对待生态环境，统筹山水林田湖草系统治理，实行最严格的生态环境保护制度，形成绿色发展方式和生活方式，坚定走生产发展、生活富裕、生态良好的文明发展道路，建设美丽中国，为人民创造良好生产生活环境，为全球生态安全作出贡献。"这一论述深刻阐述了人与自然是生命共同体，人类必须尊重自然、顺应自然、保护自然的环境新理念，也为我们环境司法审判理论研究的方向。

2015 年 4 月 10 日，最高人民法院在中国人民大学设立了环境资源司法理论研究基地。该基地是最高人民法院为贯彻落实中央关于生态文明建设的决策部署，加强环境资源司法理论研究工作，适应经济新常态对环境资源审判提出的新要求，而与高校合作开展的首个以环境资源司法理论为主要研究内容的项目基地。二年多以来，在最高人民法院和中国人民大学的共同精心领导和全体同志的努力下，基地各项工作不断发展，较好地完成了最高人民法院交给的各项任务，为我国新兴的环境资源司法审判工作及时提供了理论研究成果，促进了理论与实践相结合，同时也推动了环境资源法学教学与科研的发展。现将我们主要工作及体会汇报如下：

一、加强领导，坚持高起点、高层次、高水平

基地设立之初，《最高人民法院环境资源审判庭与中国人民大学全面

---

* 作者单位：中国人民大学。

合作框架协议》对基地的定位与目标提出了明确要求。中国人民大学领导提出要有别于一般学术团体，定位于以服务我国最高司法审判工作需要为首要任务，坚持高起点、高层次、高水平。最高人民法院领导也对基地寄予厚望并提出发展目标。二年多来，基地的全体同志牢记使命，发挥优势，积极探索，严格要求，保证了基地的各项工作不偏离"合作协议"规定的方向和目标。在组织建设方面，充分吸收环境资源领域的研究人才，坚持严格把关，宁缺毋滥。基地目前聘有研究员 25 名以及副研究员 12 名。研究人员均由多年从事环境资源保护领域的专家学者和国家机关人员组成，政治素质好，有奉献精神。基地活动经费来源全部经过中国人民大学，不接受任何形式赞助，也不接受任何其他单位和个人的委托。基地定期向法学院领导汇报工作，听取指示，在工作上也积极听取环资庭的指导意见。这一切保证了基地的各项工作沿着正确的方向发展，也保证了基地的高端品质。

二、以服务最高人民法院环境司法审判工作为首要任务

1. 基地承担了编写《中国环境资源审判白皮书（2015）》初稿的工作，该书是我国首部环境资源审判白皮书，概括了我国环境资源审判的发展历程，总结了历史经验。分析了环境资源司法审判今后的发展趋势，做出"发挥职能作用，积极回应社会对环境司法的新需求"的前景分析。行动方案分析中提出"多措并举，全面推进环境司法专门化建设"的建议。对策分析总结了环境司法审判工作存在的困难与问题，有针对性地提出应对方针策略，提出"继往开来，为落实环境保护国策提供有力司法保障"的任务目标。这项成果成为环境资源法制建设理论研究和实践行动的基础性资料，也具有重要的史料价值。

2. 积极参与最高人民法院环境司法审判的各项活动，并提供咨询意见。包括生态损害赔偿基金问题的分析、有关司法解释的咨询等。为了深入发掘、探讨环境资源司法与环境行政执法的外部关系问题，撰写了最高人民法院环境资源司法审判研究基地 2016 年度专题研究成果"环境司法与环境行政执法协调联动的障碍及其对策"研究报告。与以往学者仅关注环境刑事诉讼中"两法衔接"问题不同，该报告致力全面地观察司法部门与环境保护部门之间在环境刑事诉讼、环境行政诉讼和环境民事诉讼中存在的制约与配合关系，并由它们之间的复杂关系出发，深入剖析二者在协调联动上存在的障碍，即信息的不对称、职权行使的理念和机制冲突，以

及协调与制约之间的根本性矛盾。在此基础上，提出提升二者协调联动的关键在于根据具体问题对症下药，在不同的规制层面运用多种手段来达到目的。该研究报告得到最高法院的肯定。

三、积极探索和关注研究环境资源司法审判的前沿领域问题

我国签署气候变化《巴黎协定》是我国参与全球环境资源保护的重要举措，这对于我国司法审判是一个全新事物，国外已发生了多起有关气候变化的诉讼，我国也有这类诉讼在酝酿中，司法机关要对这一新事物有充分的了解和积极的准备。为此，2016 年 3 月 1 日，"2016 年气候变化立法研讨会"在我基地成功举办。本次研讨会由中国人民大学法学院和彭真民主法制思想研究与教育基金共同主办，由最高人民法院环境资源司法理论研究中国人民大学基地和北京市法学会环境资源法学研究会协办。会议围绕"巴黎会议后我国气候变化立法的形势与任务"展开，来自中国人民大学、清华大学、中国政法大学、中国海洋大学、首都经济贸易大学等高校的环境法学者以及国务院应对气候变化战略研究和国际合作中心、彭真民主法制思想研究与教育基金、最高人民法院环境资源审判庭、北京市法学会环境资源法学研究会、全国人大环资委法案室、国务院发展研究中心资源与环境政策研究所、《法学杂志》等相关部门的专家出席了研讨会。由主报告人国家应对气候变化战略研究和国际合作中心李俊峰主任进行"巴黎会议后我国气候变化立法的形势与任务"演讲。各位与会专家学者积极发言，发表关于气候变化应对立法的独到见解，并重点围绕碳市场、碳税等问题进行深入分析。德国罗莎·卢森堡基金会的负责人也分享了德国碳市场方面的经验。这是基地首次进行的环境司法审判前沿问题专题研究的尝试，取得了很好的效果。

四、理论联系实际，注重成果转化

基地通过召开研讨会等形式，汇集基层实践的成功经验，将学术研究的成果融入司法实际，积极促进环境司法审判水平的提升。2016 年 5 月 20 日，基地在中国人民大学召开了"全国环境资源司法理论研究基地与实践基地第一届联席会议暨环境区域治理中的司法问题研讨会"。来自全国部分地区的法官、学者齐聚一堂，就环境区域治理、京津冀区域污染司法应对、环境区域治理集中管辖、环境侵权审理机制、环境行政公益诉讼前置程序、检察院在环境司法中的作用、环境侵权责任与环境保护、环境司法

中环保与经济社会发展的协调以及绿色司法等当前环境资源司法热点问题及实践情况进行了深入的探讨。在此次会议上，最高人民法院党组副书记、副院长江必新同志围绕环境区域治理等问题作了重要讲话。他指出，在环境区域治理过程中，需要关注五个方面的问题：一是改革和完善环境资源审判体制；二是充分发挥环境行政执法部门的主力军作用，注意行政调处与司法裁判的衔接；三是构建科学、公平、中立的环境资源鉴定评估制度；四是保持环境资源法律规范适用的统一性；五是建立环境资源裁判执行的新机制。

五、重视环境司法审判研究与相关领域研究的互动

中国人民大学法学院近二年来也承担了国家海洋局、国家林业局及环保部门的科研课题，并由基地负责人为这些课题的主持人。我们发现，这些课题的研究与环境司法审判有密切的关联性，具有很强的互动性。基地的研究能够为相关领域的研究提供最新的司法信息和法律指引，而相关领域的研究也能够为基地的研究提供更丰富的实证动态与案例资料。去年以来最高人民法院领导提出环境司法审判需要认真关注和积极探索的若干重要理论和实际问题就包括了上述课题的全部领域。为此，2017 年 4 月 16 日，由基地主办、彭真民主法制思想研究与教育基金协办的"林权司法审判理论研讨会"在广东省南岭自然保护区召开。研讨会由基地主任周珂教授主持，最高人民法院环境资源审判庭毕东升书记、张华审判长，广东省高级人民法院环境资源审判庭王恒副庭长，清远市中级人民法院环境资源审判庭谢伟诚审判长，全国人大环资委法案室丁敏副处长以及理论界、实务界人士就林权纠纷与司法审判实践进行研讨，为下一步发布审理涉林权纠纷案件的指导意见打下基础。此次会议围绕山林权属争议及确权问题、民法典编撰形势下的林权理论研究，林木立法、行政管理和经济化规制手段，涉林木类环境司法审判问题等展开研讨，毕东升书记在总结时强调能动司法在解决林木纠纷中的重要性，并指出司法应当在一定条件下倒逼行政改革，促进林权制度的完善。基地将上述研究成果在浙江等地林区的调研中予以展示，得到高度的肯定和重视。在此基础上形成的研究报告也受到委托单位的好评。

六、重视与相关学科的协同创新研究

我们在实践中体会到，环境司法审判与环境资源法学一样，都是新兴

的领域，仅在本专业领域内的协作是远远不能满足发展需要的，因此，重视与相关学科的协同创新研究就显得非常必要。

2017 年 4 月 21 日，为修改完善《环境民事公益诉讼司法解释》并推动制定《环境行政公益诉讼司法解释》，基地在中国人民大学召开了"环境公益诉讼理论与实务"研讨会。最高人民法院党组副书记、副院长江必新，全国政协社会和法制委员会驻会副主任、教授吕忠梅以及中国人民大学常务副校长、教授王利明参会。在此次会议上，来自各相关部门、大学、环保组织以及律师事务所的理论与实务界人士就两类公益诉讼在实践中出现的相关问题展开了热烈的探讨，取得了丰硕的讨论成果。江必新同志在讲话中指出，新环境保护法施行已两年有余，2015 年 7 月 1 日开始的检察机关提起公益诉讼试点期间也即将届满，检视环境公益诉讼制度的实施情况和成效，梳理审判实践中存在的问题，围绕环境公益诉讼原告资格、受理条件、调解监督、责任方式、诉讼费用、检察机关提起公益诉讼试点工作立法修改，以及环境公益诉讼与省级政府提起的生态损害赔偿诉讼的协调衔接等突出问题，汇集司法机关、环境保护行政主管部门、专家学者和社会公众的意见建议，研究完善审判规则，对于保障环境公益诉讼制度功能的有效发挥，具有非常重要的现实意义。未来需要充分发挥环境公益诉讼审判职能作用，加强人民法院与环境保护行政主管部门、检察机关的沟通协调和制度衔接，建立常态化的沟通协调机制，通过沟通寻求共识，通过协调减少矛盾，推进环境公益诉讼制度的健康发展。

七、充分发挥合作优势，提升教学科研水平

基地的设立也为我校环境资源法学学科的发展提供了优质的调研和实习平台。最高法院环资庭集中了我国环境资源审判的高级人才，他们有丰富的审判经验，有最新的研究信息资料，有调研和实践的高效率机制，这一切都是教学和科研的宝贵资源。感谢最高法院环资庭在教学科研方面给予基地无私的支持和帮助，使我们受益匪浅。我院有关专业多人次通过参加基地活动和赴最高法院环资厅实习调研，为师生们高质量地完成教学科研任务创造了宝贵的条件。基地还组织环境资源法学专业的师生参与了环资庭开庭审判活动，参加了环资庭的发布会、研讨会等多种活动。目前我院环境法专业有一篇博士论文和五篇硕士论文都与基地的理论研究和司法实践直接有关，并取得了较好的成绩。今后我们会更重视发挥这个作优势，为人大作为双一流大学和专业增加亮点。

八、认真学习贯彻十九大精神，为打好绿水青山保卫战提供理论研究支持

传统环境伦理对于环境司法产生的影响表现在，它基本上是建立在人类中心主义的基础上，即在人与自然的关系上强调人类利益特别是包括人的生命在内的人权的绝对优先性，这种理念与工业革命以来西方哲学主客体二元对立的思维方式有渊源关系。表现在环境保护上，形成一系列对立困境，包括人与自然的对立、环境保护与经济发展的对立、环境保护立法上二元目的的对立、企业与公众的对立等等。这导致在环境正义上的争执不休，环境保护事业裹足不前。虽然近年来西方后现代主义对这种主客体二元论提出强烈质疑，但并未拿出切实可行的解决办法。实践证明，人与自然关系的认知直接决定着环境保护政策和法律的制定，决定环境保护的效率与方向。

党中央提出生态文明建设是对传统工业文明的深刻反思与扬弃。树立社会主义生态文明观，推动形成人与自然和谐发展现代化建设新格局，遵循自然规律，才能有效防止在开发利用自然上走弯路。十九大报告指出，我国社会主要矛盾已经转化为人民日益增长的美好生活需要和不平衡不充分的发展之间的矛盾。所谓美好生活需要离不开良好的生态环境，所谓不平衡在我国表现为库茨涅兹曲线的拐点迟迟不出现，所谓不充分突出表现为生态环境容量的赤字等等。

为此，十九大报告中就建设美丽中国提出的"推进绿色发展"、"着力解决突出环境问题"、"加大生态系统保护力度"、"改革生态环境监管体制"四大方面，抓住了生态文明建设改革中的主要和重点领域，体现了党中央对生态问题的关切，使我们感受到以习近平为核心的党中央推进生态文明进程的强大政治意愿和对环境保护领域的高度重视，这无疑是环境保护的福音。

生态文明是人类遵循人、自然、社会和谐发展这一客观规律而取得的物质与精神财富成果的总和，是指人与自然、人与人、人与社会和谐共生、良性循环、全面发展、持续繁荣为基本宗旨的文化伦理形态。良好的生态环境是最公平的公共产品，是最普惠的民生福祉。没有生态文明，一切文明就没有享受的前途。

文明形态转型的经济基础是绿色经济，生态文明经济基础具有绿色属性，也体现了环境保护与经济建设双赢和一体化的新思维。生态文明建设

强调以系统的观点出发，全面考虑自然、社会、经济等综合因素。例如最近在我国开展的生态文明城市的建设及其指标体系的研究，逐步建立起绿色核算制度，就是综合考虑了生态经济、生态环境、生态人居和生态文化多个层面的指标。另外，我国作为一个农业大国，实现农业生态转型在生态文明转型中意义重大。同时，倡导绿色消费，发展和完善生态补偿制度，重视能力建设并提供法律政策保障至关重要。

沿着中国特色社会主义道路，集中力量进行社会主义现代化建设，是我国宪法规定的国家根本任务。党的十九大报告在阐述新时代中国特色社会主义思想的"八个明确"时提出，"在本世纪中叶建成富强民主文明和谐美丽的社会主义现代化强国"。"美丽"一词首次作为社会主义现代化建设的目标，写入党代会报告。这是继中国共产党的十六届六中全会将"富强、民主、文明、和谐"作为新的历史时期我国社会主义现代化建设的目标之后又一次创举。绿色发展离不开绿色司法，我们一定继续努力，为打好绿水青山保卫战提供理论研究支持。

深入贯彻十九大精神，推进环境司法专门化

——在环境资源审判庭党支部学习十九大精神座谈会上的发言

毕东升[*]

党的十九大报告中有关"美好生活""美丽中国""人与自然是生命共同体"等关键词，彰显了执政党对未来国家建设和人民美好生活的庄严承诺，表明生态文明建设成为决胜全面建成小康社会建设社会主义现代化国家的不可或缺的重要内容。十九大报告在加快生态文明体制改革、建设美丽中国部分中提出，要"推进绿色发展""着力解决突出环境问题""加大生态系统保护力度，改革生态环境监管体制"，明确要求"建立统一的国有自然资源的资产管理和自然生态监管机构"。这一工作部署同样适用于环境司法工作，并对环境司法专门化提出了很高的、很紧迫的要求。回顾环境司法几年来走过的路程，更加坚定了我们落实十九大精神，推进环境司法专门化的信念。

一、要进一步明确环境司法专门化的内涵

2014 年，最高人民法院发布了《关于全面加强环境资源审判工作 为推进生态文明建设提供有力司法保障的意见》，提出了环境司法专门化的概念。2015 年，第一次全国法院环境资源审判工作会议提出了构建五位一体专门化机制的要求，进一步明确了专门化的范围包括审判机构、审判机制、审判程序、审判理论、审判团队的专门化。2016 年，最高法院发布的《关于充分发挥审判职能作用 为推进生态文明建设与绿色发展提供司法服务和保障的意见》，再次提出要加强协同审判，发挥环资审判的整体合力。

---

[*] 专职党务干部（廉政监察员）。

在全面落实十九大精神的今天，环境司法专门化必须有新的目标和内涵。具体来讲，今后的环境司法专门化工作应明确三项重点工作：（1）建立专门化的环境资源审判体制。该体制不是简单地将民事、行政、刑事诉讼放在一个庭内审理；既不是传统的民事诉讼、也不是传统的行政诉讼。而是根据环境侵害的特点和规律，建立起一种有别于传统刑事、民事、行政诉讼的新的诉讼类型。（2）建立专门化的环境资源诉讼机制。在专门化的环境诉讼机制中，一是要建立对行政、民事权利的双重审查机制，该机制既涉及公共利益、也涉及私益。二是为切实维护好公共利益，不能简单依据一般民事诉讼规则，要建立起公共利益的裁量机制，运用实质公正、社会公正等价值标准衡量案件，采用无过错责任原则和公平责任形式。三是要健全完善公益诉讼机制，包括建立整体性和普遍性的思维方式，确立公益诉讼的基本理念、裁量标准、裁判方法、责任形式。（3）建立专门化的环境资源案件诉讼程序。一要突破传统民事案件的当事人主义，适度做到能动司法。二是程序设置要针对环境生态案件的特点向弱者倾斜，实行举证责任倒置、因果关系推定、实施法律援助等手段。三是诉讼程序和非诉程序要适度衔接，包括诉讼与调解机制、执行机制、修复机制的衔接等。

二、要认清环境司法专门化的必要性

（一）环境司法专门化是由环境法的特点所决定的

环境法是在环境科学基础上产生、发展起来的一个新的法律分支学科，与传统法律有诸多不同之处。主要表现在以下几方面。

1. 环境法具有特殊的理论基础

传统法律属于工业文明的产物，而环境污染是工业文明带来的不良后果，因此，环境法是对工业文明对环境破坏性后果的反思。从环境法的产生发展来看，其理论基础与传统法律有诸多不同之处。一是伦理基础不同。从伦理学的角度看，人类对人与自然关系的认识，经历了人与自然合一、分离、再合一的过程。西方早期文化受基督教人是万物的主人的观念影响，认为人是万物的中心、是万物的主宰，在伦理观念上表现为人类中心主义。随着对环境破坏危害的认识，弱人类中心主义或生态中心主义等非人类中心主义伦理观逐步为现代人所接受，传统的人类中心主义伦理观淡出历史舞台。党的十九大报告中提出了"人与自然是生命共同体，必须尊重自然、顺应自然、保护自然"等新理念，体现了当代环境法的新的伦理观念。二是价值观不同。传统法律基于工业文明社会的科技主导、个人利益最大化、物尽其用、人定胜天等价值观而产生发展，建立在天赋人权、契约观念、经济人理念等法理观念上；当代环境法遵循人与自然是生命共同体、可持续发展观、生态人的理念和法律思想。二者有原则区别。三是法理学观点和方法论不同：传统法理学坚持彻底的主体客体二分，公益私益、个体和整体相分离。当代环境法学则强调环境侵害具有从人到自然再到人的过程，具有复合性、双重性的特点，承认自然环境具有一定的独立价值和权利。四是环境法有特殊的理念原则：环境保护法第五条规定了"环境保护坚持保护优先、预防为主、综合治理、公众参与、损害担责的原则"。江必新副院长 2016 年 12 月在《人民司法》发表了《论环境区域治理中的若干司法问题》一文，提出要"树立构建人类命运共同体、环境正义、保护优先、严格执法、维护权益、注重预防、修复为主、公众参与等现代环境司法理念"。这些理念和原则为环境法所特有。

2. 环境法的调整对象具有广泛性

有环境法学者认为，从法律调整对象来看，传统法律调整的是人与人的社会关系，而环境法既调整人与人的社会关系，也调整人与自然的关系。环境法已经不再是一种单纯的人际关系或社会关系规则，而是一种既包括人与人的关系、也包括人与自然关系的新规则，是人与自然共同体的规则。由于环境法调整范围的特殊性，环境社会关系的形成具有"人—自然环境—人"的间接性，所以环境法律关系可能不会直观地表现为社会关系，而是以环境为媒介的社会关系，环境法律关系是承认自然环境具有一定价值的社会关系，应当秉持主客体尺度的辩证统一，一定程度上承认自然环境的主体性。

3. 环境法是跨部门法

从法律类别来看，当代环境法作为领域法，具有跨部门的特性，内容兼具公法、私法、社会法。环境法具有综合性、社会性、共同性、技术性等特征。

4. 环境法具有特殊的法律责任

环境法律责任为传统的刑、民、行政责任所无法替代，包括损害担责、生态损害赔偿责任（包括修复责任、生态服务功能损失赔偿责任）、生产者延伸责任（生产者有废品回收处置职责）、环境保护行政问责制等。

（二）环境司法专门化是由环境侵害行为的特点所决定的

环境侵害属于环境侵权的上位概念，包括民法中对人的损害和环境法中对生态环境的损害。民法将对人的损害界定为对人身权和财产权的损害，环境法学者将对生态环境的损害界定为对环境权的损害。与民法上的环境侵权相比较，环境法的环境侵害具有如下特点：

1. 环境侵害具有二元性的特点

传统侵权责任法上的多数侵权是从人到人，环境侵害是从人到自然环境再到人的过程，它不是单一侵权行为所引起的单一后果，而是各种不同类型的环境侵权所引起的不同后果的综合概括。其内涵、外延、本质特征、价值取向都不能为传统民法上的侵权概念所完全囊括。环境侵害的原因、损害形式、损害后果、救济主体、价值目标均具有二元性。

2. 环境纠纷具有复合性的特点

环境纠纷的利益冲突不仅包括人身权财产权，还包括人们的生态环境权利。既有直接利益、也有间接利益，既有公益、也有私益。纠纷形式既有环境污染、也有生态破坏。其中纯粹为私益纠纷的，可以按照民法规则解决（如相邻权纠纷）；但如果环境侵害纠纷中既有私益冲突、也有公益冲突，就不能只考虑适用民法规则进行私益填补，还必须考虑环境修复等公共利益的保护问题。

3. 环境责任具有双重性的特点

由于环境侵害的二元性，催生了专门的环境责任法，这些法律与民法相联系，又具有不同于民法的新内容，形成了环境侵害责任制度由民法和环境法共同构建的特点。环境侵害责任的内容也具有双重性，责任方式既要解决因污染而产生的对人的损害问题，也要解决因污染而造成的对生态环境的损害问题；既对个人损害进行事后填补，也对环境污染生态破坏进行预防控制；既有金钱赔偿，也有生态恢复与补偿等。

（三）环境司法专门化是由环境权的特殊性所决定的

环境权有两种含义，一种是"环境的权利"，一种是"人对环境的权利"。建立在主客一体观念上的环境法学，认为自然环境当然具有目的、利益、内在价值，享有一定的权利，可以成为法律主体。法律可以直接保护和救济自然环境的权益。这种法律观与传统法律有巨大区别。当然，目前关于生态环境权利的立法和司法实践在我国尚处于空白阶段。传统法律认为，法律主体只能是人，即使动植物成为主体，它们也不能行使权利履行义务。因此"环境的权利"还不能进入立法视野。因此，在现行法律框架内，环境权只能是人对环境的权利。

鉴于法律主要规范人的权利义务，且环境法担负着维护人类环境权益的责任，故环境权不同于一般的人身权、财产权。环境法意义上的环境权是指公民、自然人享有的在清洁、健康、优美的环境中生存的权利，包括良好环境享有权和恶劣环境拒绝权。在公法层面，它主要体现为对抗国家和第三人的效力；在私法层面，主要表现为对于第三人引起的生态损害的救济。其特点包括：（1）环境权属于自由权、生存权之后的第三代人权。人权发展有一个历史过程，传统法律关注环境资源的经济价值，侧重于维护当代人的人身自由和个体的经济分配、交换利益。环境权则来源于人类对环境资源生态价值的觉醒和认识，权利主体（个人和不特定多数人）、权利内容（经济价值和生态价值）、价值观（物尽其用和可持续发展）、救济方式（私益诉讼和公益诉讼）均具有特殊性。（2）环境权是复合性的权利束。环境权既包括一般性环境权、也包括具体环境权；既包括公法权利、也包括私法权利；既包括当代人权利、也包括后代人权利。表现为知情权、参与权，国家的环保管理权、公民和公众的环境侵害救济权等。因此，环境权的充分救济，非传统诉讼方式所能满足。

（四）环境司法专门化是完善环境权益救济机制的客观要求所决定的

传统的刑事、民事、行政诉讼存在着对环境权益的保障救济不足问题。

1. 传统刑事司法不能适应生态环境保护的需要

一是存在重保护生态环境经济价值轻生态价值问题。刑法对动植物保护的范围和种类偏少，也没有不得虐待动物、保护动物的动物福利相关法律规定，这与法治文明国家的地位有很大差距。二是刑法罪名中，不同类型的案件发案不均衡。有的罪名没有案件，有的危害行为打击不力。三是刑罚整体偏轻，惩罚、预防作用不强。四是刑事裁判罚金适用较多，但对罚金的作用、功能（惩罚、预防、修复功能）认识不清。

2. 传统民法对于生态环境保护的作用存在局限性

一是民事侵权责任法只针对人身权财产权的保护，无法直接解决生态环境的维护和修复，无法救济人的环境权。民事侵权责任法所救济的权益需要以人的人身权财产权直接受到侵害为前提，要求原告与案件有直接的利害关系，且需要以特定的权利受损为条件。但生态环境具有整体性和公共性，生态环境的破坏不一定直接、即时造成人身财产损害，故生态环境保护直接纳入传统民法损害救济体系难度较大。民法无法解决对人类环境权的损害。环境权是指不能为人身权财产权所包括的、公民自然人对清洁健康优美舒适生态环境所享有的权利。环境法所救济的是人身财产损害之外的生态环境损害。生态环境兼具经济价值和生态功能价值。所谓环境的经济价值，是指环境中的自然要素，如植物、动物、矿物、土壤、水等物质实体的有用性价值，它强调的是各物质实体的财产价值。所谓环境生态功能，则是指通过土地、森林、水、大气等组成的有机统一体——生态系统所表现出来的对环境污染、破坏与冲击的容量，以及环境的舒适性、景观的优美性、可观赏性等生态价值。这种生态功能不是通过实体形态为人类服务，而是以脱离其实物载体的一种相对独立的功能与形式存在并满足于人类需要的。环境生态功能表现出的无形性、公益性、关联性、整体性、长远性等显著有别于各传统法律权利客体的特点，使得环境生态功能恰恰需要全新类型的权利——环境权来保障，因而成为环境权的客体。

二是目前物权法对于物的定义具有很大局限性。物的支配性和排他性原则，不适用于具有公众共用物特性的大气、阳光、景观、环境容量等环境资源要素。自然资源用益物权、准物权等概念也存在争议和局限性。

三是目前的民事案由体现不出生态环境保护案件的特点，无法承继和容纳环境公共利益。最高人民法院将环境资源案件归为四大类：环境污染防治和生态保护案件、涉及自然资源开发利用案件、涉及气候变化应对案件、生态损害赔偿诉讼案件。但现有的案由来源于传统的民法体系范式，环境污染生态资源破坏案件隐藏在合同纠纷、股权纠纷、侵权纠纷案由背后。导致上述四类案件存在着或无案由可循、或案由不明、多重归类、归类争议等问题，给环资案件的立案、法律关系审查判断、法律适用、司法统计带来很大麻烦。

四是民法典总则确立的绿色原则尚未得到充分贯彻。充分发挥民法对生态环境的保护作用，要求民商审判要有创新和突破，不能停留在旧有的理念和思路上。虽然民法保护的是私益，但私法审判、也要有公法思维。如《德国民法典》规定了"动物不是物"，其目的在于考虑到动物的特殊性，私法活动中必须注意到公法性质的动物福利。在下一步制定民法典分则时，要将生态破坏纳入侵权责任法的调整范围，完善侵权责任制度对生态环境的保护职责。要针对大气、阳光、景观、环境容量等非排他性公众共用物的特点，修改完善物权法的相关规定，使物权制度在环境保护方面发挥更大作用。

3. 行政法也需要绿色化

当前，环境行政执法中罚款适用较多，其他行政处理方式较少。这与环境保护法所确立的保护优先、预防为主、综合治理的原则并不相适应。行政处罚要适应环境保护的特点和规律，预防为主，不能一罚了之。环保法规定了公众知情权和参与权，需要推进政府和企业环境信息公开，但目前落实差距较大。行政诉讼中，司法裁判较少适用环境法律法规，这表明审判者并不熟悉环保法。此外，司法建议的政策形成功能作用发挥也不够。行政诉讼案件中45%的案件没有明确案由，环境资源案件难以准确归类，这表明行政案件类型化研究不足。

三、要拓宽环境司法专门化的路径

环境司法专门化是促进生态文明建设的有效方式。环境资源案件的公益性、复合性、技术性、恢复性、整体性特点，决定了刑事、民事、行政、执行部门各管一段的工作模式不适应生态环境保护的需要。只有理念、体制、机制一体化，才能适应环境案件的特点。不少法院探索的"三审合一"、刑事附带民事公益诉讼、行政公益诉讼附带民事公益诉讼、民事补植复绿纳入量刑情节，效果很突出。

（一）完善公益诉讼制度

在民法框架内对环境生态的救助只能是通过对部分环境要素的特定私权客体进行救助，如土壤、动植物、水体、矿产资源等，此外，民法上的恢复原状、损害赔偿等责任方式也提供了救助生态环境损害的一个接口。但这种救济生态环境损害的范围是有限的，很多环境要素无法私权化，不能成为所有权或用益物权的客体，不具有支配性排他性独立性。且这种救济方式对生态环境的保护是间接的、碎片化的，只能对个体损害进行弥补，与生态环境的整体性、系统性公共性不相符。因此，司法助力环境保护，必须有直接有效的方式：

1. 基于国家所有权提起的民事诉讼

我国是以公有制为主体的国家，多数自然资源属于国家所有，这位环保提供了优势和便利。如物权法规定的矿产、水流、海域、城市土地、野生动物等的损害，所有权人可以提起赔偿，如省级政府的生态损害陪尝诉讼，检察机关针对国有资产、国有土地出让等国家利益提起的公益诉讼。这些诉讼对于生态环境保护效果较好。

2. 公益诉讼

对环境公共利益的保护，公益诉讼是最有效的方式。必须通过目前环保法、民事诉讼法、行政诉讼法提供的公益损害借道私益渠道救济的方式，进一步健全完善公益诉讼程序。虽然对公益诉讼有民事和行政之分是否准确有不同看法。但毕竟在现行法律框架下，法律已经为环境公共利益的救济提供了一个可资利用的渠道，必须用足用好。

环境保护要发挥市场、政府、社会公众三方面作用。当前，一要按照公众参与的原则鼓励支持社会组织提起公益诉讼，要解决其激励机制问题。二要推进检察机关提起公益诉讼工作的理论和实践的发展。解决其性质、程序、与社会组织的衔接等问题。三要开展省级政府提起的生态损害赔偿工作，理清其中包括的国有资产权益、社会公共利益等救济的不同特点，研究其与公益诉讼的关系。四要解决生态修复资金的去向、使用和监管问题，制定相关的政策、法律。生态服务功能的救济是环境公益诉讼的核心请求权。

在环境公益诉讼中，对有关生态修复费用等支出的求偿，直接补偿的虽然是物质利益，但其最终救济的是生态环境提供给人类的清洁优美舒适的生活环境，是对环境权益的追索。故在司法实践中，凡公益诉讼当事人没有提出恢复和弥补生态服务功能诉讼请求的，法官应该予以释明，告知增加此项请求。

（二）健全环境资源专门审判的工作机制

要推广环资审判"三审合一"的工作机制。当下由同一审判组织审理刑、民、行政三种类型的环境资源案件，有利于案件事实的统一确认、证据的统一审查认定、因果关系的统一判断、责任的统一衡量、裁判尺度的统一掌握、利益的统一平衡保护，对未来环资案件专门程序的建立具有积极意义。未来要参考海事特别诉讼程序，尽快着手制定专门的环境案件诉讼程序，实现在一个诉讼程序中审理多种环境责任案件的"三审合一"。

（三）推进环资案件跨区划管辖和集中管辖

要在各地实施环境资源案件跨区划管辖和集中管辖的基础上，借鉴行政诉讼以及知识产权审判专门化的经验，促进环资审判的集中管辖和跨区划管辖；通过改革铁路法院、矿区法院、林业法院、农垦法院，探索环资审判专门法院的设立。

（四）推动环境法典等专门法律的制定

通过构建新的环境法学范式，以及通过沟通、融合、拓展之路、将传统法律部门绿色化的方式，推进制定有中国特色的环境法典和环境侵害救济法。

开启新时代环境司法专门化新征程

—— "全国环境资源司法理论研究基地与实践基地第二届联席会暨贵阳环境司法专门化十周年论坛" 综述

贾清林　邹东来*

2017 年 11 月 9 日，全国环境资源司法理论研究基地与实践基地第二届联席会暨贵阳环境司法专门化十周年论坛在林城贵阳隆重举行。最高人民法院党组副书记、副院长江必新同志，全国政协社会和法制委员会驻会副主任、最高人民法院环境资源司法研究中心学术委员会主任吕忠梅同志，贵州省政协副主席李汉宇同志，贵州省高级人民法院院长孙潮同志等出席并致辞发言；中国人民大学、武汉大学和 21 家实践基地法院及所属高院的相关负责同志，知名环境法专家学者、全国人大代表、政协委员，以及最高人民法院环境资源审判庭、各巡回法庭的相关负责同志参加了会议。本次论坛的内容可分为顶层设计、理论争鸣、实践探索、贵州经验、发展愿景等五大部分，现将各部分内容综述如下：

一、顶层设计：开启环境资源审判的新时代

最高人民法院副院长江必新在会议致辞中肯定了环境资源司法理论与实践基地设立取得的成绩以及贵阳环保"两庭"十年来在环境司法专门化建设方面所进行的积极探索，并以"全面贯彻十九大精神，推动环境资源审判工作再上新台阶"为题发表了主旨讲话。

江必新副院长强调，十九大报告提出的一系列新理念、新论断、新任务和新举措，为推进全面依法治国和生态文明建设提供了理论指导、指明

---

* 作者单位：最高人民法院环境资源审判庭。

了前行方向。各级人民法院要认真学习宣传贯彻党的十九大精神，并落实到具体的环境资源审判工作中。江必新副院长指出，环境资源司法理论研究基地与实践基地积极开展环境资源司法领域的理论研究和实践探索，发挥了环境资源审判智库应有的作用。要紧紧抓住人民群众日益增长的对美好生态环境和公正环境资源司法保障的需求与人民法院环境资源审判工作发展不平衡、人民群众环境权益司法保障不充分之间的矛盾，找准环境资源审判工作的新目标、新方向。要树立和践行像对待生命一样对待生态环境的生态文明观，绿水青山就是金山银山的绿色发展观，山水林田湖草一体保护系统保护观，人与自然是生命共同体的生态伦理观，节约优先、保护优先、自然恢复为主的生态保护观和维护程序正义、兼顾实体正义的环境正义观。要围绕打好污染防治攻坚战的要求，充分发挥司法在维护生态文明建设和美丽中国建设方面的职能作用，为决胜全面建成小康社会和建设社会主义现代化强国作出新贡献。

江必新副院长提出，要抓住生态环境监管体制改革和司法体制综合配套改革的机遇，继续推进环境资源审判机构专门化建设和环境资源案件跨行政区划集中管辖等改革措施。要探索配置环境资源审判技术专家，构建与立法机关、行政机关、检察机关的衔接联动机制。要强化队伍的政治建设和担当精神，坚持正规化、专业化、职业化方向，依法公正审理环境资源案件。要继续发挥环境资源司法智库作用，增强环境资源理论研究的前瞻性、针对性和有效性，探索构建新时代中国特色环境资源司法理论体系。

二、理论争鸣：环境资源司法智库的思维碰撞

吕忠梅教授以"新时代条件下的环境司法"为主题，系统介绍了我国环境司法现状，肯定了检察机关提起公益诉讼试点取得的预期成效，深入分析新时代、新矛盾下，环境司法面临的新挑战和新任务。吕忠梅教授认为新矛盾中人与自然发展的不平衡，主要体现在不同地区在资源开发和环境保护程度上存在较大差异，长期处在价值链低端的国际分工使得中国资源环境破坏较为严重，生态环境保护意识不浓、法制不健全、生态投资不足，人民对新鲜空气、清洁水、良好环境质量的需要难以得到完全满足等四个方面。吕忠梅教授将习近平总书记关于生态文明建设的新思想、新理念、新判断总结为习近平新时代生态法治观，具体为生态伦理观、协同发展观、科学政绩观、执政为民观；并以十九大报告为背景，将新矛盾、新

机遇条件下中国环境司法面临着新的挑战阐述为：第一，绿色发展理念所要求的"经济要环保、环保要经济"与环境资源司法"保护优先、恢复为主"的理念在具体案件中如何协调；第二，环境资源案件多重法律关系属性与三大诉讼分立、裁判规则相异的情形如何处理；第三、环境资源案件三审合一机制需要怎样的法律解释方法；第四、环境资源案件的统一裁判规则应该如何建立。针对新的挑战，吕忠梅教授提出专门化、精细化、个案正义的环境司法新目标，并进一步提出三大环境司法新建议：第一，以提升质量与能力为核心，扎实推进环境司法专门化；第二，以实现公平正义为宗旨，稳健发展环境资源审判普通化；第三，以完善生态环境法治为目标，促进立法科学化和司法活动规范化。

最高人民法院环境司法理论研究（中国人民大学）基地主任周珂教授作了"以党的十九精神为指引推进环境司法理论研究"的主题报告。周珂教授从环境资源司法研究基地的研究方向、研究任务、研究对象等方面，介绍了 2016 年以来中国人民大学基地开展的各项工作和取得的理论研究成果。周珂教授强调，要以党的十九精神为指引提高环境司法理论研究水平；要加强领导，坚持高起点、高层次、高水平的环境资源理论研究；要以服务环境司法审判工作为首要任务，积极探索和关注研究环境资源司法审判的前沿领域问题；要理论联系实际、注重成果转化，重视环境司法审判研究与相关领域研究的互动，以及与相关学科的协同创新研究。

最高人民法院环境资源司法理论研究（武汉大学）基地主任王树义教授报告了在环境资源司法理论学术研究方面取得的成果，其创建的"环境司法文库"平台已成功推出《论环境公益损害救济》《环境权利可诉性研究》《环境法院和法庭决策者指南》，《印度环境正义》《国外环境公益诉讼典型案例和立法例研究》也即将组织出版；王树义教授还重点与大家分享了其对美国、新西兰、澳大利亚、智利等外国环境司法的机构设置与人员配置所进行的研究成果。在机构设置方面，王树义教授归纳为六种不同的类型：设立专门的环境法院、设立独立的"国家绿色法庭"、设立准环境法院、法院内部设立专门的环境法庭、指定法院内部的某些法庭为绿色法庭，以及在法院内部指定环境法官具体审理环境案件；在审判人员配置方面，主要介绍了不同国家在环境资源审判中法官、技术专家（或技术法官）以及辅助人员的具体设置，法官和技术专家的遴选方式，技术专家（法官）的专业范围、权利义务等。

最高人民法院环境资源司法研究中心学术委员会副主任、清华大学王明远教授从理论的角度对环境权的概念、制度和实践作了梳理。基于对环境权的产生、内涵以及概念等方面的法律解读，王明远教授主张在环境国家和环境时代，公民环境权（益）是一种基础性的公民权益之形态，它不是以实体性的权利为主，而是以程序性的权利为主，是和企业环境义务以及政府环境行政职责相结合、相对应的。王明远教授认为就实体意义而言，环境权作为现代社会的一种新型权利，具有公权（利）和私权（利）的双重性格；在程序意义上，包括知情权、参与权和求偿权的环境权，可以在宪法和法律明确政府的环境保护职责的基础上，通过环境法中的公众参与制度、环境权益损害的行政补偿制度等体现出来，加强和弥补民事救济和行政保护的不足和缺陷，从而可以更好地实现环境侵害的排除和损害的填补。王明远教授强调环境权理论的提倡对环境权益的救济、环境立法、环境执法、环境守法、公民环境权利意识的提高、国家环境保护事业的发展均有积极意义，应同时从实体意义和程序意义两个方面来理解和把握环境权及其在环境保护、环境权益救济中的重要性。

最高人民法院环境资源审判庭、贵州省高级人民法院、贵阳市中级人民法院和《人民司法》编辑部共同主办的"爽爽贵阳杯"环境司法专门化十周年征文比赛获奖者代表钟丽丹、吴烨、张忠民、吴一冉以及全国人大代表郭军、蔡学恩也与大家分享了自己的研究成果和学术观点。

最高人民法院第六巡回法庭法官助理钟丽丹以"论生态环境损害赔偿磋商制度之构建"为题，提出了在现有生态损害司法救济之外，创设"赔偿磋商"生态损害救济新途径的观点，并研拟了关于生态环境损害赔偿磋商的十九条意见；福建省漳州市芗城区人民法院吴烨以"供给侧改革视角下的环境司法结构性调整"为题，介绍了环境司法供给失灵的表现，并从供给动力和供给能力的角度深入分析了环境司法供给失灵的成因，进而提出了环境司法供给侧的结构性调整思路；中南财经政法大学教授张忠民以"后环境司法时代+环境司法的新时代"为题，在支持环境司法专门化的基础上，提出了一些环境资源司法面临的令人深思、值得探讨的理论与实践问题；江苏省徐州市中级人民法院法官助理吴一冉以"环境民事公益诉讼损害额司法认定的实证研究"为题，从环境民事公益诉讼案件损害额组成情况、损害的认定方式、认定的损害额情况做出实证分析，并提出了完善环境民事公益诉讼损害额认定的三点路径。

全国人大代表、中国水利水电科学研究院副总工程师郭军在发言中积极肯定了贵州环境司法专门化的成功经验，认为贵州经验值得总结和推广；面对新时代环境资源司法的新问题、新矛盾，要积极应对挑战，要更好地发挥科技在环境审判中的支撑作用，加大修复性司法工作力度，积极探索环境公益诉讼赔偿资金的归属和管理问题。全国人大代表、湖北得伟君尚律师事务所律师蔡学恩则从环保专业人士的角度，回顾了其从事环境司法专门化理论研究的心路历程，指出了环境司法专门化建设的必要性和面临的诸多挑战，并对创造环境资源司法专门化的中国模式充满信心。

三、实践探索：环境资源司法实践基地法院的百花齐放

最高人民法院环境资源司法研究中心成立后，根据工作需要并结合当地生态环境保护实际，先在福建省龙岩市中级人民法院、贵州清镇市人民法院等十五家中基层法院设立了实践基地，本次会议又增设甘肃矿区人民法院等六家法院为实践基地。各基地法院均向会议提交了经验交流材料，大家也踊跃发言，积极研讨新时代环境资源司法相关理论与实务问题。

首批实践基地的代表就辖区环境资源审判情况作了详细介绍，并分享了其在环境司法领域的经验做法。福建龙岩中院专委赖建红汇报了该基地在发挥生态环境审判职能作用，综合进行环境整治，维护生态安全，创新完善工作机制，延伸司法保护领域等方面取得的良好成效，并指出龙岩作为重要的矿区和林区，要依法保障矿业权益、深化林权制度改革，注重审判绩效的双提升。江苏无锡中院副院长顾铮铮介绍了在审理跨界倾倒生活垃圾污染环境案中的积极探索，分享了对环境民事公益诉讼撤诉司法审查条件的认识，将环境公益诉讼案件中"所有请求已实现"的实质内容概括为：环境修复目标已实现和杜绝环境侵权再次发生的可能性。重庆万州区法院副院长冯纲则从环境资源案件审理、完善环境资源司法工作机制等方面作了介绍，强调将以绿色发展理念为指引，继续探索环境司法"3＋1"模式、大力推进"1＋4"工作重点，努力为长江三峡建立生态安全司法屏障。

第二批实践基地分别结合自身地方特点，针对辖区环境资源审判情况以及新时代环境资源审判工作的目标规划进行了汇报交流。甘肃矿区法院院长冶生俊介绍了矿区法院"绿色化"体制改革创新的全过程，以及正逐步建立刑事、民事、行政、公益诉讼和执行"五合一"归口集中审理环境资源案件的"甘肃模式"，以打造名副其实的环境资源专门法院为目标。浙江湖州中院环资庭庭长赵龙以"践行两山重要思想，服务绿色生态发展"为主题，对湖州环境资源审判工作做出汇报。他指出湖州作为"两山理论"发源地，两级法院积极践行"两山理论"重要思想，已实现环境资

源审判机构全覆盖，同时分享交流了对环境资源审判队伍建设、专家参与机制、法院禁止令、多元联动机制、公众宣传教育等方面的具体做法以及未来环境资源司法工作的具体发展规划。云南迪庆中院环资庭庭长赵云川汇报了辖区法院在推动环境资源审判庭建设、建立环境执法协调机制、运用司法保障旅游业发展、建立川滇藏青四省区藏区生态环境保护大机制等方面所作的探索创新。新疆伊犁州分院民三庭副庭长杨峻峰分别从环境资源刑事、民事、行政审判工作方面，结合地方生态环境特点对辖区森林、草原、矿产等自然资源司法保护情况进行了详细的分析。江西九江中院环资庭庭长沈双武描述了辖区环境资源审判工作未来发展的路线图，他表示将努力用 2～3 年的时间，形成一套较为科学的环境资源保护机制和制度体系，希望创造可复制可推广的九江经验。四川雅安中院副院长钱怡介绍了辖区环境资源案件的审理、专门机构的建立、警示教育基地的创建、环境资源刑事案件巡回审判等工作开展情况，为雅安生态建设和绿色发展提供有力保障。

四、贵州经验：环保"两庭"发展的砥砺奋进之路

贵州省政协副主席李汉宇以贵州环境司法专门化亲历者的身份，回顾了贵阳红枫湖水污染事件及贵阳市中院生态保护审判庭和贵阳清镇市法院生态保护法庭"两庭"设立的历程。他指出贵州环境司法专门化的工作是在贵阳市环境司法专门化的基础上成长起来的，经过多年的探索创新，贵州在生态保护和经济发展方面，趟出了一条成功的路子。在生态保护方面，贵州实现了山青、天蓝、水青、地绿，森林覆盖率达到 52%，中心城市空气质量优良天数平均天数比例超过 96%，水源达标率保持在 100%；在经济建设方面，过去五年经济类年均增长 11.6%，2016 年国内生产总值平均达到 11700 亿元，贵州省实现了环境保护、生态恢复和经济发展的双丰收。李汉宇副主席强调要学习和借鉴他人在环境保护、生态治理方面的新观点、新思路以及先进经验，更好地发挥全省环境保护在全面推进国家"五位一体"总体布局和协调推进"四个全面"战略布局中的积极作用。

贵州省高院院长孙潮肯定了贵州率先建立贵阳环保"两庭"、推广构建集中管辖模式，逐步实现市州环境资源审判机构全面覆盖等工作成绩，并指出十年风雨间，贵州法院在司法理念方面，牢固树立了保护优先、公正司法、法律底线、创新机制的现代环境司法理念；在环境司法专门化机制建设方面，扩大归口审理案件的范围、完善跨行政区域区划集中管辖的

机制、进一步完善案件受理的范围、环保审判专家陪审员制度和专家咨询制度；在审判实践中，积极探索环境公益诉讼的实际运作模式，及时制定出台相关意见，确立原告资格关联性审查原则、探索原告激励奖励机制、积极开展环境行政公益诉讼试点等，不断促进公众参与环境资源保护；在专门化建设方面，贵州法院积极探索构建法院禁止令、环境修复责任、执行回访评估、多部门衔接协调、环境纠纷多元化解、推动能动司法等与环境司法专门化配套的相关机制。

贵阳中院常务副院长李志强对贵阳环境司法专门化十周年的工作进行了总结。他表示，贵阳环保"两庭"的设立是推动环境资源审判工作进程的创新之举，从 2007 年到 2017 年贵阳环境司法专门化的十年历程中，始终不忘初心，坚持用司法手段保护生态环境，以生态法治推动生态文明，十年磨一剑初步形成了环境资源审判的"贵阳模式"。贵阳环保"两庭"在解决环境刑事、民事、行政案件纠纷中的机制创新，三合一审判机制的构建，在环境公益诉讼、恢复性司法、环境执法司法联动机制等多个方面均进行了大胆探索和尝试，为全国环境资源司法的全面开展贡献了可复制可推广的"贵阳经验"。他强调党的十九大报告把生态文明提到了前所未有的高度，生态文明建设是中华民族永续发展的千年大计，要不忘初心、努力前行，保护好绿水青山，为建设美丽家园作出贡献。

五、发展愿景：新时代环境资源司法专门化的持续推进

最高人民法院环境资源审判庭副庭长王旭光在会议总结发言中指出，坚持人与自然和谐共生，加快生态文明体制改革，建设美丽中国，是新时代坚持和发展中国特色社会主义的基本方略。面对人民群众日益增长的对美好生态环境和公正环境资源司法保障的需求，如何按照中央和最高法院党组的要求，发挥环境资源审判职能作用，维护生态环境，实现环境权益，促进环境治理体系和治理能力的现代化，既是新时代环境资源审判面临的严峻挑战，更是环境司法实践与理论的难得发展机遇。

王旭光强调，要按照江必新副院长讲话要求，认真学习宣传贯彻党的十九大精神，更好地发挥理论基地与实践基地的作用，推进环境资源司法理论和实践的融合，为环境司法体制机制改革出主意、想办法并付诸实践，以丰富的环境司法实践深化环境司法理论的研究，以环境司法理论的创新促进环境司法实践的理性、健康发展。要坚定不移推进环境资源司法专门化体系建设，一是进一步形成环境司法专门化的共识；二是致力研究

专门的环境司法诉讼规则，环境资源案件审理中要展示生态环境保护理念以及相应的裁判思路；三是强化环境资源司法专门机构建设，配备专门的环境资源审判人员。环境资源司法专门化的核心在于形成独特的能够适用于相关案件审理需要的程序性规则和实体性规范，而这需要有专门的机构、专门的人员进行理论研究、实践探索。贵阳环境司法十周年发展历程，就是在人民群众对生态环境司法保护提出需求，但法律尚不完善、大家对环境司法尚没有充分认识的情况下，通过创建环保法庭、组织专门审判人员不断进行探索、创新的过程。这种担当和创新精神，正是贵阳环境司法经验的核心要义，也是中国环境资源审判在新时代取得新发展的动力源泉。

【国际交流】

美国的水污染防治制度及其对中国的启示

朱　婧[*]

一、美国水污染治理情况概述

（一）美国水污染治理简史

水污染问题在美国曾被视为各州和地方事务，缺乏联邦层面的统一防治目标、规制和指引。联邦执法严格限于州际水域污染，且需经污染源州同意。这种地方治理的弊端在于，出于保护地方经济考虑，州政府通常不愿意让地方政府承担治理污水的成本，担心过多的规制将导致产业转移至其他管制较松的州。因此，尽管自1930年起大部分州已经开始采取行政措施治理点源污染，但治理措施普遍较为薄弱，非点源污染治理更是从未被提上日程。

1948年，美国颁布了《联邦水污染控制法》。这是第一部综合明确联邦政府在水清洁项目中地位的法律，尤其是该法案规定由联邦政府为州和地方政府提供技术援助资金，以帮助其进行研究和解决水污染问题。此后，联邦在水污染治理中的角色和管辖权逐渐扩展至州内和州际的可通航水域。1965年，国会颁布了旨在统一规制水污染的《水质法》，要求各州明确辖区内跨州水域的用途，并制定与该用途相适应的水质标准和达到该标准的净水计划。遗憾的是，与许多早期的联邦环保法律一样，《水质法》几乎完全依赖州政府自行改善水质，缺乏强有力的法律实施和执行机制。

---

* 作者单位：最高人民法院环境资源审判庭。

同时，通过水质标准来控制污染的方式，难以证明个体排污行为与该流域总体水质变差之间的因果关系，污染者常常利用科学的不确定性来逃避法律责任。《水质法》实施五年后，美国仍有一半的州没有制定水质标准，超过90%的污水处理厂仅采取简单的过滤和沉淀工艺处理污水，不到三分之一的工厂安装污水处理设备，工业废水的排放严重污染了河流、湖泊和河口。1969年，俄亥俄州的凯霍加河由于漂浮着沿岸排放的大量油污而着火（见图1），这犹如希腊神话中的地狱冥河正是当时美国水污染的一个缩影。触目惊心的环境公害事件使得越来越多的公众开始关注环境污染及其治理问题，人民的道德愤怒最终引发了美国20世纪70年代的环境立法浪潮。

图1　1969年着火的凯霍加河

图2　凯霍加河现状

（二）《清洁水法》及其历史沿革

1970年，联邦环保署成立。1972年，国会颁布修正案对原《联邦水污染控制法》进行了大幅修订，该法于1977年再次修订并更名为《清洁水法》。为了回应民众的期待，《清洁水法》提出了过于乐观和雄心勃勃的目标，要求在 1983 年 7 月 1 日之前提供"可供鱼类、贝类等野生动物繁殖和人类休闲娱乐的水资源"，并在 1985 年之前实现"污水零排放"。法定期限经过后，预定的目标远未实现。相反，这种不惜一切代价来消灭水污染的立法引发了社会上的诸多批评之声。针对环境问题的党派斗争导致了 20 世纪 90 年代和 21 世纪初联邦环境立法的停滞，近 30 年来《清洁水法》一直没有再进行重大修订。

表 1   《清洁水法》及其主要修订

年份	法案
1948	《联邦水污染控制法》
1956	《水污染控制法》
1961	《联邦水污染控制法修正案》
1965	《水质法》
1966	《清洁水修复法》
1970	《水质改善法》
1972	《联邦水污染控制法修正案》
1977	《清洁水法》
1981	《城市污水处理建设补助金修正案》
1987	《水质法》
2014	《水资源改革与发展法》

尽管争议不断，《清洁水法》作为规制联邦地表水污染的主要法律，确立了全国性的统一、严格的环境标准，其强有力地实施和执法机制给地方政府及企业施加了巨大的压力，迫使其改进生产工艺、采用必要的新式污染控制技术和安装污水处理设施。此外，1972 年《海洋保护、研究与保护区法》和 1990 年《石油污染法》也构成了美国水污染控制制度的重要组成部分。在人口增长和经济发展的同时，美国大部分地区的水域在过去的 40 年中有了明显改善，凯霍加河不再是"火河"（见图 2），这说明《清洁水法》在水污染治理方面仍然取得了巨大的成功。

二、《清洁水法》的主要防治制度

《清洁水法》共有六个章节，大体可以分为两部分。第一部分是水污染防治的资助制度，包括第一章"研究及相关计划"、第二章"污水处理设施建设补助金"、第六章"州水污染循环贷款基金"。第二部分是水污染的控制制度，包括第三章"标准及执行"、第四章"许可证和执照"、第五章"一般规定"。

（一）水污染防治资助制度

1. 建设拨款计划

早在1956年《水污染控制法》中，已经批准拨款用于城市污水处理设施的规划、设计和施工。1972年，美国国会大幅扩展了这一拨款计划，以帮助各个城市达到《联邦水污染控制法修正案》规定的污染控制要求。根据《清洁水法》第二章规定的建设拨款计划，联邦拨款用于各州制定的优先列表中确定的几种类型的项目，其在各州之间的分配主要基于联邦环保署和各州定期进行的一项调查报告，两个关键的考虑因素是该州的人口以及城市污水处理的资金需求。联邦拨款通常可以覆盖项目总成本的55%，对于使用创新或者替代技术的项目更可高达75%，如水资源的重复利用或循环利用项目。受资助方应当自行承担剩余部分的项目建设成本，但无须偿还联邦拨款。

2. 循环贷款基金

为了应对庞大的城市资助资金需求与有限的联邦财政预算之间的矛盾，美国国会在1987年修正案中变更了资助政策，将资助污水处理设施建设的融资责任主体由联邦政府转变为州和地方政府。根据该法案，《清洁水法》原第二章项下的建设拨款将持续至1990年，同时第六章规定的州水污染循环贷款基金被授权于1989年开始以替代联邦拨款。循环贷款基金由各州筹资建立，用款方在项目建成并投入使用后需要将款项归还州政府，以持续用于援助其它项目的建设。

（二）水污染控制制度

鉴于原《水质法》通过水质标准治理污染的失败，《清洁水法》改为采用技术标准，通过设定排污上限和颁发排污许可证的方式来控制点源污染。尽管如此，在众议院的坚持下，水质标准仍得以保留，作为技术标准的备用方法。与此形成鲜明对比的是，非点源污染控制制度缺乏配套的强制执行措施，防治效果差强人意。

1. 排污许可制度

《清洁水法》中的排污许可制度，全称是国家污染物排放消除制度（National Pollutant Discharge Elimination System，简称 NPDES），其目的是"在 1985 年之前实现污水零排放"。该制度项下的排污许可证称为 NPDES 许可证，由联邦环保署或者获其授权的州政府发放。任何人通过点源向美国水域排放任何污染物，不论排污量的大小和浓度，均须申请 NPDES 许可证，否则即为非法。

（1）NPDES 许可证的适用范围

NPDES 许可证仅适用于点源污染。根据污染物的来源不同，水污染可以分为点源污染和非点源污染。点源污染（Point Source），系指通过独立的、封闭的输送途径和固定的排放点将污染物排入水体的污染。固定排放点，包括排污管道、沟渠、河道、涵洞、水渠、井口、导管、车辆、船舶等等。同时，许多工厂通过污水处理厂间接地将污染物排入水体，这称为间接的点源污染。此外，《清洁水法》将城市雨水下水道系统、集中动物饲养农场等非点源污染视为点源污染，以使其受到 NPDES 许可证的规制。

（2）NPDES 许可证的技术标准

《清洁水法》的核心是以技术为基础制定排污上限，并通过发放许可证的方式进行点源污染控制。该法采用"区别对待"原则，要求排污上限应当能够反映排污者基于不同类型的污染物而采取各种不同水准的控制技术后（见表 2）所能达到的污染物排放量以及达到这一排放量所需的期限。对于现已存在的常规污染物，包括生化需氧量、固体悬浮物、酸碱度、细菌、油脂等常见的水污染物，采用 BCT 技术来设定排污上限。对于有毒污染物，即列入有毒物名录的特殊化学物质，以及现存的非常规污染物，即所有不属于现存常规污染物和有毒污染物的污染物，则采用 BAT 技术设定排污上限，这一技术标准比 BCT 技术更为严格。BCT 技术和 BAT 技术均为末端治理（end - of - pipe）技术，侧重于对工业生产中已经产生的污染的事后消除，且允许考虑经济可行性，比较治污的成本收益，因此总体而言较为宽松。对于新建的污染源，则不区分常规污染物、非常规污染物及有毒污染物，统一采用严格的 NSPS 技术设定排污上限。该标准同时包括末端治理和污染预防技术，要求通过改变工业技术流程从源头上减少污染的产生，且不允许公开考虑治污的成本问题。其理由在于，新建点源污染

138

无需投入巨资改装设备，而可以利用后发优势，在设计和建设中充分考虑污染控制技术，以较小的成本实现较好的治污效果。

表2　《清洁水法》的主要技术标准

技术标准	技术名称	适用对象	治污技术	经济考量	宽严程度
BCT	Best Conventional Pollutant Control Technology 最佳常规污染物控制技术	现存常规污染物	末端处理	可以比较成本收益	宽↓严
BAT	Best Available Technology Economically Achievable 最佳经济可行技术	有毒污染物、现存非常规污染物	末端处理	可以比较成本收益	
NSPS	New Source Performance Standards 新污染源执行标准	新建点源污染	末端处理+污染预防	不得比较成本收益	

（3）NPDES 许可证的规制内容

NPDES 许可证上载明了确保水质达标的各项条件和限制，对于受损水域（Impaired Waters）须确保被许可的排放不会对现有的损害有贡献，如果有针对该受损水域的每日最大负荷总量还须确保排放许可与相应的排污配额一致。这些均是排污者必须遵循的法定义务，不按照 NPDES 许可证许可的限额和条件排放污染物的，将面临严厉的违法处罚。通常来讲，NP-DES 许可证包含以下条款：

排污限额。NPDES 许可证上列明了某一污染物在特定期限内的排放总量、平均排放浓度或者可以接受的特定参数范围。具体分为技术类排污限额和水质类排污限额。不考虑排污受纳水体的具体情况，仅根据污染控制技术的可行性和经济性制定的限额为技术类排污限额，这是 NPDES 制度中的基础性排放标准。但是，受排污受纳水体的位置、容量、生态敏感程度等因素影响，有时采用技术类排污限额不一定能够确保该水体的水质满足人体健康和生态环境需求。此时就必须通过水质类排污限额进行补充，根据排污受纳水体的具体情况，对污染排放提出额外的更高要求，以确保排污限额不会违反水质标准。同时，《清洁水法》要求基于技术的排污上限日趋严格，通常禁止州政府放宽许可证的排污限额。

监测计划及报告要求。NPDES 许可证还列明排污者应当对其排放的每种污染物或参数进行抽样检验的方法及频率的详细要求。例如，酸碱度监测可能只要求每月一次，而温度监测则可能要求每日进行。监测的情况须形成排污监测报告，每月向许可证发放部门报送。如果是联邦环保署颁发的许可证需向环保署报告，如果是获得授权的州政府颁发的许可证则向州政府报告。

其他要求。根据申请者的具体情况，许可证上可能附加其他的排污条款和要求。例如，为确定何时需要进行新的污染物限制而规定的额外年度或半年度污染物筛选要求、减排遵守计划、对排入城市污水处理厂的污水进行预处理的具体要求、河道监测、防止水质恶化分析等等。

2. 水质标准制度

水质标准作为技术标准的补充制度，其主要功能在于为流域保护和污染治理设定目标。联邦环保署制定了不同用途水域的最低水质标准，各州必须在确定各片水域指定用途的基础上制定出不低于国家基准的水质标准，并提交联邦环保署审批。水质标准由水域指定用途、水质标准、防止水质恶化政策三个主要部分构成，对于受损水域还应当实施每日最大负荷总量管理。

（1）特定水域的指定用途

指定用途（Designated Uses），系指各州在其水质标准中正式确认的某一水域的人类利用与生态情况，其确定必须足以保护该水域的现有用途以及潜在用途。鉴于《清洁水法》设定的目标是在 1983 年之前让水质达到可以捕鱼和游泳的程度，指定用途的最低标准通常是"可供鱼类、贝类等野生动物繁殖和人类休闲娱乐"，个别情况下可以通融为对水质要求较低的农业、工业和航行用途标准。

（2）与指定用途相适应的水质标准

水质标准（Water Quality Criteria），系指为了实现和保护某一水域的指定用途所必须满足的参数和基准。未能达到水质标准的水域将被列入受损水域名录，必须采取一系列的污染控制和修复措施。水质标准通常要求量化，称为数值标准（Numeric Criteria），即须明确水体中各种化学、物理和生物物质含量的最大值、最小值或者合理数值范围。数值标准意义重大，是确定排污许可中的排放限额以及受损水域修复计划中的排污上限的基础。此外，还有一种叙述标准（Narrative Criteria），是对水质目标的文字陈述。

（3）防止水质恶化政策

防止水质恶化政策（Anti - degradation Policy），系指当水质达到指定用途所需的标准之后，必须采取措施维持良好水质，防止高品质水域的恶化。具体分为三个层次：第一，保护水域现有用途，不得许可任何可能导致水质降低以致不能满足水域现有用途的行为。第二，维持达标水域水质，避免当前已经达到或者超过水质标准的水域的水质出现下降。三，保护重点区域水质，对生态重点和敏感地区、休闲娱乐胜地的水质实行严格的保护措施。

（4）每日最大负荷总量

每日最大负荷总量（Total Maximum Daily Loads，简称TMDL）是针对受损水域实施的一种修复计划，具体指保证该片水域在能够达到其水质标准的前提下，每日能够负荷的某种污染物的排污量上限，以及各个污染源的排污量配额。由于涉及排污总量和配额的设置，TMDL成为排污权交易的重要指标之一，其计算公式如下（见表3）。

表3 TMDL 的计算公式

计算公式	TMDL	=	WLA	+	LA	+	MOS
具体指标	Total Maximum Daily Loads 每日最大负荷总量		Waste Load Allocation 污染负荷分配		Load Allocation 负荷分配		Margin of Safety 安全边际
针对对象	受损水域		点源污染		非点源污染		

WLA 指构成可识别的点源污染的负荷量。LA 指构成一般非点源污染的负荷量，由于《清洁水法》没有为非点源污染控制设定强制性义务，LA成为非点源污染控制的重要手段之一。MOS 指在考虑科学的不确定性和未来增长等情况下，为保证水质安全而预留的负荷量。简言之，特定水域中点源污染的可负荷总量、非点源污染的可负荷总量，加上一定的安全边际，三者之和即构成该片水域可容纳的排污上限。TMDL 可以是数学模型、修复计划、法规文件，也可以是三者的结合。科学家根据合理可得的数据和信息以及 TMDL 计算公式设定排污上限和排污配额，各州据此制定水域修复计划并报联邦环保署审批，州政府还可以通过立法的方式将 TMDL 纳

入地方法规保障其实施。如果州政府不能实现修复计划中设定的控制目标，联邦环保署可以直接采取行动进行干预。

表 4　《清洁水法》中设定排污上限的不同标准

标准顺位	标准名称	治污策略	水质是否达标	应对措施
首要标准	技术标准	通过技术标准设定排污上限，以改善水质	达标	实施防止水质恶化政策，禁止随意放宽排污上限
补充标准	水质标准	适用技术标准不足以达到与特定水域指定用途相符的水质时，则根据水质标准确定排污上限	不达标	实施水域修复计划，根据 TMDL 设定排污上限

3. 非点源污染控制制度

非点源污染（Nonpoint Source），又称面源污染，系指不通过固定的排污口进入水体的污染。主要是溶解了污染物的各类径流污染，如城市径流、暴雨径流、农业径流，此外还包括空气沉降、渗漏、水文变化等。由于《清洁水法》将城市雨水下水道系统、集中动物饲养农场等传统的非点源污染视为点源污染，以使其受到 NPDES 许可证的规制，因此非点源污染更为精准的定义应为，除点源污染以外的其他水污染。《清洁水法》并未对非点源污染实行排污许可制度，而是要求各州实施非点源污染治理计划（State Management Program）。由于没有法定强制义务，这些治理计划都是自愿性的，缺乏相应的法律责任予以约束。各州应当针对辖区内的非点源污染制定评估报告（State Assessment Report），查明污染来源及类型。而后，据此制定非点源污染治理计划，该计划必须包括针对当地非点源污染的最佳治理措施（Best Management Practices），以及详细的实施计划。前述评估报告和治理计划均须报请联邦环保署批准。此外，《清洁水法》要求联邦政府建立资助计划，对各州的非点源污染治理计划提供财政资助和技术支持。

（三）排污交易制度

《清洁水法》并没有像《清洁空气法》那样明文规定排污权交易制度。面对水污染控制中市场机制发挥不足的批评，联邦环保署自 1996 年起开始探索以流域为基础的排污交易制度。最早实施排污交易的有北卡罗莱纳州、科罗拉多州，目前此项交易已扩展至美国许多州和地区。

《清洁水法》实施中的排污交易，又称为水质交易（Water Quality Trading），建立在这样一个基本假设之上：同一流域里各个污染物排放源面临的减排成本各不相同，通过市场交易机制，减排成本高昂的排放者可以从减排成本相对较低的排放者处购买排污余额（Credit），从而降低社会整体的排污成本，实现以较低的减排成本保障水质标准的实现和提升。经济学家认为水质交易可以鼓励污染控制技术的发展和更新，因为出售排污余额的企业希望通过新技术获得更多可供出售的排污余额，而购买排污余额的企业则希望通过新技术减少购买量以降低生产成本。

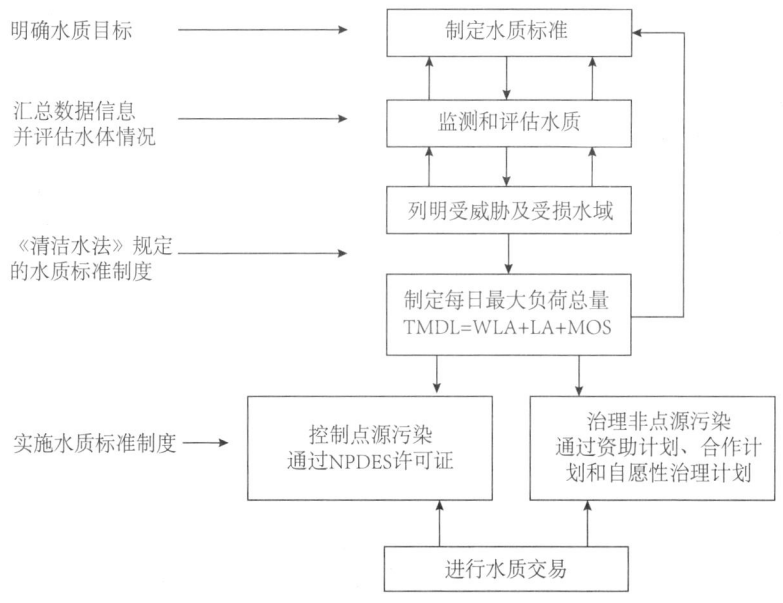

图 3　水质交易操作流程

排污交易的三个关键点在于水质标准、每日最大负荷总量以及不同污染源的排污配额，其基本操作流程（见图 3）为：（1）确定水质标准。根据特定流域的指定用途，制定其水质标准，明确水质保护的目标。（2）监测和评估水质。通过对该流域水质的监测，获得相关数据信息，评估水质总体情况。（3）列明受威胁及受损水域。各州应当将即便实施了排污许可制度仍无法达到一项或多项国家最低水质标准的水域列入受威胁及受损水域名录。（4）制定每日最大负荷总量。受威胁及受损水域名录依据特定标准对受损水域进行排序，排名靠前者首先实施 TMDL 管理，确定排污量上限和排污配额。第（1）至（4）步是一个相互影响和反复调整的过程：水质标准制定之后，必须根据监测和评估情况定期调整；水域被列入受威胁及受损名录之后，仍需要持续监测和评估水质情况，修复达标后可以进行除名；TMDL 确定后，亦须据此调整水质标准中的数值标准。（5）实施污染控制。在排污上限确定的情况下，各州通过 NPDES 许可证制度控制点源污染，通过资助计划、合作计划和自愿性治理计划治理非点源污染，确定各个污染源的排放配额，以减少排污量。（6）进行水质交易。生产经营者通过减少排污量，获得排污余额，这些余额可以在市场上交易。交易的类型既包括点源污染之间的交易、面源污染之间的交易，也有点源污染与面源污染之间的交易。

（四）法律实施与执行制度

《清洁水法》规定了强有力的实施与执行措施，通过合作联邦主义，强调联邦政府与州政府之间的合作与制约，共同对违法排污者采取执法措施，同时通过公民诉讼弥补行政执法的不足。

1. 合作联邦主义

《清洁水法》没有走过去各州分头治理的老路，而是采取合作联邦主义（Cooperation Federalism）。一方面，《清洁水法》具有优先于州法适用的法律效力，联邦环保署统一制定国家最低水质标准并执掌《清洁水法》的实施权和执法权。其理由在于，州政府与地方势力过于接近，为了保护地方经济发展容易对污染企业网开一面，而水污染则具有跨区域性特点，集中管辖可以确保在全国范围内适用更为一致的执法标准，避免各州之间以牺牲环境为代价展开"逐底竞争"（Race to the bottom）。另一方面，联邦环保署与州政府合作，将大多数许可证的颁发权及执法权委派给各州，各州可以采用国家最低水质标准，或者自行制定更为严格的标准。这种合作产生了双赢的效果：联邦环保署资源有限，无法完成必要的检查和执法活动；而州和地方政府不仅可以提供这些资源，而且离污染源和受害社群更近，可以因地制宜地选择执法方式。当然，为了避免地方保护和政企勾结，联邦环保署保留了监督和干预州行政执法的权力。如果联邦环保署认为州政府没有对污染者采取"及时"和"适当"的执法行为，或者州或地方政府请求联邦环保署介入时，其有权直接对违法者采取执法措施。

2. 政府执法

NPDES许可证及其规定的排污限额是《清洁水法》中最主要的执法工具。联邦环保署以及获得其授权颁发许可证的州可以对未依法申请许可证或者未按许可证规定的限额和条款（如自我监测和报告要求）排污的违法者采取执法措施。美国的执法措施只有民事与刑事之分，行政执法包含在民事执法当中。其中，绝大多数民事执法措施是通过行政程序实施的，剩余的民事执法措施通过司法程序实施（见图4）。

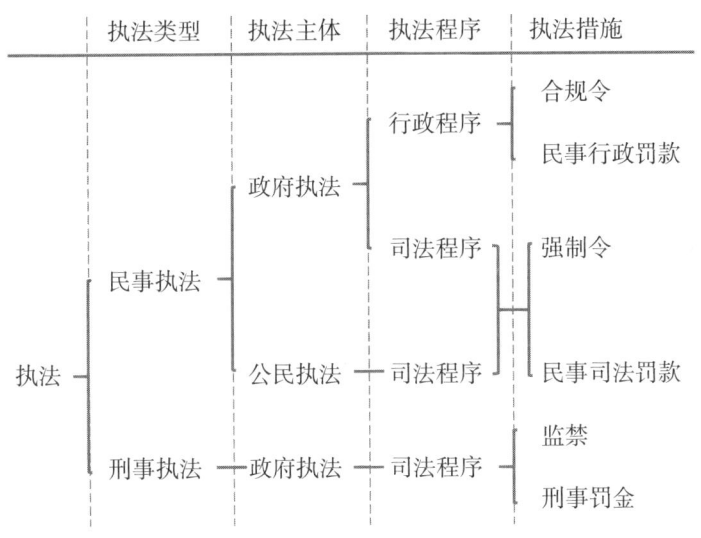

图4 《清洁水法》的执法体系

（1）行政程序执法

联邦环保署可以向违法排污者发出合规令（Compliance Order），责令其采取整改措施并处以罚款，合规令可以申请法院强制执行。通过行政程序作出的民事罚款称为民事行政罚款（Civil Administrative Penalties），金额通常较低。一级罚款的限额为每项违法行为不超20965美元，总额不超

52414 美元。二级罚款的限额为违法行为持续期间每天不超 20965 美元，总额不超 262066 美元。给予行政处罚前，应当向违法者发出书面通知，违法者有权在 30 天内要求举行听证程序，听证由设在联邦环保署内部的行政法法官主持。对行政法法官作出的行政裁决不服的，可以向环境上诉委员会申请行政复议。在穷尽行政救济程序之后，仍不服者方可起诉寻求司法救济。此外，《清洁水法》规定被裁决违法的工厂可被列入联邦环保署的违法厂商清单，进入黑名单者将不能获得来自联邦政府的拨款、贷款和合同。

（2）民事司法程序执法

对于违法情节较为严重或者不遵守合规令的违法者，联邦环保署可提请司法部对其提起民事诉讼（Civil Action），通过司法程序施以处罚。民事司法处罚主要有两种：第一，强制令（Injunction）。强制令是一种行为令，可以强制违法者作为，如改进生产技术、修复生态环境；或者不作为，如禁止排污、责令关闭。第二，民事司法罚款（Civil Judicial Penalties）。通过司法程序做出的民事罚款相较于行政程序而言大幅提高，每项违法行为每天的罚款金额可高达 52414 美元，且不设上限，这对于同时违反多项许可证条款或者违法时间持续较长的行为人极具震慑力。此外，执法机构还可能与违法者协商达成和解，执法机构降低罚款金额，违法者出资履行法律要求之外的附加环境项目（Supplemental Environmental Projects，简称 SEP）。SEP 形式多样，如开展生态环境修复项目、设立环保科研教育基金、安装环保设备等等。SEP 通常要求与被污染的生态环境有关，与直接上缴国库的民事罚款相比，可以使当地直接受益，故广受推崇。

（3）刑事司法程序执法

对于构成犯罪的违法排污者，联邦环保署可提请司法部提起刑事公诉，追究其刑事责任。根据《清洁水法》的规定，对于过失或故意违反该法构成犯罪的行为，最高可处以每日 5 万美元的罚金和 3 年监禁；对于明知其违法行为将致他人于死亡或重伤的紧迫危险之中的犯罪行为，犯罪人是个人的最高可处以 25 万美元罚金和 15 年监禁，犯罪人是单位的最高可处以 100 万美元罚金并对负有责任的单位管理人员个人处以刑罚；再犯者双倍处罚。此外，在企业自我监测和排污报告中弄虚作假的行为人可能构成虚假陈述罪，最高可处以 1 万美元罚金和 2 年监禁，再犯者双倍处罚。

表5 《清洁水法》的阶梯式处罚标准

处罚类型	处罚事由	适用程序	金钱罚		行为罚	宽严程度
民事处罚	许可证违法	行政程序	一级罚款	每项违法行为不超20965美元，总额不超52414美元	合规令	宽→严
			二级罚款	每天不超20965美元，总额不超262066美元		
			每项违法行为每天不超52414美元，不设上限		强制令	
刑事处罚	许可证过失犯罪	司法程序	初犯	每日2500至2.5万美元的罚金	1年以内监禁（A级轻罪）	
			再犯	每日不超5万美元罚金	2年以内监禁（E级重罪）	
	许可证故意犯罪		初犯	每日5000至5万美元的罚金	3年以内监禁（E级重罪）	
			再犯	每日不超10万美元罚金	6年以内监禁（D级重罪）	
	明知将致他人于死亡或重伤的紧迫危险之中的许可证犯罪		初犯	对个人处以不超25万美元的罚金	15年以内监禁（C级重罪）	
				对单位处以不超100万美元的罚金	—	
			再犯	对个人处以不超50万美元的罚金	30年以内监禁（B级重罪）	
				对单位处以不超200万美元的罚金	—	

﹡民事罚款金额上限由联邦环保署根据通货膨胀定期予以调整。

3. 公民执法

《清洁水法》和美国其他重要的环境法律一样，规定了公民诉讼（Citizen Suits）条款，这赋予了该法以强大的执行助力。公民诉讼，确切而言应称为公民执法诉讼，俗称私人检察长诉讼，其功能与检察长代表政府提起的民事执法诉讼是一致的。根据起诉的对象不同，公民诉讼可分为两类：

（1）起诉违法排污者

对于违法排污或者不遵守行政合规令者，个人和组织可以提起民事诉讼请求法院苛以处罚，补充政府执法的不足。公民诉讼必须在起诉前60天书面通知执法机构，如果政府在此期间尽职提起诉讼追究违法者的责任，则不得提起公民诉讼，反之公民诉讼得以继续推进。公民诉讼的救济方式与前述政府通过民事司法程序进行执法的救济一致，即强制令和民事司法罚款两种。该罚款不得归原告所有而需收归国库，毕竟，公民诉讼是在替代政府履行职责，而不得牟取私利。

（2）起诉政府机关不作为

公民诉讼亦可以政府为被告，但是起诉联邦环保署或相关政府机关不履行法定义务，只能针对强制义务，即抽象行政行为，如制定法律法规、实施细则、环境治理目标、水质标准等。对于具体行政行为，如政府是否针对特定违法者采取执法措施，则不得提起公民诉讼，后者属于政府自由裁量的范围。

三、美国水污染防治制度对中国的启示

美国数十年的水污染防治立法与实践，既有经验，也有教训，值得我国反思和借鉴。

（一）美国水污染防治的可取经验

1. 重视科学在水污染防治中的作用

科学在《清洁水法》及其实施中占据了重要地位，从各类技术标准和水质标准的制定，许可证排污限额、水质交易中每日最大负荷总量的确定，到执法诉讼中的科学证据和专家证言，以及水生态环境修复中的修复方法、治理时间表的确定等，都离不开科学的身影。美国环境法的一个突出特点是通过法律倒逼技术发展，即首先规定一个严格的减排标准和宽限期，期满后必须达到法定减排要求，从而迫使生产经营者改进工艺和采用新技术。事实证明，绝大多数情况下企业有足够的动力和能力去研发新的减排技术，因为一旦研制成功就可以迅速占领市场并把该技术销售给其他需要达标的市场主体。如果当前科技水平确实无法达到法定要求，国会通常会准予延期，给企业继续研发的时间。反观我国，多以目前经济技术水平难以达到为由降低法定减排要求，这就纵容了生产经营者的惰性，不能营造鼓励减排技术发展和采用新技术的市场氛围。此外，美国还将科学广泛用于公众教育和科普宣传，其基本理念是如果公众不了解身处的流域，就不可能真正参与其中保护水生态环境。在崇尚科学的同时，美国也深谙科学的不确定性，在水质交易及生态修复等各类标准、上限和方案的制定

中，应当广泛采取适应性管理方法（Adaptive Management Approach），根据实施中反馈的情况及时予以调整。

2. 强调水污染的流域治理

《清洁水法》中大量采用了"流域"（Watershed）而不仅仅是"水"（Water）的表述。流域是包括河流、土地、山体、植被、动物在内的生态系统整体，大的流域中包含有子流域，层层叠套，像摞在一起的锅具（见图5）。各个流域内，水资源不断循环（见图6），某一处的污染随之扩散到他处。

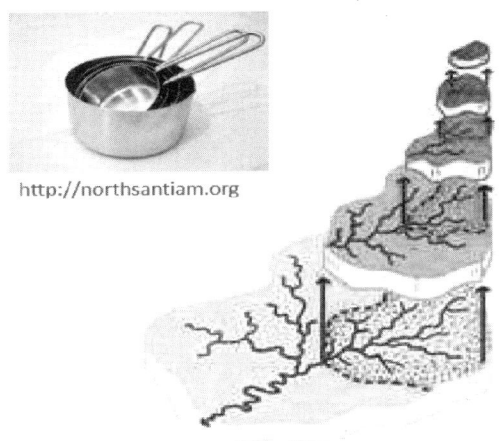

图 5　流域图

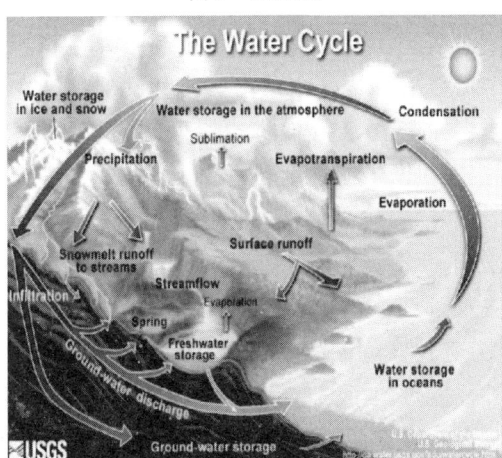

图 6　水循环

意识到行政区划与包括流域在内的自然边界的错位问题（Mismatched Scales），美国十分重视流域综合管理（Integrated Watershed Management）。联邦环保署为此推出流域保护方法（Watershed Protection Approach），指出流域管理应当是一个综合的、全面的解决问题的策略，用以恢复和维持水生态系统的物理、化学和生物完整，保护人类健康并提供可持续的经济增长。我国水污染防治法应当更加突出流域的概念，在政策制定、行政管理、司法管辖等问题上充分考虑流域的整体性，兼顾上下游利益。尤其在许可证制度的具体设计中，可以借鉴《清洁水法》的规定，要求各省在发放许可证之前通知下游省份并听取其意见；如果下游的水质可能被上游许可证批准的污染危害，下游省政府可以提请环保部不予批准其许可证。

3. 坚持扶持与管制并重

《清洁水法》的水污染治理策略是典型的"萝卜加大棒"政策，一方面通过联邦财政资助和技术支持，帮助各州遵守法定排污上限、实现水质标准；另一方面借助强有力的执行措施，对各类违法排放行为施以惩罚。这反映出美国环境立法的一个基本思路，即扶持与管制并重，奖励与惩罚共存，以此引导、激励人们守法。美国国会已累计授权650亿美元的财政拨款和超过940亿美元的资金援助，以资助城市污水处理厂的建设和其他符合条件的项目。与此相比，我国现有城市污水处理设施缺口较大，处理能力普遍不足，已建成设施一半以上因经费欠缺等原因处于非正常运行状态。究其原因，既可能是地方财政资金不足，也可能是重视不够导致公共开支预算较低。这说明必须要有稳定的法律制度，保障城市污水处理设施的资金投入，一个可行的方法是在预算法或其实施细则中明确各类环保公共预算的比例，或者直接在水污染防治法里明确具体的支持、保障制度。当然，吸取美国的教训，不宜过度依赖财政拨款，而应重点发展贷款基金，以保障资金的循环利用。

4. 鼓励信息公开和公众参与

美国的行政法及《清洁水法》中有大量的信息公开和公众参与条款。以NPDES许可证为例，许可证的草稿及其环境影响报告、听证程序记录、正式的许可证文本、企业自我监测形成的排污监测报告等，均为公开信息，公众可以随时上网查询或要求政府提供。每一个许可证的颁发都必须进行听证，公众可以事先上网对许可证的草稿及其环境影响报告提出意见，也可以申请参加听证程序当场发表意见，政府可以不同意这些意见但必须予以回应并说明理由。许可证颁发后，公众可以在法定期限内提请司法审查要求予以变更或撤销，也可以持续监督生产经营者的排污情况并以其未遵守排污限额或其他许可证条款为由要求政府介入，并在政府不作为时自行提起公民诉讼追究违法排污者的责任。信息公开是公众参与的前提，美国违法排污信息的主要来源是违法者的自我监测，而不是政府检查，只要比对许可证条款和排污监测报告便可以轻易证明违法行为的存在，这为公民诉讼提供了强有力的证据。信息公开也成为公众参与的制约，没有在许可证颁发程序中提交意见的个人或团体将不能起诉要求对许可证进行司法审查，法院判例认为其在可以影响许可证颁发的程序中怠于行使权利，因此不允许其在许可证已发放、企业已投产的情况下请求事后救济，这只会带来资源的浪费。我国近几年亦十分重视信息公开和公众参与，但没有统一的制度予以规范，各地做法不一，缺乏系统性和稳定性。应当借鉴《清洁水法》的前述规定，在水污染防治法中为信息公开和公众参与提供明确的法源和统一的程序，使公众参与真正成为行政执法的有益补充。

5. 关注法律的实施与执行

环境治理制度的短板通常在于具体实施，《清洁水法》的成功正是源于其在实施方面卓有成效。美国水污染执法中，至少有以下三个方面值得我们借鉴：（1）自我监测与政府监管相结合。NPDES许可证上有明确的自我监测和报告要求，令人惊讶的是，这也成为了违法排污的主要线索来源。与政府检查相比，自我监测不仅成本较低，还可以提高生产经营者的自律意识，鼓励其及时排除隐患。监测报告作弊的代价极为严重，因为文书造假与违法排污的处罚一致，每项违法行为每天的罚款金额可高达52414美元，在排污监测报告上签字的企业高管或技术人员还可能面临刑事处罚。（2）通过利益驱动引导生产经营者趋利避害。美国承认行政资源的有限性，认为政府不可能追究所有违法者的责任，但强调法律规定和执法行为的震慑效力。《清洁水法》不仅规定了严厉的罚款，而且在确定罚款金额时强调对违法利益的剥夺。罚款金额的确定标准为：在违法所得以上，法定处罚上限以下，根据个案具体情节，确定罚款金额（见图7）。由于违法的成本巨大，可以有效引导市场主体趋利避害，提高执法效率。（3）公民诉讼成为政府执法的重要补充。《清洁水法》中的公民诉讼不允许针对具体行政行为，其理由在于，政府受人财物力的限制，只能将有限的执法资源用于其认为重要的领域。数据显示，在美国一个被规制方每年只有约 2% 的可能性被检查到，而其被法律制裁的几率更低至 0.16% 。因此，公民诉讼应当作为政府执法的补充，在政府忽略或者无力采取执法措施时代为追究违法者的责任，而不是动辄起诉政府增加内耗，这不仅不能使违法排污者得到应有的惩罚，反而会使有限的执法资源更加拮据。

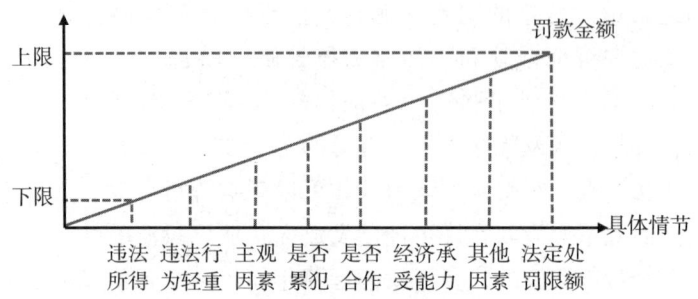

图 7　罚款金额的确定

（二）美国水污染防治的历史教训

1. 治水目标脱离实际至今未能实现

美国水污染治理的历史表明，环境治理非朝夕之事，难以一蹴而就，而是一个长期的系统工程，需要稳定和连贯的防治制度持续实施。从一开始的缺乏规制，到之后的过度乐观，《清洁水法》提出的在 1985 年之前实现"污水零排放"的目标至今没有实现，这种不惜一切代价来消灭水污染的立法目标也被批评为"牺牲高昂的社会成本来实现抽象的纯净水概念"。我国在水污染治理的过程中，应当根据国情设定与经济、技术水平相当的治理目标，正确处理好经济发展与环境保护、中央集中管理与地方因地制宜之间的关系。面对国际上的声音与批评，既要虚心聆听，又不可盲目追随。而应根据中国的实际，有计划、有步骤地自主进行水污染治理。

2. 重"治"不重"防"致使治理成本昂贵

与世界上任何国家一样，美国的水污染治理也面临着来自生产经营者的巨大压力。后者往往以科学的不确定性、地方经济需要保护为由，要求国会降低规制标准。这直接导致美国主要的减排技术仍然是末端治理而非事前预防，非点源污染管理更是基本靠自觉。许多流域污染案件的诉讼过程和修复过程持续数十年，治理成本极其昂贵。我国应当吸取美国的历史教训，不要等到发生重大的环境公害事件才亡羊补牢，治标不治本，而应从城市发展规划、绿色基础设施（Green Infrastructure）建设、生产经营设施报建、新技术的采用和研发等方面，加强事前预防，这样将极大降低治污的成本和投入。

3. 过于依赖行政管制，市场机制发挥不足

经济学家对《清洁水法》的一个重要批评在于其过度依赖"命令—管制"模式，没有充分运用市场机制，后者可以利用更为灵活的方式和更加低廉的成本来实现减排目标。在这些批评的声音之下，联邦环保署探索鼓励水质交易和湿地银行（Wetland Mitigation Banking）等市场机制项目。然而，水质交易涉及复杂的科学及执行问题，实施效果因地而异。排污总量上限即 TMDL 的确定、排污权的初始分配、交易价格、点源污染与面源污染之间交易以及跨州交易中排污量的兑换等问题，均涉及复杂的科学技术分析。同一流域不同位置污染源的减排效果未必相同，且可能使污染物集中在某一区域尤其是贫困地区，从而引发环境正义问题。这些限制使得水质交易虽然经历了十余年的发展，仍基本处于实验阶段。大多数的水质交易都是试点性的，且局限于个别工厂之间。因此有学者批评，所谓市场机制不过是一个华而不实的神话，不应过度迷信。我国目前亦在探索水权交易、排污权交易，在大胆探索的同时，一定要注意聆听正反两面的声音，时刻警醒市场机制利弊兼存，不宜盲从冒进。同时，在没有更为成熟的市场机制之前，技术标准仍应作为水污染治理的首要标准，因为科学上可行的技术在排污标准的确定和执行上更为简单、便捷和高效。

4. 忽视水利工程对水质的危害，过度挥霍水资源

水文环境的变化是河流污染的重要原因之一，美国约十分之一的河流污染与水利工程所带来的水文环境改变有关。水坝会改变下游水域的含氧量、温度、气体饱和程度，危害当地鱼群。调水工程会改变水源输出地和输入地的生态环境，造成下游水量减少，污染物浓度升高。尽管"水热"这一水文条件已被正式归结为污染物，且《清洁水法》授权联邦环保署基于水质目标实施水利管理，但是该法同时明确不得替代、废除或者损害各州在其辖区内分配水资源的权力。美国曾经在沙漠中开垦农田、在缺水地区建造城市、将供水地水源抽干，对水资源的任意调配和挥霍导致了大量的社会问题和环境问题。时至今日，美国的水利工程大幅减少，因为其不仅造价昂贵，运营成本也十分高昂。而通过水资源的循环利用和高效利用技术、雨水回收、在水源地发展城市等方法，可以更为低成本和高效地实现水资源利用。我国也存在大量的水利工程，是否对其进行限制，涉及到

经济发展与环境保护之间的协调平衡。在项目审批过程中，一定要依法进行环境影响评价，充分考虑长远发展需求，平衡利弊，谨慎决策。切忌为了短期政绩盲目上马一些对当地社会经济发展意义不大的水利工程，影响可持续发展。

5. 非点源污染监管无力导致其成为主要污染源

《清洁水法》中非点源污染的治理缺乏有力的执行措施，实践中基本靠各州自觉，被批评为"纸老虎"。这源于以大型农场为主体的农业团体强大的游说力量扼杀了对非点源污染更为严格的治理措施。由于联邦法律的放任不管，至20世纪80年代中期，非点源污染已经超过点源污染成为美国第一大水污染源。在美国河流、湖泊的污染源中，非点源污染占据的比例高达65%和76%，而工业点源污染仅占9%和3%，另一个较大的点源污染是城市污水，占17%和8%（见图8）。

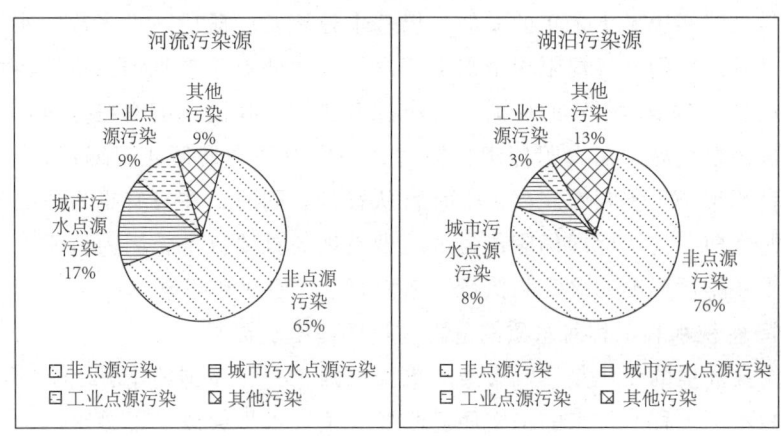

图8　美国河流及湖泊的污染源

我国目前治污的重点集中在工业点源污染方面，对于非点源污染没有给予足够的关注。近年来各大湖泊频繁爆发的绿藻、蓝藻灾害，原因在于水体的富营养化，主要源于非点源的磷、氮等污染。水污染防治法虽以一节专门规定农业和农村水污染防治问题，但多为倡导性规定，责任落实和追究条款不足，此外缺乏对矿区、林区、建筑工地、停车场等其他非点源污染的规制。我国农业以家庭生产为主，不同于美国的农场集中作业，立法阻力相对较小。因此，更应当吸取前车之鉴，加强立法管制，进行源头预防，避免重蹈覆辙。

美国空气污染控制法律制度及其对中国的启示

张红生[*]

一、空气污染控制立法总述

美国空气污染控制法律体系的建立与一系列环境公害事件有着密切的联系。1943 年的洛杉矶烟雾事件和 1948 年的多诺拉事件是其中的典型事件，此两起事件均由严重的空气污染造成。这些事件对公众的身体健康造成了重大伤害，引发公众环境运动的兴起。为回应公众对环境治理的需求，1955 年，美国颁布了《空气污染控制法》，这是第一部联邦污染控制法；1963 年，颁布了《清洁空气法》，由联邦政府提供资金以鼓励各州控制空气污染；1967 年，则又制定了《空气质量控制法》。上述法律颁布实施后，各州治理空气污染的行动仍较为缓慢。因此，1970 年，美国国会通过《清洁空气法》修正案加以应对。该修正案使《清洁空气法》成为美国第一部综合性的空气污染控制法律，创立了一系列综合的国家监管计划来保护环境。可以说，1970 年《清洁空气法》是空气污染控制立法中最基本、最核心的法律，奠定了当今美国空气污染管制的基本框架。

遗憾的是，该法实施后，仍未达到污染控制的预期目标。1977 年，美国国会增加了新排放源建设前应该做环境评价等内容。1990 年又对该法进行全面修改，主要集中在酸雨、城市空气污染、有毒空气污染物排放三个方面，增加了空气臭氧消耗、化学物质管理、具体的研究开发工作规范、有毒空气污染物事故性排放等。除上述法律外，美国 1970 年出台的《职业健康和安全法》，涉及工作环境中的空气污染物的控制问题；1976 年制定的《资源保护和恢复法》，规定了危险废物处理设施所排放的气体问题。

---

* 作者单位：安徽省高级人民法院。

1986 年，美国又出台了《应急预案和社区知情权法》，规定了相关主体必须报告有毒气体排放物的义务。另外，联邦环保部也配套出台了一系列法规，各州及下辖机构也出台了大量的具体配套立法。由此，美国空气污染控制立法日臻完善，从杂乱的普通法判例和市政条例，发展为包含着大量国家立法的法律体系。就联邦层面的《清洁空气法》官方文本而言，包含五个标题，397 页正文，36 页修正案及其他，可谓体系庞大，规范细致。该法是美国环境法中历史最悠久同时也是最复杂的国家环境法律，是其他环境污染法律的范本，并影响着其他国家环境保护立法的发展方向。

二、空气污染控制法律的主要制度

经过半个世纪的修改完善和严格实施，美国空气污染控制立法确立了一系列行之有效的制度设计，主要包括国家空气质量标准、许可证制度、排污权交易制度、执法机制等。

（一）国家空气质量标准

该标准是贯穿美国空气法律制度始终的重要主线，也体现了《清洁空气法》框架下，联邦与州政府之间的"合作联邦制"的关系。《清洁空气法》将国家管理的大气污染物分为基准空气污染物和有害空气污染物两类。其中，基准空气污染物是普遍存在于环境空气中，对公众健康和公共社会物质财富有害，且在大面积区域范围内对公众和生态系统的影响比有害空气污染物大的环境空气污染物。目前，美国国家空气质量标准主要涉及六种污染物质，分别为二氧化硫、空气污染微粒、氮氧化物、一氧化碳、臭氧、铅。对于以上六种空气污染物质，联邦环保局依据《清洁空气法》的规定，对污染标准进行更加细致的分类，制定了"首要国家空气质量标准"和保护公共福利的"次要国家空气质量标准"。前者目的在于保护公众健康，包括哮喘患者、儿童和老人等敏感人群的健康；后者主要保护社会物质财富，对能见度以及动物、农作物、植被和建筑物等加以保护。此外，1977 年美国国会首次将"视觉可视性原则"纳入到《清洁空气法》中。根据该原则纳入到国家一级保护范围的地区，详细规定于《清洁空气法》第 162 条 a 款中，如国家野生动物保护区、面积大于五千英亩的国家人文公园、大于六千英亩的国家公园等。之所以设定国家一级保护地区，实质是以美感为标准的高层次的环境保护，是对空气清洁程度的更高水平的要求，以防止和减轻自然环境的视觉可视性的损害。

　　《清洁空气法》是一部适用于全美的法律，由联邦环保局负责统一执行。在此框架下，联邦法律将辖区空气质量未达到国家环境空气质量标准的州和地区列为"非达标区"。而空气质量优于国家环境空气质量的地区则列为"达标区"，然后针对不同区域差别性设定不同的排放批准和技术控制要求，以确保空气质量改善或不会造成空气质量恶化。之所以考虑区域差别性，就是在国家统一标准的基础上，根据不同区域的不同特点，由各区域分别制定相对多样的标准和制度，增加执法的灵活性。州政府可以对每一种空气污染物质制定具体的管理计划，也可以在本州内自设"空气质量控制区"等。《清洁空气法》第110条规定，各州对本州的空气质量负责，并向美国环保局提交本州执行计划，内容包括：加强排放限制和其他控制的方法、措施或技术，并包含执行时间表以及执行进度；为监控、积累和分析环境控制质量数据提供设备、工艺、系统和流程的建设和运转支持；提供有关强化办法的计划、规则以及计划范围内所有固定污染源建设的信息；规定本州内禁止的污染源或排放活动；提供对实施此类计划所必需的人员、资金和法律保障的承诺；固定污染源的所有人、运营人对污染源监控设备的安装、维护、更换的要求等；州执行计划的制定必须保证公众能够广泛参与。可以说州政府在执行中享有独立实施的职权。但并不意味其可以单独行动。由于空气污染不以行政区划为限，且往往是跨区域污染，所以1990年《清洁空气法》修正案对跨区空气污染做了相关规定，并决定成立空气污染控制州际委员会，负责制定执行区域空气污染控制项目。为了保证州与州之间的一致性，联邦环保局特别制定了一系列规则，规定了污染物监测、环境浓度报告、州制定清洁空气规定的具体程序等。各州会例行向联邦环保局提交当地空气质量监测数据，反映其守法的状况，同时会得到联邦环保局专项研究、专家、工程设计以及资金等方面的支持。州执行计划主要目标在于：一是提供有助于达到或维持国家空气质量标准的污染控制计划；二是逐步推动未达标地区空气质量向达标的方向迈进。州执行计划制定后，需要经联邦环保局审批，如果未通过批准，联邦环保局会接管州政府在执行《清洁空气法》的权力，由联邦环保局制定联邦实施计划。州政府如果没有遵守《清洁空气法》规定的，将会受到严厉处罚，进而对其经济发展形成潜在的制约。

　　值得注意的是，《清洁空气法》还提出了"间接污染源"的概念，即吸引或可能吸引移动污染源的设施、建筑、结构、工地、土地、公路等构筑或空间。单就构筑和空间而言，这类存在物不会产生大气污染，但在具体使用过程中可能吸引、聚合移动污染源，从而在该构筑或空间之上及其周边产生类似于固定污染源的空气污染。间接污染源被拟制为与固定污染源在污染形态上存在一定相似性的聚合物，因而也成为了州执行计划中的调整对象。

（二）许可证制度

所谓许可证，就是一种强制性的法律文书。美国排污许可制度以排放许可前置的形式，规定了排放源必须遵守的污染物排放限值和相关要求。美国的污染物排放许可证分门别类，依据单项立法分别制定。美国《清洁空气法》是空气许可证的法律依据，其中规定了两类许可证，包括建设前许可证和运营许可证。建设前许可证主要适用于新建排放源或者现有排放源的改建或者扩建，而运营许可证所管控的对象则为现有排放源。

为了确保新建项目能够切实达到国家空气质量标准，从而对区域空气质量进行控制，《清洁空气法》规定了新源审查制度。新源审查制度要求新建一项固定排放源企业或者对某项原有的固定排放源企业进行实质性的改建时，必须首先进行新源排放分析，并报环境监管机构备案，获取预防重大危害行政许可之后方可施工。联邦环保局规定，各州应当对新建或者有重大改建项目的空气污染企业进行新源审查，并放入州政府管理计划当中，供联邦环境保护总署审查。此后，国会又为新源控制原则设置了前置审批程序。正因为新建主要固定源和对主要固定源进行重大改建在取得许可后才能开工建设，因此，新源审查也被称为建设前许可证。

建设前许可证根据区域差异又有所不同。其中，空气质量达标地区发放的建设前许可证称为防止严重恶化许可证，在未达标区发放的建设前许可证则称为空气质量未达标地区新源审查许可证。前者适用于年排放 250 吨以上受控污染物或者在联邦环保局规定的 28 个大类下的年排放 100 吨以上受控污染物的主要固定排放源。这里的污染物排放源规模是指潜在的排放量，是污染物可能排放的最大量，而不是联邦法律要求的达标排放量。此类许可证审查要求是：必须使用最佳可得的控制技术；开展空气质量分析来评估对空气质量的影响；开展对一级空气质量地区的分析，评估对其影响；开展附加影响分析、允许公众参与等。后者适用于年排放 100 吨，或根据污染地区级别，排放量在 100 吨以下的污染源。此类许可证审查要求是：使用最低的可实现的排放率技术；获得排放补偿；允许公众参与，让公众部分分担违规行为的监督责任等。相比较而言，空气未达标地区新源审查许可证采用比最佳可得控制技术更严格的、可实现的最低排放率技术之外，还必须对现有污染源进行改造，以 1：1 以上的比例抵消新增排放，以实现新建污染源不能增加当地排放总量。可以说，美国的建设前许可证将污染源的排放技术控制、总量控制与空气质量达标进行了有效的整合。

至于运营许可证，其目的有三个。一是合并和简化联邦、州、部落和地方当局所有关于空气污染控制的要求，对污染源采取一证式管理，使排放源所有者和运营者更容易理解和遵守管制规定。所有主要污染源、申请建设前许可证的污染源、参与酸雨项目的污染源以及有害物质排放标准管理的污染源都必须获得运营许可证。运营许可证主要是由联邦授权州来发放。州可以结合其自身情况，在许可证程序最低要求基础上，增加一些额外要求或标准。只有一小部分许可证是由联邦环保局发出的，主要是在印第安部落的州、关岛等。其次，运营许可证可以促进公民参与，提供一个在审查过程中参与许可证审批的机会。许可证制度十分重视公众参与，并有完善的信息公开机制和救济程序来保障公民全程参与的权利。另外，运营许可证有利于促进企业守法。大型固定污染源企业必须证明其遵守了所有联邦环境要求，守法证明包括监测、记录、报告等。联邦环保局可对违法行为进行每天 3.75 万美元的民事处罚。联邦环保局还可就虚假报告提起刑事诉讼。与此同时，许可证对企业的合法权利也有保护作用。美国运营许可证中设有"保护盾"条款对持证者给予免责。只要污染源排放者持有相关许可证，且遵守许可证的要求，将不受关于执法、诉讼的侵扰。

（三）排污权交易制度

随着市场经济理论的发展，利用市场调节的环境政策相比于传统的命令和控制方法更加有效率。对比命令与控制型管制，市场导向的政策工具更能产生激励机制，刺激企业采用更为经济和成熟的污染控制技术，从而从低成本的污染控制方法中获益。有批评者认为，统一的国家环境空气质量标准总体上是低效率的，因为不同州或者地区规制的成本和收益差异很大。1990 年《清洁空气法》修正案对这些批评积极回应，允许企业寻求最经济的方法治理二氧化硫问题，允许企业把自己拥有的二氧化硫排放份额进行市场交易。这就是酸雨控制方案中控制二氧化硫的排污权交易制度。排污权交易制度的基础是总量控制污染物排放，即政府部门先确定一定区域的环境质量目标并评估环境容量，将其作为一种资源加以分割，形成若干可交易的排污权。然后，通过适当的方式将排污权分配给企业，通过市场进行交易。空气污染权交易涉及四项政策，即抵消、净得、泡泡和存储政策。这四项政策都与一个共同因素有关，即"排污削减信用"。它是这些政策实施中处理事务的媒介，是指污染源将污染物的实际排放水平削减到政府法定的水平以下，差额部分经政府认证以后即成为排污削减信用。政府认证的条件为盈余的；可实施的；永久性的；可定量的。污染物削减信用经认证后，即可在市场交易。如此，"排污削减信用"实际上就等同于用来在各个污染物排放源之间进行交易的货币。被用于交易的排污削减信用，实际上是允许排放同实际排放之间的差额。

该交易赋予环境容量以价值，确定环境资源的合法产权，允许以产权自由转让方式有效配置环境容量资源，从而有利于实现降低污染控制的社会总成本。在这一制度建立和运行过程中，既发挥了政府的产权界定功能，也发挥了市场的激励和约束功能。建立排污权交易制度可以把政府直接管制和市场自动调节结合起来。政府以核定、发放排污许可证的形式规定了排污者的最大排污量，实现对污染物排放总量的控制；同时，政府还通过排污权的买进和卖出，来影响排污权的交易价格。在有能力完全用技术手段解决污染问题之前，经济激励手段仍将受到青睐。经济激励手段是一种以排放源追求经济利益为假设而进行的管理手段创新。它不是直接解决污染问题，而是通过降低守法成本引导排放源以更经济有效的方式解决污染问题。可以说，它更多的是关注守法过程。而且经济激励并不限于排污权交易，其他一些激励手段也在探索，如可以对利于环境保护的自愿行为提供放宽守法期限的优惠政策，推迟某种特定技术标准的适用时间来减轻排放源未来的减排负担，从而激励排放源自觉守法和提前减排。

（四）执法机制

近年来，美国环境治理效果突出，这与其执行机制设置科学、执法措施设计合理有着密切的关系。美国环境执法机构分为联邦政府与州政府两套系统，二者治污权限明晰。美国联邦政府和州政府都设有专门的行政机构，负责制定环境法的执行细则、监督法律实施、处罚制裁违法行为。在联邦层面上，1970 年，尼克松总统通过行政命令设立了联邦环境保护局。不久，国会通过《清洁空气法》赋予该局实质性的监管职责。联邦环保局是环境法的主要执行者，下设 14 个部门，除综合性部门和保障部门外，污染防治机构的设置与专门环境法规相对应。如清洁空气法、杀虫剂、真菌剂和灭鼠剂法、有毒物控制法等都设置有相应的空气与辐射办公室，预防、杀虫剂与有毒物质办公室等，是实现环境保护目标的核心机构。为了提高执法的专业性和便捷性，联邦环保部还设置了行政法法官以及其上诉机构环境保护委员会。为确保法律实施的效果，美国《清洁空气法》还规定了一些保障措施，包括行政保障措施、民事诉讼和刑事保障措施等。就行政保障措施而言，其性质是行政管理行为，具有主动性，是行政管理机构的职责所在，适用主体是国家行政主管机构，包括联邦环保局和州政府，具体行政措施的适用要受到司法审查。根据《清洁空气法》的规定，对于污染排放源的经营者和拥有者，联邦环保局可以对其提起民事诉讼，请求法院对其违规行为进行民事制裁或者实施永久禁令。对严重污染环境触犯刑法的行为，《清洁空气法》规定了相应的刑事责任。对于违法的企业和实体，联邦环保局和司法部可向法院提起刑事诉讼，请求追究刑事责任。追究的对象是造成严重空气污染的企业和实体及其负责人。尤其值得一提的是，对《清洁空气法》所要求的各项报告、文件、证明作虚假陈述的，也构成犯罪。这些刑事实施保障措施是《清洁空气法》最为严厉的执行措施。此外，《清洁空气法》还规定了公民诉讼条款。公民诉讼的原告可以是公民、地方政府或非政府组织。任何人，包括私人的和官方的主体，以及享有管理权而不作为的执法管理机构，都可能成为公民诉讼的被告。

另外，美国还加强对移动空气污染物质排放源的管理。《清洁空气法》将移动空气污染物质排放源区分为三种：一是可供驾驶的交通工具，如轿车、卡车、公共汽车；二是飞行器；三是非用于交通而附有发动机的其他设备，如起重机和其他建设施工设备、拖拉机、除草机、电锯、可移动式马达发动机、摩托艇、轮船、铲车、机车运输设备等。1965 年，美国专门发布了《机动车空气污染管理法》，规定健康部、教育部、福利部可以对新生产的汽车设置一定的标准，要求其充分考虑开发和使用最先进的技术，减轻对空气污染物质的排放。《清洁空气法》推行分类管理的办法，设置了轻型汽车管理项目、重型汽车管理项目和非陆上交通使用发动机管理项目，还专门设置了机动车使用燃油的管理项目、酸雨防治的管理项目、同温臭氧层的管理项目等。为从源头上防止超标排放车辆的生产，联邦环保局也制定了认证制度、检测制度、减排配件应用制度等，从而对机动车辆尾气排放管理进入到较高层次。

三、对中国的启示或者借鉴意义

（一）注重空气污染防控法律制度的合理安排

目前环境污染防控政策主要有两种：一是命令管制型，二是经济激励型。其中，起源于美国的排污权交易是经济激励型的重要典型。排污权交易理论被美国环境保护局首先应用于大气污染的管理，产生了空气污染权交易。特别是自 1990 年《清洁空气法》修正案通过被用于二氧化硫排放总量控制以来，获得了显著的经济效益和社会效益。这对我国有着十分重要的借鉴意义。当前，我国一定程度建立了企业排污权交易制度，但在法律制度、最大污染物排放量、排污权初始分配、运行机制构建等仍有许多亟待完善的地方。因此，对美国排污权交易的利弊得失进行深入分析，寻求可资借鉴的内容十分必要。通过确立成熟的企业排污权机制，在市场供求机制和价格机制的作用下，从治理污染成本较低的企业流向治理污染成本较高的企业，使治理污染的任务自动分配到治理成本低的企业，实现污染物排放总量的减少，从而达到改善环境的目的。

另外，从美国空气污染防控法律制度设计看，并非简单地一味加大处罚力度，而是高度重视预防治理和实施的有效性。以新源审查制度来说，该制度的确立标志着美国的清洁空气法已实现了由末端治理向重在预防的转变，由被动治理向主动治理的转变。以前述的国家空气质量达标区域为例，联邦政府在划分"达标区"和"未达标区"空气标准时，设立了必要的或者合理的空气质量达标期间，并确定了州和地区的空气污染防控责任制和区域联防机制。上述美国经验有着可以借鉴之处。就空气质量标准而言，我国应以现有行政区划分布情况为基础，综合考虑颗粒物排放种类、污染源分布情况、颗粒物迁徙情况、人群分布情况、生态关联情况等因素，科学合理地确定空气质量差异区域，因地施策。同时，将颗粒物污染防治作为区域联合行动的重要工作，落实污染控制责任制。各省市不仅要对本区域的空气质量负责，也要防止对相邻区域的环境质量造成重大不利影响。由于空气尤其颗粒物污染的影响范围广泛，具有移动性，单纯的以行政区划为单位的管控模式存有局限。所以，设立相对固定、联系紧密的联防区域，开展区域联防联控，对颗粒物进行区域控制。

（二）完善空气法律体系

我国《环境保护法》规定：国家"依照法律规定"建立排污许可证制度。新《大气污染防治法》，实际上是对《环境保护法》上述规定的进一步细化。根据《大气污染防治法》的规定：排放工业废气或者本法第七十八条规定名录中所列有毒有害大气污染物的企业事业单位、集中供热设施的燃煤热源生产运营单位以及其他依法实行排污许可管理的单位，应当取得排污许可证。排污许可的具体办法和实施步骤由国务院规定。由此，排污许可制度的体系化建立，将是环境管理转型的一个重要契机。另外，《大气污染防治法》明文规定，国家逐步推行重点大气污染物排污权交易；制定燃煤、石油焦、生物质燃料、涂料等含挥发性有机物的产品、烟花爆竹以及锅炉等产品的质量标准，应当明确大气环境保护要求；制定燃油质量标准，应当符合国家大气污染物控制要求，并与国家机动车船、非道路移动机械大气污染物排放标准相互衔接，同步实施。美国空气污染防控法律制度中，上述内容均有所规定，并已形成了成熟的运行机制。因此，我们在设计相关规则时，可以科学借鉴美国经验，注重制度的灵活性和现实性，增进法条的可操作性。必要时，最高人民法院出台空气污染防控方面相关司法解释，使得相关案件的审理有法可依。

（三）强化案件指导，及时发布重大空气污染典型性或者指导性案例

美国法院在空气污染治理中积极诠释环保理念，并创造性地推动环境法律发展。其做出的一系列判决不仅解决了空气污染纠纷问题，而且确立了许多空气污染治理的重大法律原则。如1971年，美国最高法院在公民保护奥弗顿公园有限公司诉沃尔普一案中，创立了法院对行政机关立法进行司法审查的现代框架。1972年，美国最高法院在赛拉俱乐部诉莫顿一案中，确立了现代诉讼资格学说。1978年，美国最高法院就TVA诉希尔一案，颁布禁令，以危害濒危物种蜗牛飞鱼为由禁止大坝建设。1980年，美

国最高法院在工业联合部诉美国汽油学会一案中，将定量风险评估融入美国行政条例。1984 年，美国最高法院在美国雪佛龙公司诉自然资源保护协会一案中，支持美国环保局"泡泡"法规，同时赋予行政机关在解释法律方面拥有更大的自由裁量权。1991 年，联邦第五巡回法院在防腐蚀设备公司诉美国环保局一案中，认为美国环保局颁布的《有毒化学品控制法》对有毒物质并没有起到富有意义的限制。1992 年，美国最高法院在卢卡斯诉南卡罗莱纳州海岸委员会一案中强化了征用原则。1992 年，美国最高法院在卢汉诉野生动物保护者一案中，对环境诉讼资格加以限制。1995 年，美国最高法院在巴比特诉俄勒冈甜蜜家园一案中，支持将《濒危物种法案》适用于私营事业发展中。2001 年，美国最高法院在惠特曼诉美国轨道公司一案中判决，依据《清洁空气法》确定空气质量标准时，成本因素是不相关的。2006 年，美国最高法院在拉帕诺斯诉美国一案中，对联邦法院湿地管辖权予以限制。2007 年，美国最高法院在马萨诸塞州诉美国环保局一案中，就天气变化发布了一项重大判决，认为法院就联邦环保局未对天气变化采取措施的纠纷具有诉讼管辖权等。这些判例均深刻地推动了美国环境污染治理。我国虽无判例制度，但典型案例和指导性案例在一定程度上发挥了重要的指导参考作用。当前，我国正处于环境法律体系构建与完善的重要时期。在空气污染环境纠纷案件法律规定尚不完备的情况下，典型性或者指导性案例更是在弥补环境保护成文法不足等方面扮演着举足轻重的角色。近年来，最高法院和各省市法院发布了部分典型环境保护案例，承担了弥补成文法不足，统一法律适用标准的任务，对全国司法发挥了较好的指导参考作用。这方面功能应不断加强，同时进一步完善包括空气污染等环境资源纠纷案例的体系化、典型性、前瞻性等，使得典型性或者指导性案例发挥其最大效果。

美国土壤保护立法与司法实践及其对我国的启示

刘晓华*

　　美国的土壤保护和污染治理没有统一规定在同一部法律中，而是根据不同的需求通过不同的法案来进行保护与治理。其中最重要的两部立法是1976年的《资源保护和恢复法》（The Resource Conservation Recovery Act）和1980年的《综合环境反应、补偿和责任法》（The Comprehensive Environmental Response, Compensation and Liability Act，又称《超级基金法》）。

一、《资源保护和恢复法》

（一）立法背景

　　《资源保护和恢复法》（RCRA）是之前《固体废物处理法》的修正案，是对危险废弃物处理问题日益严重作出的回应。该部法律立足于长远，在一定程度上是为了预防和减少污染，核心条款是对固体废物的清理和危险废物的处理和清理，废物处理的过程也可能涉及到水或者空气的保护，因此它不仅涉及土壤的保护。但对废物的处理主要以土地为载体，包括地表处理（如堆置于地面）或地下处理（如地下掩埋或深井注射等），由于废物处理对于土壤质量的威胁日益凸显，该部法律对于土壤保护的意义也显得尤为重要。为了鼓励减少废物产生和循环利用，降低废物特别是危险废物对人体健康和环境质量的威胁，从而提高资源的利用效率，《资源保护和恢复法》的大部分条文都旨在设计一个管理计划来规范废物的产生、加工、储存和处理的全过程。

　　从法律的主要条文来看，该部法律主要为了达到以下四个基本的立法

---

　　* 作者单位：山东省高级人民法院。

目的：（1）确立所管辖的废物种类及其定义；（2）建立一套追踪系统，完整地记录危险废物"从摇篮到坟墓"的全过程，这在美国环境法的历史上也是第一次；（3）建立废物从诞生到最终清理的操作标准；（4）建立垃圾处理、储存和处置设施的强制性规定。这一"从摇篮到坟墓"的全过程控制是通过对废物特别是危险废物的生产者、运输者以及处理、储存、处置设施（TSD）的所有人和实际控制人施以法律上的控制要求来实现的。

（二）调整对象（规制的废物）

《资源保护和恢复法》将废物从整体上分为"固体废物"和"危险废物"。固体废物包括垃圾、液体物质、固体物质和由特定活动产生的其他废弃物，包括由工业、商业、采矿和农业生产产生的固态的、液态的、半固态的或气态的废物。危险废物则由两种方式来进行界定：列举式（Listed Waste）和描述式（Characteristic Waste）。危险废物通常是指由于其数量、浓度、化学的、物理的或传染性等特征从而会对人体造成严重伤害或导致死亡，以及处理、储存、运输或者处置不当会对人类健康或环境造成重大威胁的废物。联邦环保署列举了部分危险废物，但全部予以列举并不现实。因此，在列举之外，如果符合以下四个特征之一的废物也可以归入危险废物，即易燃性、腐蚀性、化学反应性和有毒性。

固体废物和危险废物的区分具有重要意义，因为立法对二者的规制完全不同，处理危险废物的成本要远远高于固体废物的成本，因此，被规制一方会千方百计地避免将自己产生的废物归入危险废物的行列。生产者为了逃避危险废物的监管，往往会采用稀释或改变废弃物的成分等措施意图避免将废弃物归入危险废物。针对这一情况，环保署颁布了两个特殊的规则，对列举式危险废物适用两个规则，即"混合规则"和"提取规则"。列入清单的危险废物如果与其他固体废物相混合，则其混合物仍属于危险废物；从列入清单的危险废物中提取出来的物质仍属于危险废物。另外，被危险废物污染的土地等介质也属于危险废物。这些规则从一定程度上减少了企业规避法律的问题，也更好地体现了《资源保护和恢复法》（RCRA）对危险废物规制的严格性。

（三）规制的主体

《资源保护和恢复法》根据废物从产生到处置各个不同的阶段，将被规制的主体分为生产者、运输者和处理、储存和处置者（Treatment, Storage and Disposal Facilities，即 TSD 设施）。其中，生产者和运输者的责任较小，而 TSD 设施责任较大。尽管不同的主体责任有大小之分，但实践中每个环节都不可或缺，对各个主体的规制共同构成了"从摇篮到坟墓"的追踪系统，确保废物从产生之初即置于法律规定的管理与控制之下。《资源保护和恢复法》设计的理想状态是从废物的产生到处理，每个环节都需要完整的记录，废物的所在地及现有状态随时能够得到有效的控制。

1. 生产者

按照生产危险废物的数量，生产者可以分为几个等次：一是大量生产者，即每月生产 1000 公斤以上危险废物或每月生产 1 公斤以上的剧毒的危险废物或每月生产 100 公斤以上的剧毒残渣或土壤；二是小量生产者，即每月生产 100 公斤以上 1000 公斤以下的危险废物；三是有条件豁免的小量生产者，即每月生产 100 公斤以下的危险废物或 1 公斤以下剧毒危险废物或每月生产 100 公斤以下的剧毒残渣或土壤。

环保署针对不同的生产者规定了有区别的义务，但所有生产者都应当正确标明其生产的危险废物。而大量生产者和小量生产者还应当达到以下要求：一是必须从环保署得到一个对应的识别号码，这一识别码允许环保署追踪生产者行为以保证危险废物已被正确处理；二是遵守危险废物联单（Manifest）制度；三是在交由他人运输、储存、处理或处置前，生产者应当正确处理危险废物，如生产者应当填写转运或 TSD 设施的名称并注明环保署登记的识别号码，表明该危险废物已经符合运输部的相关要求，并将该联单转交给下一环节；四是遵守记录保存及报告的规定，等等。生产者在自己的生产场所存放危险废物也有限制性要求：一是可以存放最高不超过 55 加仑的危险废物并保持良好状态，一旦发生泄露必须立即进行专业贮存；二是危险废物在运输之前，可以允许存储在符合标准的罐体、储存物或封闭的建筑物内不超过 90 天。

2. 运输者

危险废物的运输非常昂贵，因为联邦和州的相关规定要求确保运输完全置于控制之下。这种控制的核心机制就是联单制度，这一制度可以确保追踪危险废物的行踪，如谁接管了危险废物，它将运往哪里，等等。所有的运输者都应当取得所运输危险废物的 ID 识别码，并附上由生产者填写的危险废物联单，并且要符合环保署和运输部对于危险废物运输的要求，如合适的包装、标识、报告、记录保存等等。

3. TSD 设施

TSD 通常是指处理、储存和处置危险废物的设施，通常需要按照该法案的规定从环保署获得许可证。《资源保护和恢复法》要求环保署建立一项综合的规则来规制 TSD 设施的选址、设计、运行和关闭全过程。这些具体规则包括通用规则和对特定 TSD 设施的特别要求。1984 年修正案增加了部分更为重要的规定，如禁止利用垃圾场处理液体；对地表堆积和垃圾填埋的最低技术标准；对已许可的 TSD 设施的持续渗漏的纠正行为及对危险废物作为燃料的规定，等等。

《资源保护和恢复法》对 TSD 设施的要求比对生产者和运输者要更为严格。因为许多超级基金场所就是原来的 TSD 设施，因此为了防止将来的清理成本，该法要求 TSD 设施在运作过程中和关闭后都不会造成污染。1984 年的修正案限制垃圾场接收废物，除非危险物质不会从废物中渗漏，并对利用土地进行危险废物处置进行规定，即原则上禁止垃圾场、储存池、土地处理系统及注射井处置危险废物，除非能够证明该设施符合严格的处置前的处理要求或者证明废物在此期间不会发生迁移。另外，修正案增加了环保署可以要求 TSD 设施清理现在或者过去所在地的危险废物污染。

（四）公民诉讼

《资源保护和恢复法》对公民诉讼的规制呈现出不同于其他环境法律的特点，其在 7002 条和 7003 条规定了"任何人可针对任何人（包括政府）现在违反本法的行为提起诉讼"，"如果过去或现在的废物处理可能对人体健康或环境造成紧急的重大威胁，则任何人可针对任何人（包括政府）提起诉讼"。在 RCRA 规制下的公民诉讼主要具有以下特点：

1. 原告资格的扩大化

原告资格（standing）是诉讼中法院必然要审查的内容。大部分环境立法对公民诉讼都有特别的条文予以规定，明确载明了何种主体在何种情况下可以提起公民诉讼。一般情况下立法将公民诉讼都限定在一定领域内，并不是对所有违反相关法律的行为都可以提起公民诉讼，即针对特定的违反该法规定的行为才能提起公民诉讼。在水法或空气法等相关环境立法中，对于公民诉讼的限制性规定是比较常见的，即仅在立法明确规定的前提下，特定原告可以提起公民诉讼。但在 RCRA 的公民诉讼中，根据法条第 7002 条和 7003 条的规定，基本上任何人可以针对任何人提起诉讼，政府部门也不例外。法律条文没有对原告的资格进行限制，法院除了依据民事诉讼的一般规则对诉讼资格进行审查外，一般也不会在诉讼资格上限制起诉。从这一点上来看，RCRA 对环境的保护更加彻底，也体现了立法对废物处理特别是危险废物处理的特别关注。从环境政策的角度来考量，这也是立法针对越来越严重的土壤污染问题作出的政策选择。对原告资格的扩大化体现了对危险废物处理的特别考量，在一定程度上有利于土壤污染的预防。

2. 潜在的被告类型

RCRA 规定的公民诉讼的被告主体范围也比较广泛，如：违反许可证、排放标准、排放管理等规定的行为人；过去或现在的固体废物生产者和运输者，以及固体废物处置、储存以及处理"危险物质处置设施"的过去或现在的所有人或使用人，等等。另外，美国联邦环保署如果怠于履行职责或不履行职责，也有可能成为被告。RCRA 允许公民起诉任何对环境或人体健康造成紧急、重大危险的废物处理行为。即使污染者达到了该法规定的所有条件，但在该条款下仍然负有责任。

3. 关于"紧急、重大危险"的特别规定

（1）基本规则

与其他环境立法相比，RCRA 的公民诉讼中关于"紧急、重大危险"的规定显得尤为特殊。所谓"紧急"意味着近期威胁，不一定会发生或立即造成伤害；所谓"重大"是指严重的伤害；"危险"是指潜在危险而非实际危险。另外，在法条中还有"可能"这一修饰性用语，这一用语意味着在法律适用过程中，在一定程度上本条文会得到更为宽泛的解释。在司法实践中也确实印证了这一点。[①]

（2）相关条文在司法实践中的适用

在适用这一条文时，法院认为关于诉讼资格的要求（即要求原告遭受"实际上的损害"这一要求）与判断紧急的重大危险所要考虑的因素基本是一致的，因此在诉讼资格的审查上实际上是不存在障碍的，即法院对该条的适用倾向于比较宽泛的解释。进一步而言，法院仅要求该废弃物有较

---

① Maine People's Alliance and NAT. v. Mallinckrodt, 471 F. 3D 277（1st Cir. 2006）.

低水平的危险即可，甚至不需出示能够证明实际危险的证据。原告不必证明无可辩驳或者是不容置疑的对环境或人体健康造成了紧急的重大危险。①"紧急"并不意味着立即发生，尽管这种危险在现在存在，但其影响可能要等到经历一段时间后才能显现。所谓"重大"的判定只要有一个合理的原因表明如果不采取有效的救济行动，有人会面临受到伤害的风险即可。即使是造成危险的行动已经终止，但如果对于环境的损害没有彻底根除，这种危险便仍然存在。例如，如果能够证明地下储油罐存在紧急的重大污染的危险，则可以通过公民诉讼得到针对储油罐的清理行为的支持。对于证明"重大"危险的存在，原告并不需要对损害的风险进行定量化证明，因为法院认为"损害的风险涉及医学和科学的结论，并且这种结论依赖于科学知识的前沿性问题，而这样的确定性证据是不可能的"。而关于"可能"的判定是相对宽泛的而不是限制性的。损害的现时性是核心的概念，将来的风险是不可能在案件中得到支持的。这一概念要求如果不采取相应的救济措施，则会有一个合理的原因预测到损害危险的发生。如果这一风险系推测性的或过于遥远、过于微小等，则原告的诉讼请求不会得到支持。关于对人体健康和环境的紧急潜在损害的证明，州环保局的指令如果未被反驳，则其足以证明，而所有人的简单否认并不能对实质性事实构成影响。

尽管 7002 条是针对危险废物的条文，但受其规制的责任并不限于危险废物，如果普通的固体废物构成了危险，其主体相应地也要承担 7002 条项下的法律责任。根据其他相关法律条文的体系化理解以及法院判决的进一步澄清，即使某一种固体废物不在 RCRA 的 C 部分（即危险废物）规制之下，但只要对人体健康或环境造成了紧急的重大风险，也应当置于 7002 条的规制之下。因此，RCRA 对紧急的重大风险的控制相当严苛，基本上不会放松任何对人体健康或自然环境的任何风险防控。从目前来看，其控制环境风险的效果也是比较成功的。

（3）对"紧急的重大危险"的证明

从某种程度上而言，"紧急的重大危险"类似于美国普通法中的"损害"（Nuisance）概念，但比普通的侵权案件需要的证据更少。美国环境法从总体上是脱离了传统的侵权法基础的，因为其主要涉及环境公共利益的

① Kara Holding Corp. v. Getty Petroleum Marketing, Inc. , 2004 WL 1811427（S. D. N. Y. 2004）

保护，而对私益的保护是在普通法的规制之下，原告可以按照普通法的要件来进行诉讼并获得赔偿，但不允许任何人从公民诉讼中获得经济利益。法院对"紧急的重大危险"的证明要求倾向于宽松，可以仅指受到威胁的伤害，即使至今并未实现。这可能比普通法的证明责任更容易完成。

(4) 构成"紧急的重大危险"的要件

从联邦法院的实践来分析，何种情况下才能构成紧急的重大危险，一般需要满足以下四个要件：一是必须有一定数量的人存在风险；二是污染物必须在 RCRA 所列的危险废物清单上；三是污染物必须在联邦或州环保局认可的一定水平之上；四是必须有泄露的途径。另外，原告的证明责任也要求证明被告在处理、储存、运输或处置危险废物或固体废物的过程中造成了紧急的重大危险，并且被告对这种危险起到一定作用（contribution），即原告需要证明被告的行为与危险之间存在一定程度的因果关系（causation）。这一要求与《超级基金法》的法律责任大不相同。后者不需要证明任何程度的因果关系，责任主体承担的是严格责任。如果州环保局已经投入相当的资源对污染进行调查或进行修复的计划，即使时间并不确定，这一事实本身也可成为证明紧急的重大危险存在的证据。在著名的 Maine People's Alliance and NAT. v. Mallinckrodt 一案中，在面临不确定性因素时，法院如何判定"紧急的重大危险"显得尤为重要。通常情况下，法院在涉及技术问题时是比较审慎的，保持不过度延伸的态度，即认可双方所提交的证据在数据上的差异性和不确定性，并在此基础上较为宽泛地认定构成"紧急、重大危险"。

二、《综合环境反应、赔偿与责任法》（CERCLA）

（一）立法背景

CERCLA 的颁布是对从废弃场所渗漏的有毒物质对地表和地下水的污染日益关注的结果。它的主要立法目的是对废弃的危险废物进行即时的清理。所以有学者认为 CERCLA 是对过去的污染行为的回溯性救济。而且作为一部综合性的法律，CERCLA 取代了联邦普通法中的非法妨害的诉请。

在美国的环境立法中，CERCLA 扮演了一个富有争议的角色，但这是为了对以前国家在环境问题上的错误行为买单。其他的环境立法都是针对现存的废物的产生和处理问题，而 CERCLA 却是对之前的掩埋或处置进行清理。这种清理花费巨大，其备受诟病的一点就是这种巨大的花费被分摊到行为合规的现有主体身上，而这一主体仅仅是购买或继承了倾倒废物的前任主体的财产。CERCLA 的这一严厉的机制将纳税人承担的负担转移到继受财产的私人主体。这种负担转移的公平性在一些具体的案件中受到了挑战，但对于清理行为的热切期盼通常会得到环境意识日益觉醒的公众的支持。

该法案的基本立法目的有以下四个：一是鼓励对化学品和危险物质的正确处置；二是对设施中的危险物质排放（release）和具有显著威胁的排放进行回应；三是减少和消除因危险物质的不正确排放对人类健康和环境造成的威胁；四是落实"污染者负担"的原则，即是让因处置化学废物引起环境问题的主体对其造成的危险状态承担责任和费用。但是谁应当对过去的行为负责是众多争议的源头。除了及时清理受污染的场址并让相应主体承担责任，CERCLA 的另一核心目的是通过其激励机制促进和解而不是将复杂的诉讼更加复杂化。

CERCLA 建立了 16 亿美元的"超级基金"用于对全美大约 20000 个储存或倾倒有毒物质的场所进行清理。环保署以对公众健康和环境的潜在威胁为依据对上述场所进行了先后排序。排序在前的场所列入国家重点污染场所名录（NPL）并进行即时的清理，并且这一名录至少每年更新一次。

1986 年，为了加速超级基金行为，国会通过了《超级基金法修正和再授权法案》。该法案将超级基金从 16 亿提高到 85 亿美元，进一步扩大和厘清了环保署的权限并提高了治理程序的标准。例如，环保署被许可不必获取搜查证即可直达场所或设施进行调查、取样等行为。另外，这一法案也将被告从其他潜在责任方追索的权利予以明确。《超级基金法》还经历了以下几次修订：1996 年的《资产保护、贷款人责任和存款保险保护法》（贷款人责任法案）；1999 年的《超级基金回收股权法案》；2002 年的《小型企业责任减轻及棕色地块再生法案》（棕色地块修正案）。

（二）重要术语界定

CERCLA 针对的是设施（Facility）中的危险物质排放到环境中或设施中的危险物质存在排放到环境中的显著威胁。

1. 危险物质

CERCLA 规定的"危险物质"定义非常宽泛，实际上包括了其他相关环境保护立法的被定义为"危险物质"的物质以及被环保署认定也许会对公众健康和环境造成紧急、重大危险的物质，即包括《资源保护和回收法案》下的"危险物质"，《清洁水法》下的"有毒污染物"，《清洁空气法》下的"有毒空气"，以及任何受《有毒物质控制法》规制的"有毒化学物质"。但"危险物质"也有例外规定，即石油和天然气被排除在外。①

2. 排放

"排放"的界定也非常宽泛，可以指任何溢出、泄漏、泵送、倾倒、排放、排空、排放、注入、浸出、倾倒或处置到环境中的行为。关于"排放威胁"，虽然未在《超级基金法》中定义，但是在《国家油类和有害物质污染应急方案》中有解释，在个案中法官对其也有界定或说明。

3. 设施

从本质上而言，任何被释放了有害物质的地方都有资格作为"设施"，包括"任何建筑、装置、设备管道或输油管……井、矿井、咸水湖、地面储存、沟渠或垃圾填埋场……"

4. 潜在责任方

CERCLA 规定由潜在责任方承担责任，潜在责任方在条文中规定如下：（1）当前设施所有者和经营者，即使在废物排放时他们并不是设施所有人；（2）废物排放时的设施所有者和经营者；（3）安排废物处理者，实际上也包括了危险物质所有人；（4）运输者。之所以规定如此广泛的责任主体，主要是为了避免污染治理全部由政府买单即由全体纳税人承担。

（三）针对污染的应对措施

针对上述危险物质的排放，CERCLA 规定了两种基本的应对措施：一是清除（Removal），这是短期的行为，是为了解决对于公众健康和环境的短期威胁，要求尽可能迅速地展开，并能够减轻、阻止、缓和或消除威胁；二是长期的修复行动（Remediation），目的是为了彻底的或最大限度地修复环境。修复过程往往极为漫长而且花费巨大，并且要遵循一定的程序要求，如符合《国家油类及危险物质污染应急方案》的要求，包括大规模的修复调查、可行性研究和公共咨询等。其中，环境恢复调查和可行性研究是选择适当的修复行动的前提。程序的最后阶段是进行环境修复设计

---

① 石油和天然气被排除在外并不是因为其不具有危害性，而是在立法时国会向大公司作出了妥协，但有专门的法案对其进行规制。

和环境修复行动。整个过程应当满足一定的程序要求，如果没有满足程序性要求，则修复方不能向其他主体追索修复费用。

（四）责任承担

《超级基金法》的责任承担一般须满足以下要件，一是被告属于四种潜在责任人之一；二是存在危险物质的释放或者释放威胁；三是由于《超级基金法》意义上的设施的释放行为导致了相应费用的发生；四是相应费用的发生应与《国家油类与危险物质污染应急方案》一致。NCP 是由环保署通过公告和评论发布的许多规章，建立了对释放危险物质、污染物做出相应回应的程序和标准。《超级基金法》第 107 条规定了严格的连带法律责任，并且是有溯及力的法律责任，而且这种责任除了不可抗力、战争等特殊情况，仅在极特殊的规定下才可以抗辩。另外，承担《超级基金法》的责任并不考虑危险物质的数量最低或者定量限制，更为严格的是因果关系在责任的认定中并不是必要的要件。因此可以说，《超级基金法》规定了环境法历史上最严厉的责任。

1. 严格责任

之所以称之为严格责任，是因为《超级基金法》为了防止污染场址的清理费用由政府（税收）支付，对潜在责任方规定了非常苛刻的责任，潜在责任方几乎不可能提出有效的抗辩来免除责任。即使危险物质的释放是不可预见的或者是处置行为发生在超级基金法以前，或处置行为在发生时属于合法行为，或者当危险物质在设施中被处置时采用的是当时最先进的废物处理措施，都不能免于承担责任。而且因为不必证明因果关系，《超级基金法》中的责任甚至比普通法中的过失侵权所要承担的责任更重。

2. 连带责任

连带责任意味着单独的潜在责任方或者多方责任者或者所有的责任者有可能对一个场所的所有清理费用承担责任，而并不考虑潜在责任方对危险物质泄露应当承担的责任份额。从联邦环保署的执法实践来看，为了公平起见，环保署倾向于向尽可能多的潜在责任者追究责任，并尽可能地与潜在责任者一一促进和解，防止少数大企业承担过高的清理费用。出于迅速解决争议，早日达成和解以达到清理的目的，一旦环保署与某个或某几个潜在责任者达成和解，其他人不能针对和解协议提出异议，除非发现了新的损害事实且与已达成和解的潜在责任方相关，则环保署可以重启磋商程序以调整和解协议内容。从理论上讲，承担清理费用的责任方可以向未承担责任的其他责任方追索费用。

连带责任建立在"不可分割的损害"这一法律概念的基础之上。在具体的案件中，潜在责任方如果能够证明其独有的损害后果或有合理的依据可以确定造成每一种损害的具体原因从而明确责任分担，则其可以进行有效的抗辩。证明特殊损害的通常方式是基于地理地质等科学方面的考虑，但在具体案件中举证实际上是非常困难的。责任的分担以损害的可分性为前提，因此如果被告能够证明基于他的危险物质泄露造成 20% 的损害，则其可以仅承担 20% 的责任。多数案件中，实际上损害是很难区分的，因为往往是多种原因掺杂在一起造成了在同一场址的危险物质处置不当并引起了损害的发生。被告必须证明其特有的危险物质被运往特定场址并引起的独特的能够区分的环境损害，这一举证责任异常复杂并需要对事实进行科学的深入的分析，对被告而言几乎是不可能的任务。另外，如果由于多种原因造成单一的不可分的损害，法官往往不会武断地区分责任，因此所有潜在责任方都被判定承担连带责任往往是可以预见的结果。

《超级基金法》实施以来，由于严格的连带责任的适用，对潜在责任方的追究相当严厉，对于污染场址的清理效果也比较明显。但在实践中也受到公平性的质疑，因此在案件审理中，某些案件中也出现了法院采纳"可分割性"的抗辩的先例，严格的连带责任出现了一定的程度的缓和，但在举证责任上要求还是相当严格。如在"伯灵顿北圣达菲铁路公司诉美利坚合众国"一案中，法院允许被告以废物的体积、地理分布以及排放时间等作为证据来证明其应当承担责任的份额。法院最终支持了被告的抗辩。

3. 追溯责任

促使《超级基金法》通过的两大推动力即通过迅速的清理危险物质来保护公众健康和环境安全以及污染者承担费用在立法过程中起到了重要的作用，在实践中，为了实现这一目标，责任的可追溯性是不可避免的选择。因为《超级基金法》是为了对其实施前的污染场址进行清理和修复，因此潜在责任方应当对之前所发生的行为承担责任，尽管潜在责任方不断地对这一问题进行挑战和抨击，但法院在实践中还是倾向于确认责任的可追溯性。

（五）抗辩事由

《超级基金法》规定了四种传统的抗辩事由：不可抗力、战争行为、第三方和无辜土地所有者抗辩。2002年的修正案增加了三项新的抗辩事由。为贯彻《超级基金法》的严格责任，法院对抗辩事由的审查是比较严格的，近年来为了鼓励对污染的城市棕地的开发利用，法律作出了修订，对善意购买者的抗辩进行了一定的认可。

1. 不可抗力

关于不可抗力的抗辩是难成功的，因为法院倾向于对此进行狭义解释。一般而言，对于暴雨、大海浪、未预见的大风甚至是一次飓风都不能成为有效的抗辩。

2. 战争行为

对于过去的战争时期的特殊废物生产者，尽管其可以此进行抗辩，但法院不会因为政府在战争期间与废物的生产者达成协议而免除其责任。

3. 第三方行为

被告以此进行抗辩多是主张其污染的排放或构成排放威胁是由于第三方导致的。被告须证明其与第三人的行为完全没有关联，具体需要证明以下三点：一是危险废物的排放是由于第三方行为导致，且这个第三方不是被告的雇员，也不是与其存在协议的人；二是被告履行了应有的注意义务，如发现危险废物泄露后采取了防护措施，设置了警告标识，等等；三是被告针对任何第三方可预见的作为或不作为采取了预防措施。

4. 无辜土地所有者

如果被告可以证明以下三方面因素，即可构成有效的抗辩：一是被告在危险废物处置后才得到产权；二是被告不知道或没有理由知道危险废物在此土地上被处置；三是被告对任何响应行动提供了完全的支持和帮助。

5. 微量生产者

即生产极少数量的危险废物的生产商可以此提出抗辩并免责。法律规定了具体的数量和标准，如被告生产的液体物质少于110加仑则可以免责。

6. 临近的土地所有者

如果土地被临近的污染源所污染，其购买人可以抗辩，因为其没有造成污染，配合了任何的响应行动并按照法律的规定进行了审查。

7. 预期的善意购买者

善意购买者须证明其完成了适当的调查来确定该土地未被污染或购买

时缺乏了解污染的必要知识。这一抗辩实际上是为了鼓励对受污染的城市棕地进行开发所作出的例外规定。

三、《资源保护和恢复法》和《综合环境反应、补偿和责任法》的关系

从总体上而言，因为土地污染的特殊性及治理的长期性和复杂性，《资源保护和恢复法》和《综合环境反应、补偿和责任法》从立法到司法实践都呈现出与其他环境单行法不同的特点。尽管都是制定法，但两部立法与《清洁空气法》、《清洁水法》等比较，更多地体现了普通法的特点，特别是在法律责任体系中，立法没有按照环境单行法惯例直接规定违反法条的相关责任，而是将更多的权力赋予了法院，法院在具体案件中根据实际情况按照普通法原则进行解释与判断，以适应土壤保护的特殊性，灵活地确定责任的承担以达到预防、清理或修复等立法目的。

《资源保护和恢复法》主要适用于仍在生产和控制危险废物的设施，对控制固体废物的减少，特别是危险废物的减少起到了非常重要的作用。而《综合环境反应、补偿和责任法》则主要通过法律责任和救济措施来处理被废弃的场所中已出现的问题，其主要着眼点在于如何对泄露的物质进行处理或对污染的土地进行修复，这是两部立法的最大不同之处。但在对过去的废物处理这一问题上，《资源保护和恢复法》也有规定，这体现了《资源保护和恢复法》与《超级基金法》在加强土地污染治理方面的一定重合，这在美国环境法中也并不鲜见，部分案件可能会在法律适用上有所重合，并且各个法律之间并没有优先适用的专门规定，但法院在法律适用中一般倾向于从有利于环境保护或治理修复的角度适用法律。

法院在司法实践中比较了 RCRA 和 CERCLA 的根本不同。尽管二者的目标相关，但却各自承担了独特的功能。RCRA 是预防性的，CERCLA 是治理性的。RCRA 建立了全国性的基础的危险废物处理体系，并提供了促进有价值的原料和能源的保护和恢复的补充性权威。从结果来看，RCRA 是预防性的并且试图通过建立生产、处理、储存、运输、处置危险废物的最低联邦标准来避免使危险废物成为问题。RCRA 主要不是为了对那些为环境风险进行清理的主体进行补偿。而 CERCLA 是恢复性立法，并且国会在部分问题上采取了模糊性处理，因此联邦法院在司法实践中对其进行了补充性解释，特别是在连带责任、损害分担及企业继受者责任等方面。

四、美国土壤保护立法与司法实践对我国的启示

美国的立法与司法对土壤的保护建立了一套从源头预防到污染土壤治理修复的完整体系，积累了将近四十年的实践经验，取得了显著的成效，从立法到实务都给我们提供了很好的借鉴。

（一）预防为主，严格控制新的污染产生

"预防为主"是新修订的环保法确定的环境保护的五个基本原则之一，这一原则在土壤污染预防方面具有更为突出的意义。因为土壤一旦受到污染，其自我修复能力差，修复时间长、治理成本高、技术难度大，因此，从源头上控制污染，减少污染物的产生，是最有效的防止土壤污染的手段。正在起草的《土壤污染防治法草案》虽然也设计了"预防和保护"一章内容，但对如何预防规定得仍然不够细致，相关制度的操作规程仍需要进一步细化，使其具有可操作性。《资源保护和恢复法》所建立的"从摇篮到坟墓"的管控机制有效地控制了污染物的源头，减少了污染物的产生；其对生产者、运输者和 TSD 设施的严格规制，从各个环节减少了污染的可能性。因此，我们可以借鉴这一模式，从源头进行控制，对生产者、运输者和相应的处置设施进行分类规定，严格规定各个环节的操作规程和法律责任，把预防原则落到实处。另外，土壤污染的预防实际是与其他环境单行法密切相关的，土壤的污染源来自于水、大气、固体废物、放射性物质等，因此，仅靠《土壤污染防治法》一部立法不可能解决土壤污染问题，应当与其他环境单行法协调统一，像《资源保护和恢复法》一样对大多数危险物质进行有效监管与控制，才能从源头上预防污染。

（二）损害担责，加强对污染土壤的治理与修复

土壤污染具有累积性、滞后性和不可逆性等特点，因此土壤污染治理的难度大，成本高。因此，解决土壤污染的治理问题，不能全推给政府，应当落实《环境保护法》规定的损害担责原则，由责任主体承担土壤治理和修复的相关费用。《超级基金法》立法的目的之一就是严格按照"污染者负担"原则要求相关的责任主体承担治理和修复费用，以此推动对垃圾处理场、工业用地和采矿场地等污染场址的治理和修复。从实际效果来看，《超级基金法》将"污染者负担"原则落实到立法的规定中并且在土

壤治理和修复中得到了很好的实践。尽管修复行动支出巨大，税收承担了相当一部分费用，但是《超级基金法》的立法和司法发挥了很好的震慑作用，督促相关责任主体承担相应的费用，否则将承担因其没有采取适当行动而花费的反应费用和不超过 3 倍的惩罚性赔偿。我国可以借鉴《超级基金法》的立法模式，贯彻"损害担责"原则，由造成土壤污染的责任主体承担清理和修复土壤的费用，避免"企业污染、政府买单"，从而防止特定企业受益后向全体纳税人转移成本的问题。具体的清理和修复过程中，可以根据情况让有条件的企业自己采取措施进行修复或由负责环境保护的行政机关修复但由相关企业承担相应的费用，通过适当的法律规制来促成"外部成本"（社会承担的成本）"内部化"（由造成污染的主体承担）。[①]

（三）建立基金，解决土壤污染遗留问题

《超级基金法》成功的重要经验就是"超级基金"的设立，对解决土壤污染最为严重的重点污染场所的清理与修复费用起到了积极的作用。超级基金设立之初主要来源于对石油和化工原料征收的税收，后来增加了对化学衍生物的税收和年收入在 200 万美元以上的公司所征收的环境税，另外还包括了年度联邦财政常规拨款以及对相关责任主体追回的费用及罚款，等等。《土壤污染防治法草案》规定了成立"土壤污染防治基金"，但都是原则性规定。为了真正发挥基金的作用，可以借鉴《超级基金法》的规定，结合 2016 年新颁布的《环境保护税法》的规定，将对大气、水、固体废物的实收税分出一定的比例归入"土壤污染防治基金"，并明确其他资金来源和使用基金的启动与批准程序，既要保证基金的来源，也要确保基金的高效运作，在污染者无力修复时利用基金启动修复项目，又要确保向污染者追偿费用，及时补充基金，保证基金细水长流，起到长远的治理和修复土壤的作用。

[①] 2016 年 5 月 28 日国务院发布的《土壤污染防治行动计划》规定"按照谁污染，谁治理原则，造成土壤污染的单位或个人要承担治理与修复的主体责任。责任主体发生变更的，由变更后继承其债权、债务的单位或个人承担相关责任；土地使用权依法转让的，由土地使用权受让人或双方约定的责任人承担相关责任。责任主体灭失或责任主体不明确的，由所在地县级人民政府依法承担相关责任。"与《超级基金法》相比，《土壤污染防治行动计划》规定的责任主体范围相对较小且没有明确的指向。

（四）发挥司法职能，实现对土壤的特殊保护

《资源保护和恢复法》和《综合环境反应、补偿和责任法》作为土壤保护的主要立法，实际上更多地体现了普通法特征，法院在责任主体的认定和具体责任的承担上表现出更多的权威性，这也使得美国的土壤保护司法比其他环境司法更具有优势。法院的裁判更具有灵活性，同时也能因地制宜地解决纠纷，更好地实现对土壤的修复与保护。我国的环境法责任建立在侵权法基础之上，虽然具有一定的复杂性，但在土壤保护的问题上也有一定的优势。鉴于土壤保护的特殊性，我们可以借鉴《资源保护和恢复法》中对"紧急的、重大危险"的规定，根据案件情况更好地对个案作出判断，落实好"预防为主"的原则。另外，在对染污场所的救济上，可以借鉴《综合环境反应、补偿和责任法》的严格连带责任，从侵权法的角度对责任主体、责任范围、责任性质进行一定的规范，并在司法实务中不断实践，总结经验，更好地贯彻"损害担责"原则，与行政执法相结合，更好地实现污染土壤的治理与修复。

美国环境公共利益的司法保护及对我国的启示

朱　丽[*]

美国目前关于环境公共利益诉讼保护的案件类型主要有四类，一是公民诉讼（Citizen suit）；二是自然资源损害评估（Natural resource damage）诉讼；三是针对环境行政行为的司法审查（Judicial review），针对环境行为的司法审查主要有行政程序法下的司法审查和环境法律下的司法审查；四是公妨害（Public nuisance）诉讼。前三种类型的诉讼须有成文法的授权才能提起，而第四类诉讼是普通法下的侵权诉讼，遵循侵权诉讼的一般规则，并不需要成文法的授权。20世纪70年代环境成文法①大量出现后，运用公妨害诉讼进行环境公共利益保护的情形比较少见。②

一、公民诉讼制度介绍

1970年，美国《清洁空气法》（Clean Air Act）修正案第304条首次以独立条款的立法模式确立了环境公民诉讼制度。该条规定"任何人"都

---

* 作者单位：江苏省高级人民法院。

① 20世纪70年代，美国出台了一系列环境保护专门法律，比如《清洁空气法》《清洁水法》《资源保育与回收法》等等。

② 在美国，存在一种重要的制度叫联邦制定法对普通法的替代，所谓联邦制定法对普通法的替代，指的是一旦国会制定出来了法律，并且这样的法律具有明确的替代普通法的意图，此时制定法即具有比普通法更高的效力，法院应优先适用制定法而不是普通法。因此，在有专门的联邦法律对环境问题进行规定之后，普通法上的公妨害制度便较少运用，近几年，仍然有针对环境问题的公妨害诉讼，比如在气候变化问题上，美国的一些州作为原告提起公妨害诉讼，状告被告企业排放的温室气体损害公共健康和公共财产，要求停止排放、赔偿损害，对于该类案件，法院的态度基本相同，认为温室气体排放虽然构成了公共妨害，但是法院同时认为，《清洁空气法》已经授权行政机关对温室气体进行规制而且行政机关已经开始对温室气体进行规制，法院便不应该适用侵权法下的公妨害制度对该类问题进行处理。参见：State of North Carolina v. TVA，615 F. 3d 291（4th Cir. 2010）. American Electric Power Co. V. Connecticut，564 U. S.（2011）.

可以以自己的名义对据称违法的"任何人"（包括在宪法第十一修正案许可的范围内对合众国、联邦环保局和其他政府部门和机关）提起公民诉讼。目前除《清洁空气法》外，还有《清洁水法》（Clean Water Act）、《安全饮水法》（Safe Drinking Water Act）、《资源保育与回收法》（又称《固体废物法》）（Resource Conservation and Recovery Act）、《综合环境反应、赔偿与责任法》（又名《超级基金法》）（Comprehensive Environmental Response, Compensation, and Liability Act of 1980）等二十余部法律对公民诉讼制度进行了规定。

（一）公民诉讼的概念

布莱克法律词典将公民诉讼定义为"依据授权公民起诉违法者的法律（尤其是环境保护法律）提起的，寻求强制令和罚款的诉讼"。国内也有学者将公民诉讼定义为"授权公民（包括公民团体）作为一种特殊执法主体，使其可以法庭诉讼为威胁，以诉前通知期满为触发法庭诉讼的必要条件，并在完善的配套制度的支持下，以法院强制令或罚款为最终法律救济的监督企业污染者和政府环保部门遵守和执行环境保护法律的一种制度性手段。"① 综合上述定义并结合美国相关法律及司法实践，我们认为，公民诉讼是制定法尤其是环境保护制定法授权公民、公益组织、政府机关等等一切适格的主体，依据法律的授权，针对其他主体的违反环境保护法律或怠于执行环境保护法律的行为，向法院寻求强制令和罚款的诉讼。

公民诉讼与公益诉讼有重叠，属于公益诉讼的一种。公民诉讼的原告即使与系争事件有相当的利益关联，但诉讼目的不是为了个案的救济，而是督促政府或受管制者积极采取某些促进公益的法定作为，判决的效力亦未必局限于诉讼的当事人。②

（二）公民诉讼的目的和作用

某种程度而言，美国的公民诉讼产生的最初动机和目的在于充分执行和实施法律，公民诉讼条款的通过系"出自充分、有效执行《清洁空气法》的愿望，并认识到仅靠政府执行无法实现充分执行"。③ 国会认为管制

---

① 王曦、张岩：《论美国环境公民诉讼制度》，载《交大法学》2015 年第 4 期，第 28 页。
② 叶俊荣：《环境政策与法律》，中国政法大学出版社 2003 年版，第 224 页。
③ 参见美国众议院纪录 S. Rep. No. 91–1196（1970），35–36.

者（即政府）有时过分靠近它所监督的企业，以至于缺乏公民投入诉讼的那种进取精神。因此该条款授予"私人检察长"（即公民）以保护环境的权力。国会借这一条款赋予公众这样一种权力，使之成为一种推动、敦促政府积极履行环保职能的合法力量，以弥补政府执法不力。这就是美国国会创立美国环境公民诉讼制度的初衷。总的来说，美国的公民诉讼制度主要具有以下两方面的作用。[1]

第一，敦促政府勤勉履行法定的非自由裁量职责。政府是公民诉讼针对的重要对象。美国的环境保护法律为实现环境保护目标，要求联邦环保局制定很多配套规章和标准。例如《清洁水法》要求联邦环保局颁布关于技术的和基于水质的出水限度（即我国所说的排放标准）等行政规章。但是出于经济、科学甚至政治等原因，联邦环保局往往没有及时制定这些文件。在这种情况下，环保团体往往对联邦环保局提出环境公民诉讼。

第二，制止企业违法排污。企业也是环境公民诉讼针对的重要对象。作为经济利益的忠实追求者，企业往往选择牺牲环境换取经济利益。为了迫使企业达标排放，美国的环境保护法律都有关于企业向社会公开其排污数据的要求，并为该要求配套了行政和刑事制裁手段。企业必须向环保局报告其排污数据（不论其是否达标）。另外，美国以《信息自由法》规定这些数据必须对社会公开。这就为公民和环保团体运用环境公民诉讼手段提供了一个重要的条件——排污信息的可得性。公民或环保团体可以利用这种信息来寻找和识别作为公民诉讼对象的企业。在 20 世纪 80 年代曾经在数量上达到高峰的针对污染者的公民诉讼，多是针对"从排污者自身监测报告反映的涉嫌超标排放废水的污染者"。

（三）公民诉讼类型

在美国，公民诉讼主要有两种类型，即公民执行诉讼（citizen enforcement suits）和强制义务诉讼（mandatory duty suits）。

1. 公民执行诉讼

此种类型诉讼是迫使企业遵守环境法律规定的客观管理要求如"出水限度""标准"或"许可证"的一种法律手段。以《清洁空气法》为例，如果企业违反该法规定的排放标准或联邦环保局或州政府发布的关于该标

---

[1] 以下两点参见王曦、张岩：《论美国环境公民诉讼制度》，载《交大法学》2015 年第 4 期，第 31 页。

准的命令和该法规定的许可证，"任何人"（any person）都可以向该企业提出公民诉讼。如果该企业在公民诉讼的原告发出"诉前通知"之日起 60日之内未能改正违法行为，且联邦环保局或州也未对违法者提起诉讼，那么原告将可以向法院提起公民执行之诉，寻求以联邦法院的判决强制违法者停止违法行为，履行法定义务。

2. 强制义务诉讼

此种类型诉讼是针对联邦环保局（州的公民诉讼则针对州环保部门），要求其采取措施，积极履行其"非自由裁量行为或职责"（指的是制定联邦环境保护法律中规定的环境管理规章、标准和计划，但不包括执法行动）的公民诉讼。以《清洁空气法》为例，当联邦环保局未发布该法要求发布的规章或标准，即未履行其法定"非自由裁量行为或职责"时，公民依据该法规定，有权对疏于履行职责的联邦环保局局长提起强制义务诉讼，要求其积极执行环境法律，履行有关的行政职责。

（四）公民诉讼原、被告

1. 原告

（1）原告类型

美国环保法律对公民诉讼的原告的身份几乎没有限定。大多数的环保法律规定，任何人（any person）均可提起公民诉讼，例如《清洁空气法》公民诉讼条款中所称的原告即"任何人""包括公司、合伙、行业协会、州、市、州的政治分支机构、合众国的任何一个机构、部门或者分支及其任何官员、代理人或雇员"。但也有少数例外，如《清洁水法》对"任何公民"进行了限定："公民指的是其利益受到严重影响或可能受到影响的人或人群。"

（2）起诉资格

公民诉讼中的原告起诉资格主要是指宪法中规定的起诉资格（constitutional standing）条件，要求原告必须对有关环保法律要求的执行具有充分的利害关系。原告必须证明"事实上的损害"（injury in fact）、"因果关系"（causation）和"可补救性"（redress ability）。上述三个条件主要由法院通过司法个案逐渐确定。

"事实上的损害"规则一般指的是原告必须遭受了足以支持诉诸司法程序的某种程度的损害。美国法院在环境诉讼的实践中对这个规则作了宽松的解释。例如，在1972年的塞尔拉俱乐部诉莫顿案（Sierra Club v. Morton）中，法院裁定损害并非一定是传统的经济的和人身的损害，美感的损害和对娱乐利益的损害足矣。

"因果关系"指的是原告所称遭受的损害必须与他所指控的行为有因果联系。美国法院在环境公民诉讼的实践中对这个规则也作了宽松的解释。美国联邦法院的主导判例即1990年第三巡回法院审理的公共利益研究团体诉 Powell – Duffryn Terminals 公司案（Public Interest Research Group v. Powell – Duffryn Terminals）中，巡回法院拒绝了严格证明因果关系的主张。原告需要做的只是显示其享用的资源存在可以觉察的环境退化和该涉嫌违法排放的污染物引起了这种退化。

"可补救性"规则指的是司法行为的介入可以减少或弥补原告所受损害。例如，法院发布的强制令可停止损害原告的违法污染行为，从而使原告得到救助。在环境公民诉讼案件中，一旦因果关系问题得到解决，可补救性问题一般就随之解决。

另外，团体起诉资格的界定也是美国环境公民诉讼中非常重要的问题之一，因为司法实践中绝大多数公民诉讼的原告都是有组织的团体。在1972年的塞尔拉俱乐部诉莫顿案中，美国最高法院裁定环保团体不能简单地以团体的环境利益受害为由提起公民诉讼，而必须以其某个或某些特定成员的环境利益受到损害为由提起公民诉讼。1992年的拯救我们的社区诉联邦环保局案（Save Our Community v. EPA）中，美国第五巡回法院明确裁定环保团体需满足如下三个条件才能证明其起诉资格：（1）该团体的某个或某些成员满足关于起诉资格的要求；（2）寻求保护的利益切合该团体的宗旨；（3）团体成员不必都亲自参加诉讼。该标准沿用至今。

2. 被告

美国环境公民诉讼的被告有两大类。第一类是涉嫌违反环境保护法律的企业或其他污染者。第二类是涉嫌违法环境保护法律的合众国、其他政府部门、机关以及据称疏于履行法律规定的非自由裁量行为或职责的局长（主要是环保局长）。

（五）救济方式

1. 罚金（penalty）

罚金［又称为"民事罚金"（civil penalties）］，是美国环境公民诉讼的一种救济手段，适用于公民执行诉讼。为了防止公民诉讼沦为个人牟利的工具，环境法律规定罚金并非交给原告，而是上缴国库（U. S. Treasury）。对于上缴国库的罚金，联邦环境法律中一些公民诉讼条款规定以这部分罚金建立专项基金。即罚金由被告交由美国财政部后再拨付给联邦环保局，用于专项环境保护，专款专用。例如《清洁空气法》中的环境公民诉讼条款（第 304 条 g 款）规定，罚款"会存入美国国会财政部的一项特殊基金中，用以颁发许可证和其他事务。联邦环保局长负责该基金的拨发以及维持，用于资助践行和实施《清洁空气法》的执法措施……"

2. 强制令（injunction）

强制令（又译为"禁令"或"禁制令"）也是美国环境公民诉讼的一种重要救济手段。它是法院发布的关于执行环保法律规定的污染物排放标准、许可证或其他环境管理要求的命令。强制令在环境公民诉讼的司法实践中具体体现为：确认某行为违法；禁止从事某违法行为；命令违法者采取必要的行动以纠正违法行为；要求行政机构采取某种行为，诸如举行听证会、修订质量标准、履行其法定职责等。强制令适用普通侵权法中的强制令规则，它可能由于衡平的理由而遭到否认。强制令既适用于公民执行诉讼，也适用于强制义务诉讼。

3. 没有损害赔偿

美国环境公民诉讼制度的一个特殊规定在于不适用金钱赔偿，即法院不得判决向公民诉讼的原告支付金钱赔偿。

（六）特殊的程序要求

美国环境公民诉讼条款对环境公民诉讼的提起规定了两个程序性要求，即诉前通知程序（Notice）和州或联邦执法行动先占（Preemption by state or federal enforcement）。

1. 诉前通知

《清洁空气法》等环境保护法律规定，拟提起公民诉讼的公民或环保团体必须以书面通知的形式告诉企业或联邦环保局其提起公民诉讼的意图；而且这种法庭诉讼必须要等到该通知书送达企业或联邦环保局 60 天（有的法律规定为 90 天）之后才能提起。美国最高法院认为这种诉前通知是强制性的，如遭违反，则法院应驳回起诉。在诉前通知期间内，如果被通知的企业或政府环保部门采取措施纠正了违法行为，则被诉违法行为不复存在，公民诉讼程序因而应当停止。诉前通知要遵守普通民事法律关于诉状送达的规定。诉前通知书的内容一般包括便于被告查明下列情况的充分信息：据称违反的具体标准、限度或命令；对该违法负责的个人；据称违法的地点、时间；通知书发出者的完全联系信息。

2. 州或联邦执法行动先占

在公民执行诉讼的情况下，在诉前通知期间，如果州或联邦政府对于诉前通知中所涉及的同一违法行为，已经采取或正在采取一定的执法措施加以改正，此时公民诉讼程序应当停止，让位于政府的行动。公民诉讼的目的是辅助政府执法，必须给政府执法以优先地位。

二、自然资源损害评估制度介绍

自然资源损害作为环境侵权行为引起的损害的一种，不同于同一原因所致的个体的人身、财产损害。

（一）损害评估及索赔主体

美国的自然资源损害赔偿制度正是针对自然资源本身的损害所设立的一项制度，立法将该损害的索赔权授予了各项自然资源的托管者。自然资源损害评估及索赔主体只能是相应的政府机关，公民个人和公益组织均不享受提起自然资源损害赔偿诉讼的资格。但这并不排除个人可依普通法和其他制定法就其所受的人身、财产损害提出赔偿请求。

（二）损害赔偿范围

1. 包含资源本身及其服务功能

除了资源本身的不利改变之外，损害还包括自然资源服务的损失。自然资源服务是指一项自然资源对其他资源或人类的功能。例如湿地可为鸟提供食物和栖息地，为鱼类提供清洁水，为人类提供娱乐和生存使用等。这样，自然资源及其提供服务的负面改变共同构成了可赔偿的自然资源损害。

2. 包含资源的使用价值和非使用价值

经济学家将价值分为两类：使用价值和非使用价值。传统普通法只承认使用价值可赔偿，而近一个多世纪以来美国侵权法的发展已经使非使用价值的损失成为衡量原告损害的一个重要因素。由于自然资源蕴含了大量的非使用价值，在自然资源损害赔偿领域便更是如此。只有针对两种价值都进行赔偿才能构建全面的赔偿范围。

3. 损害赔偿金构成

美国自然资源损害赔偿范围由修复费用、过渡期损失和评估费用三部分构成。

（1）修复费用

修复费用是自然资源损害赔偿范围中的首要部分。但从立法来看，修复费用不是一开始就是其必要组成。修复费用确定规则通过一系列的案例逐渐确定，修复分为两种：基本修复和赔偿性修复。前者指将受损资源恢复到基准值的过程，后者主要指可赔偿价值，即过渡期损失。虽然理论上，修复费用有涵盖非使用价值的优势，但由于自然资源的独特性，修复行动很难重建完全一样的资源，故而修复费用所实际包含的范围有赖于基准值的选取和具体修复措施的选择。基准值是指被调查的石油排放或危险物质泄漏未发生时评估地区存在的状况，修复行动中，受损资源应被恢复至基准状况而非自然状况。基准值的选取决定了损害的程度和修复的规模在美国自然资源损害赔偿制度中，修复行动的概念较为广泛：修复、恢复、替代、获取受损资源的等价物以及自然修复都可被视为可能的修复选择。这种广泛的定义保障了修复的可能性。

（2）过渡期损失

过渡期损失是指资源从受损至恢复到基准值期间流失的服务。

（3）评估费用

合理的评估费用包括：行政的、法律的和为了强制执行的费用；监测和监管的成本；以及和公众参与相关的成本。

（三）法院在自然资源损害评估中的作用

在自然资源损害评估制度中，损害评估、损害赔偿金额以及自然资源修复方案的确定主要由相关的政府机关与责任方达成，法院的作用只在于确保损害损害评估程序的正当性以及赔偿修复方案的亲环境性。

三、司法审查及公妨害诉讼制度简介

（一）司法审查制度

一般而言，司法审查指"法院有权对政府其他部门的行为是否合法进行审查，尤指法院确认立法和行政机关的行为违宪而使其无效的权力"，其主要法律依据是美国的《联邦行政程序法》。司法审查制度也能用于环境公共利益保护，但是司法审查制度不同于公民诉讼中针对行政机构的强制义务诉讼。针对政府的公民诉讼只针对政府疏于履行其法定必须履行的职责的情况。例如，根据美国《清洁空气法》的规定，针对政府的公民诉讼只针对联邦环保局疏于履行其非行政自由裁量的职责的情况。而针对涉及环境保护行政规章和规则的制定等行政立法的司法审查，则不得依据环境保护法律的公民诉讼条款，而要依据美国《联邦行政程序法》关于司法审查的条款。对于联邦环保局已颁布的规章、标准和做出的行政决定，公民如有反对意见，则可依环境保护法律的司法审查条款（如《清洁空气法》第307条）提起司法审查诉讼。

（二）公共妨害制度

公共妨害亦称公共侵扰，主要是普通法系的侵权法概念，公共侵扰，是指打搅大众，使众多人感到不便。例如，阻碍人们吸取新鲜空气、使用道路等等，是由多数本属刑法处理的小罪的总和。重述中第821B条规定了公共侵扰："（1）公共侵扰是不合理地干扰了公众共有的权利。（2）判断干扰公众权利是不合理的，构成公共侵扰的情形包括如下：（a）行为是否包含了显著地干扰了公共健康、公共安全、公共和平、公共舒适或公共便利，或者（b）行为是否被法律、法规或行政条例所限制，或者（c）行为是否具有持续性的或长时间的后果，并且，行为人知道或有理由知道，对公共权利有显著的影响。"

在符合第一个条件即公共权利受到侵犯时，还必须满足第二个条件：即受害人受有"特殊损失"。构成公共侵扰侵权之诉第二个要件的"特殊损失"特殊性的实质在于这种损失是其他享有公共权利的成员所没有遭受到的。以此为要件，既满足了受害人的救济要求，又避免了行为人因同一事实而受多次诉讼之威胁。公共侵扰责任成立，除了满足上述两个条件之外，还要求被告人的行为是"不合理"（unreasonable）的，合理与否，法院一般通过利益平衡方法进行判定，主要会考虑到以下一些因素：原告所受损失与被告行为以及为预防损失所付出的代价等等。

对于什么是"公共权利"？重述第821B条的评论g给出的说明是："行为并不仅仅因为干扰了多数人使用和享有土地权利而成为一种公共侵

扰。它们必须某种程度上干扰了一种公共权利。所谓的公共权利是一般公众成员共同具有的权利。它在本质上是集体性的权利，这与任何个体的不受侵犯、不受诽谤、不受欺诈或过失伤害个人权利是有区别的。"尽管如此，美国司法实践对于公共权利的认定没有一个明确的标准，出于其制度设计目的考虑，是将行为人行使自己权利的行为限制在不影响他人或公共权利的范围之内，以行为人（或被告人）对于自己在特定物理场所的行为或活动拥有控制能力为条件，对于被告人能力所能控制范围之外，并不要求行为人承担责任。

四、美国环境公共利益司法保护对我国的启示

（一）逐步明确司法在环境治理中的功能及其与行政的边界

依照传统的行政法理论，行政权一向被视为公共利益的主要代表，其基本任务就是保护公共利益，实现公共政策。环境公益诉讼制度赋予有关机关和社会组织通过诉讼保护环境公共利益的权利，司法也因此具有了参与环境治理，保护公共利益的权力。于此，环境公共利益的保护中，行政与司法的关系便成为一个必须要面对的问题，而要探讨二者的关系，须回归到行政法学有关的基本理论和一般实践中去探讨，同时，我们还须关照环境法的基本理论和环境问题的特殊性。而要理顺二者的关系，首先，需要逐步明确的司法在环境治理的具体功能；其次，要明确环境公益诉讼的受案范围；最后，要在环境司法实践中逐步明确司法权渗入或者审查行政权的范围和程度。

（二）充分尊重环境保护机关的专长

行政机关在专业性、灵活性和效率等方面具有明显的优势。首先，行政规制比诉讼更有效率，在应对具有普遍性的问题时，行政规制比司法诉讼更加有效，美国著名法官斯卡利亚就认为："司法机关适于承担保护少数人利益而非多数人利益的功能。"其次，行政规制具有专业优势。正如康涅狄格州诉美国电力公司案中联邦最高法院法官所言：议会设立联邦环保局作为一个专业的机构最适合对温室气体排放等环境问题进行基本的规制。专业机构具有更好的设备来对相应的环境问题进行规制，而地区法院的法官却更适合去做针对个案的判决，联邦法官缺乏科学、经济和技术资

源来处理这样的命令。① 国内学者也认为"由专家组成的专业化监督机构具有对特定行业监管的知识和信息优势，可以弥补法庭诉讼单纯依靠法庭证词的缺陷。"② 我国可借鉴美国经验，在环境公益诉讼中引入诉前通知制度，既充分尊重环境保护机关的专业性，又能有效督促环保机关依法履行环境保护职责。

（三）探索建立针对环境保护抽象行政行为的司法审查制度

综观美国司法实践，法院主要针对其制定规章、标准等抽象行政行为进行审查。从环境问题一旦发生难以恢复的特性以及环境法中预防原则来看，允许对环境环保行政机关制定的规章等抽象行政行为进行审查一方面有利于从源头预防环境污染或者生态损害的发生；另一方面允许对抽象行政行为进行审查可以使司法更加有效的参与环境治理，因为抽象行政行为往往比单个具体行政行为对环境的影响更广泛。

（四）强化环境公益诉讼的预防及修复功能

目前，国内已经审结的环境民事公益诉讼的救济方式主要适用了损害赔偿的救济方式，从美国的经验来看，环境公益诉讼的主要目的应在于损害的预防和受损害环境的修复，建议在今后的环境公益诉讼中探索预防性救济和修复性救济。

（五）建立专门的环境基金制度及相关配套制度

探索建立公益诉讼基金制度，基金的资金可来源于环境税费，基金应专门用于环境保护及环境修复，实现专款专用。另外，考虑到我国国土面积较大且各地发展不均衡，面临的环境问题的严重程度也不一，建议不建立全国统一的环境基金，而由各省建立环境公益基金。环境公益诉讼赔偿金可归入环境基金。

（六）限制公民或公益组织提起环境公益损害赔偿诉讼的权利

美国环境公共利益的保护中与我国目前环境民事公益诉讼制度存在一

---

① 参见 American Electric Power Co. V. Connecticut, 564 U. S. (2011), P14.
② 马英娟:《政府监督机构研究》，北京大学出版社 2007 年版，第 74~76 页。

点明显的不同，美国的公民诉讼和自然资源损害赔偿制度不允许公民或公益组织提起环境公益损害赔偿诉讼，公民仅能运用公妨害制度提起环境公益损害赔偿诉讼，而事实上由于侵权法下因果关系证明的难度，公防害制度在环境公共利益的保护中运用的相当少。从目前我国环境民事公益诉讼司法实践来看，赋予公益组织提起环境公益损害赔偿诉讼的权利，在诉讼费用的承担，赔偿金额的归属等等问题上出现了障碍和困难。建议借鉴美国经验，限制甚至取消公益组织提起环境公益损害赔偿诉讼的权利。

美国环境法律责任概述及
我国环境司法对禁令制度之借鉴

薛　淼[*]

不同的法律土壤，必然产生不同的法律制度，与自然生态环境和资源状况直接相关的环境法律制度，更会基于各国自然条件的不同而千差万别。美国拥有和中国相近的国土面积，丰厚的自然资源，然而，其人口总数只有中国的五分之一，经济发展模式和资源使用方式都和中国有着巨大的差异。越是了解美国的环境法律制度，就越是清楚，要解决中国的环境问题，必须要依靠符合中国国情的、植根于中国乡土的自己的法律制度，无论美国的环境法律多么先进，我们也只能是在一些方面予以参考和借鉴，而不能盲目的学习套用。

美国的环境法律体系，是建立在一系列符合其本国经济发展需要、对于其环境执法能力而言具备可行性的技术规范之上的，对于很多国家而言，是不可复制的。美国的环境法律是经过一系列"危机立法"而形成的，其中并不存在体系化的联系和内在逻辑，每一个单行法律所规范的责任范围都具有典型的"就事论事"的特点，综合来说，大致可以做如下概括：

具有严格技术规范和许可体系的（事先预防）：违法者就未取得许可和未按照许可内容执行承担违法责任。责任的形式为罚金、禁令以及可能的刑事责任。

造成环境损害的（事后追责）：潜在责任人就清理费用承担连带责任，通常是由联邦环保局清理后向损害者追偿，损害者可能承担刑事责任。

---

* 作者单位：吉林省高级人民法院。

造成生态服务功能损害的（公共信托）：由州或者部落作为生态服务功能利益的被信托人向损害者追偿。

个人人身财产损害（侵权救济）：按照普通法的规定，由个人或者集体按照侵权法主张救济。

本文所要讨论的，是美国环境案件当中的法律责任，侵权法律逻辑及责任是另一个庞杂的体系，在本文中不予讨论。通过对美国的环境法律责任制度当中的立法状况、责任种类、责任主体、责任内容进行简要介绍和分析后，本文将着重讨论在美国环境案件当中广泛适用的临时禁令制度，将其与我国民事诉讼法和有关环境案件司法解释当中规定的行为保全制度进行比较，在司法技术层面上，对于如何从我国环境案件的特点出发，有效地利用和改进现有司法手段，通过审判实践实现"绿色"和"发展"的协调，提出一些想法和建议。

一、美国环境法律责任概述

（一）美国环境法律责任的立法状况

如前所述，美国的环境法律是由基于不同的技术规范的法案构成的，如 1972 年的《水污染防治法》（以下简称《清洁水法》）、1970 年的《清洁空气法》、1976 年的《资源保护与恢复法》以及《综合环境反应、赔偿与责任法》①（以下简称《超级基金法案》）。有关违反不同单行法律的责任，分别规定在不同的法律当中，所谓"环境法律责任"，并非一个完整的概念，而只能是对不同立法中有关责任情况的总结，甚至于《超级基金法案》中，并没有规定专门的刑事责任条款②。各种不同的法律责任，都是基于不同的技术和管理规范而产生的，其相互之间，并不存在横向的联系，也并不遵循同一的归责逻辑。

（二）美国环境法律的责任种类

美国环境法律的责任，也分为行政责任、民事责任和刑事责任。与我国不同的是，美国没有行政诉讼法，其因行政审批行为和行政处罚行为而产生的争议，如果需要由法院解决，仍然通过民事诉讼程序处理。并且，

---

① 即为通过数次修改，最终成形于 1986 年的《超级基金修正及再授权法案》。

② 有关《超级基金法案》的刑事责任，援引的是美国法典当中有关"刑事与犯罪"的规定。

行政执法机关在满足一定条件的情况下，可根据违法的实际情形，选择直接向法院提起民事诉讼，主张民事责任，而并非行政责任。

以《清洁水法》为例，行政主管部门可以依职权对违法者进行行政处罚，要求其承担行政责任，具体的责任内容可能是履行特定义务、停止违法行为或者是交纳罚金等。行政主管部门也可以通过提起民事诉讼的方式，要求法院判令违法者承担相应责任，在此情况下，虽然主张要求承担责任的是行政机关，其责任依据也是行政处罚，但最终结果系由法院通过民事程序作出，因此，其仍然归类为民事责任。

此外，在《清洁水法》《清洁空气法》《资源保护和恢复法》中，美国立法都授予了联邦环保局"紧急执法权"，在违法行为对于生态环境、人类健康和社会公共福祉构成损害或损害的威胁时，可以直接向违法者提起民事诉讼。这里所说的公共福祉，与人类生活、健康和社会环境相关的公共利益，如在《清洁空气法》当中，就将其指向为"土壤、水、农作物、植物、动物、天气、能见度、气候、财产、交通、经济以及生活的舒适性等"①，足见其涵盖范围之广。

美国环境法律的刑事责任主要是针对违反特定的技术规范行为、虚假陈述行为和使他人面临急迫的死亡或伤害的危险的行为。各个单行法律对此规定不一而足，以《清洁水法》为例，违反"技术类排放限制"的行为、违反"新能源排放执行标准"的行为、违反"水质类排放限制"的行为、违反"有毒物质排放限制"的行为、违反"预处理排放执行标准"的行为、违反"水产养殖许可"的行为以及违反记录、报告和检测义务的行为②，均可能构成刑事犯罪，承担刑事责任。

（三）美国环境法律责任的承担主体

根据各个单行的环境法规所规制的行为不同，承担责任的主体也不尽相同。

例如，《清洁空气法》和《清洁水法》是建立在事前预防的技术规范的基础上的，其中所规制的核心行为是"许可"和"合规"，因此，在该两项法律规定的范围内，承担责任的主体主要是取得和应当取得许可的人，以及未按许可的内容规定合规生产经营的人。

---

① 《清洁空气法》第 302 条（h）款。
② 《清洁水法》第 309 条（c）款。

在《资源保护和恢复法》和《超级基金法案》中，尽管也有事前管理和预防的规定，但其立法的核心目的是为了对固体废物和危险物质等所造成的损害进行管理和清理，因此，其责任主体较为宽泛，例如，《资源保护和恢复法》中，在行使紧急执法权的情况下，可以将所有的固体废物处理人合并纳入执法对象之中，其范围涵盖了当前或过去固体废物的产生者、转运者以及固体废物的运输、储存、处置设备的所有人和使用人[1]，包含了固体废物"从摇篮到坟墓"的全部过程。在《超级基金法案》中，其责任主体则包括了涉及到危险物质泄漏或存在泄漏危险的全部"潜在责任人"，具体包括：危险物质处置设施的当前所有人或使用人；危险物质泄漏时的所有人或使用人，其范围不限于"危险物质处置设施"；危险物质处理、处置或者运输的指挥者；危险物质的转运人[2]。除部分免责情形外，其他所有危险物质运输和处置的参与者均可能承担法律责任。

（四）承担责任的内容

在有关行政责任中，一般包括行政命令和行政罚金，即通过发布"违法通知"等形式向违法者作出行政处罚。例如，在《清洁空气法》中规定的"签发履行通知，要求违法行为人遵守各项要求或禁止性规定"，并且可以同时"签发行政罚款通知"，对其处以行政法金[3]。

如前所述，在违法者不履行行政处罚义务，或者满足特定的条件时，行政机关或者其他组织可以直接提起民事诉讼，民事诉讼的一部分责任内容是履行行政处罚的义务，但是，在民事责任中，责任内容则会体现为民事罚金和禁令，这是美国环境法律民事责任的主要形式和内容，在环境民事案件当中广泛适用。

同时，根据各单行法的不同，还有其他的责任。如在《环境保护和恢复法》中，违法者（包括潜在责任人）的主要责任在于采取环境治理措施，承担环境治理成本的责任；在《超级基金法案》中，还规定了违法者（包括潜在责任人）的"环境治理成本追偿法律责任"。即，在发生相应的环境损害后，为社会公共利益，可由行政主管部门或者其委托的机构先行治理，并在随后向相关责任方追偿治理成本。其承担治理成本的范围包

---

[1] 《美国联邦法典》第 6973（a）。
[2] 《超级基金法案》第 107 条。
[3] 《清洁空气法》第 113 条（d）。

括：所有的应急环境恢复应急措施成本；自然资源损害赔偿（包括必要的损害评估费用）；健康影响研究及评估成本；任何其他必要成本（任何人根据《国家应急计划》为实施应急的或者其他环境恢复措施所产生的必要成本）。

美国环境法律的刑事责任内容，主要是监禁型和罚金刑，并且，根据违法者的主管过错和所造成的损害后果不同，规定了不同的刑事处罚措施。以《清洁水法》为例，其具体刑事责任内容体现为：

1. 过失违法

凡是违反《清洁水法》项下所涵盖的任何有关标准之规定①违反《国家限制排污系统》许可授权的条件和限制，构成犯罪的，均可能就每个违规行为被判处每日 2500 至 25000 美元的刑事罚金，并可同时处以一年以下的监禁。对于存在多项过失违法行为，罚金将会提升至最高每日 50000 美元，并可被判处两年以下监禁。当然，对于普通的过失违法行为，一般不会被追究其刑事责任，判例显示，只有造成极其重大的损害或造成严重损害，并且对此负有重大过失的行为，才会被认定为刑事犯罪，追究刑事责任。

2. 故意违法

同样是针对前述的违法行为，如果能够证明是故意违法的，罚金最多可达每日 5000 至 50000 美元，最高可被判处三年以下监禁。对于存在多项故意违法行为的，最高可被判处每日 10 万美元的罚金，及六年以下监禁。判例显示，对于故意的违法行为，并不以行政监管部门是否向违法者作出通知为要件，公诉方的举证责任也相对降低。

3. 虚假陈述

凡故意向行政机关作出虚假陈述或者篡改需要留存或提交的记录材料的，最高可被处以 1 万美元以下的罚金或者两年以下的监禁，对于存在多项虚假陈述犯罪行为的，其罚金刑和监禁刑均可增加一倍②。

4. 故意制造危险

在《水质法案》中，规定了故意制造危险的犯罪。即明知违反《清洁水法》的相关规定③、违反《国家限制排污系统》许可授权的条件和限制，

---

① 《清洁水法》第 301、302、306、307、308、318、402（a）（3）、402（b）（8）、405 条。

② 《清洁水法》第 309 条（c）（4）。

③ 《清洁水法》第 301、302、303、306、308、318、404、405 条。

置他人于极其可能造成死亡或严重伤害的境地，可被处以最高 25 万美元的罚金，并可同时处以 15 年以下的监禁①。对于实施多项故意制造危险犯罪行为的，其罚金和监禁刑的上限均提高一倍。对于加害人为组织的，其罚金最高可达 100 万美元。

需要说明的是，根据通货膨胀的情况，以上规定的罚金一直在不断对的调整当中。

（五）关于罚金的考量因素

罚金和禁令是美国环境案件司法实践中最普遍适用的两种民事责任，关于禁令制度下文还会具体介绍和分析。鉴于美国的罚金计算方式和所起到的司法效果，与我国环境法律司法解释当中规定的损害赔偿金相类似，对我国司法实践具有一定的借鉴意义，因此，本文将对美国环境司法过程中，对罚金的考量因素作以简要的分析。

以《清洁空气法》为例，法律规定，在计算罚金数额时，应当考虑以下因素，包括："违法者的商业规模、罚款对于违法者的影响程度、违法者的既往违法记录、为遵守法律规定所作出的善意努力、违法行为的持续时间、此前同类违法行为的罚金交纳情况、违法行为的非法获益分析、违法行为的严重性"②。

需要注意的是，在决定罚金的数额时，美国法院考虑的因素包括了以下几个方面：（1）违法者的既往守法历史、违法情况、罚金交纳情况和为合规所作出的善意努力，这些方面，实际上是对违法者整体行为信用的评价；（2）违法者的商业规模和罚款将会对其造成的影响，这是对违法者对罚金承受能力的评价；（3）违法者非法获益的情况评价，保证违法者不能将罚金作为违法成本，使罚金真正起到对违法者的威慑作用。

在美国环境司法中，有一个比较典型的模型：AB 两企业分别为生产同类产品的企业，市场份额各占 50%，并且有各自的排放许可标准，要增加排放量，需要投入减排和净化设备，成本为一百万美元。A 企业没有投入该设备，直接违规排放，产量增加，挤占了 B 企业的市场份额，其盈利达到了一千万美元；B 企业没有能力投入该设备，所以合规经营，不能增加产量，导致市场份额被 A 企业挤占。在追究 A 企业的违规排放责任时，

---

① 《清洁水法》第 309 条（c）（3）。
② 《清洁空气法》第 113 条（e）。

A 企业抗辩其少投入的成本为一百万美元，应当以一百万美元及其在这一时段内所能够产生的利润作为计算罚金的基础。这样，即便其利润里为100%，罚金也不过为两百万美元，其仍旧有 800 万美元的利润。法院认为，如果没有 A 企业的违规排放行为，其就不可能获得这一千万的利润，如果允许其将在接受罚金处罚后仍能够获益，将纵容其将罚金列入生产成本，从而忽视对环境的损害。最终，法院以其全部利润为基础，计算了 A 企业的罚金。

在我国行政罚金和民事赔偿金的计算过程中，或机械的囿于法律规定，或简单的以损害数额为依据，给违法者留下了将环境损害的违法行为作为盈利成本的空间，这将无法实现对环境违法行为的打击和威慑作用，因此，美国的罚金计算标准，对我国的环境司法实践，具有一定的参考价值，值得我们借鉴和学习。

罚金是在事后的惩罚和赔偿，而禁令，尤其是临时禁令，是在损害行为发生和可能发生时对环境资源的有效保护手段，相比于罚金，要求违法者承担禁令责任，更有利于实现环境法立法的根本目的。下文中，将对美国环境法当中的禁令制度和我国行为保全措施制度进行详细的比较，并对司法实践提出建议。

（六）小结

同美国的规范为主的单行立法责任体系不同，我国的环境案件责任，最终都要落实到侵权责任法的体系当中。考虑到我国现阶段经济发展情况、行政执法体系建设进程以及民众的法治意识，现有的体系对解决我国环境纠纷而言，是符合实际的，我们完全没有必要盲目照搬照抄美国的法律责任体系。但美国环境案件执法过程当中通过罚金对违法者予以足够的惩戒，以及通过禁令在第一时间防止环境损害的发生和扩大的司法理念，还是值得我们学习的。

二、"禁令"理念对中国环境保护司法中行为保全措施之补足

近年来，在中国政府和社会各界的努力下，中国的环境状况正在逐步得到加强和改善，自 2014 年《环境保护法》修订以来，各项立法和司法解释频繁出台，更加彰显了中国治理环境污染，保障人民福祉的决心。但同时，环境保护的诉求与经济发展的压力之间的矛盾也愈发凸显，这些矛盾最终集中到了人民法院，对人民法院在审判工作中如何恰当的适用法律，实现"绿色"和"发展"之间的协调提出了更高的要求。

（一）中国环境保护司法中行为保全措施所面临的问题

我们应要先明确一个问题，经济的发展必然要消耗资源，生产经营中合规的排放也会给环境造成损害，和农家田园的靠山吃山，靠水吃水一样，人类的生存和发展不可避免的与环境保护发生冲突和矛盾。因此，不能先入为主的认为任何损害环境的行为都是"恶"的，应当被禁止的，污染和环境损害并不必然等同于违法，只有理性的对待发展和环境保护的关系，才能正确的认识二者的矛盾，作出切合实际的司法裁量。

在平衡二者冲突的过程中，规定于《民事诉讼法》① 和最高人民法院《关于审理环境民事公益诉讼案件适用法律若干问题的解释》②、《关于审理环境侵权责任纠纷案件适用法律若干问题的解释》③ 中的行为保全措施本可以成为一个有效的缓解各种法益冲突的手段，使法院在防止环境损害发生和扩大的同时，充分考虑被诉行为的后果，并引导双方走向和解——毕竟，同普通的侵权行为不同，在我国环境立法严格责任规范下的侵权人，不但不一定具备主观过错，而且通常具备合理的消弭损害的经济和技术条件。可以说，适当的行为保全措施的采取，可以在很大程度上平衡环境保护和经济发展的关系，使纠纷得以恰当的解决。然而，数据显示，行为保全措施在我国环境纠纷案件当中的适用非常有限④。

环境保护和经济发展是一个矛盾的对立统一体，其根本问题，是如何适当的在保护现有环境资源并实现其对社会公众的生态服务功能的同时，将必要的环境资源用于经济发展，以满足人民群众的需要。严格意义上来

---

① 《中华人民共和国民事诉讼法》第一百条、一百零一条

② 《最高人民法院关于审理环境民事公益诉讼案件适用法律若干问题的解释》第十九条

③ 《最高人民法院关于审理环境侵权责任纠纷案件适用法律若干问题的解释》第十二条

④ 根据威科先行数据显示，截至 2017 年 2 月 15 日，《最高人民法院关于审理环境民事公益诉讼案件适用法律若干问题的解释》第十九条、《最高人民法院关于审理环境侵权责任纠纷案件适用法律若干问题的解释》第十二条尚无援引纪录，甚至颁布于 1988 年的《最高人民法院关于贯彻执行〈中华人民共和国民法通则〉若干问题的意见》中第 166 条规定的行为保全措施，在威科先行当中也无援引和适用纪录。考虑到依据这些条款作出的行为保全裁定未必上网公布，而且威科先行公布数据并非官方数据，所以不能据此断定环境诉讼中行为保全措施的适用情况，但可以推断其适用范围仍然十分有限。

说，这是一个经济学的问题，然而解题的法院，手中却并没有经济学的工具。法律的目的是为了实现公平正义，我们的立法当中，没有着重考虑经济因素，这一原则本身并没有问题，但当其适用于环境案件这一特殊类型时，实现公平正义的社会成本和社会效果之间的反差就愈发明显。司法裁判者对此不可能视而不见，尤其是在行为保全措施的适用过程中，难免陷于机械司法（简单的适用行为保全措施的法律规定，不考虑裁判的社会效果）或背离法律（考虑到采取社会效果的严重性，在满足法律规定的要件时，仍拒绝采取行为保全措施）的两难境地。对此，笔者认为，将在美国环境案件当中广泛适用①的禁令②制度中的平衡和经济理性的思维引入我国行为保全制度当中，为法官确立参考的依据并留有裁量的空间，可以有效的激活环境案件当中的行为保全措施，推进环境保护和经济发展的协调统一。

（二）美国环境保护案件中禁令的应用

禁令制度（这里专指临时禁令）源于英国的衡平法体系，是以衡平正义为基础，在普通法无法提供充分的救济时，由大法官代表国王以颁发令状的形式对当事人予以救济的一种方式。禁令随同其他很多法律制度一同从英国传播到美国，在美国被称为"超常规的有力救济③"。所谓超常规，一定意义上是因为，在没有经过法院的最终审理裁判前，强制命令一方当事人作为或不作为特定的行为，实质上是对其自由意志的干预，有违背司法伦理之嫌。因此，禁令虽然效力强大，但却须谨慎适用。而适用禁令的基本原则，实际上仍然体现在其最初的渊源中——衡平。衡平是为了实现正义，但正如卡多佐所言，"正义不是在急风暴雨中获得的"，而应是温和、渐进的实现的。在这一过程中，我们甚至应当容忍法律对正义的适当偏差——或者矫枉过正，或者妥协容让，在利益和道德得以平衡的范围内，以对社会损害最小的方式，平稳的推进正义的实现。禁令的功能，就是在各方利益之间寻求平衡，以最经济的手段实现最大程度的正义。对于

---

① ［美］丹尼尔·列素：《环境案件中的临时禁令及其在上诉期间的持续效力》，载《美国法律继续教育——环境诉讼》2016 年 6 月刊。

② Injunction Relief，禁令只是其诸多译名中的一种。

③ 瑞秋 A. 威莎：《温特案的魅影——解决联邦巡回法院关于临时禁令的分歧》，载《范德比尔特法学评论》2012 年 4 月刊。

纠结于环境保护和经济发展矛盾的裁判者而言，这是一种有益的裁判理念。

"禁令是美国环境案件中很重要，甚至是不可或缺的一部分"。① 在美国的环境案件司法实践中，禁令不但保证了程序上的正义，而且对环境损害提供及时有效的救济。此外，禁令对推动各方达成和解亦起到了很大的作用。一方面，在审查禁令的过程中，法院已经对案件事实有了一定的了解，并对裁判结果形成了预判，这在后续的审判当中，会在某种意义上对被申请人形成压力，促进和解的达成；另一方面，环境损害或其所面临的危险得到了有效的控制，被申请人对于自己行为的后果和可能被判处的责任也有了一定预期，双方往往会主动沟通，在没有法院参与的情况下，自行达成和解。可以说，美国环境案件的和解率之高，在一定程度上要归功于有禁令制度的有效应用。

（三） 中国行为保全措施与禁令制度之比较

1. 裁判效果表象之比较

中国的行为保全制度，就当事人义务负担的表述而言，与禁令极为相似，例如《民事诉讼法》第一百条中规定"人民法院对于可能因当事人一方的行为或者其他原因，使判决难以执行或者造成当事人其他损害的案件，根据对方当事人的申请，可以……责令其作出一定行为或者禁止其作出一定行为……"；《最高人民法院关于审理环境侵权责任纠纷案件适用法律若干问题的解释》第十二条规定"被申请人具有环境保护法第六十三条规定情形之一，……可以裁定责令被申请人立即停止侵害行为或者采取污染防治措施"；《最高人民法院关于审理环境民事公益诉讼案件适用法律若干问题的解释》第十九条规定"原告为防止生态环境损害的发生和扩大，请求被告停止侵害、排除妨碍、消除危险的，人民法院可以依法予以支持"。然而，这些规定目的导向明显，适用范围狭窄，而且对于行为保全措施实施的后果考虑片面，这将导致裁判者在环境案件审判实践中，面对现实的利益冲突，处于或是缺乏适用依据，或是囿于裁判的社会效果而不愿适用的两难境地当中。不同的内在逻辑决定了表象相同的法律行为会产生不同的效果，下面将我们就美国禁令制度的考量因素作以介绍，并将其

---

① 《环境质量》，环境质量委员会第九次年度报告，美国政府印刷办公室，1978 年 12 月。

和我国行为保全措施的构成要件和方法论上的差异进行比较。

2. 裁判考量因素之比较

这里，着重强调的是考量"因素"而非要素，即，这些内容是法院在决定是否办法禁令时所考虑的条件，但却并非需要全部满足，在这些要件的基础上，法院可以根据实际情况，在一定范围内，衡平这些因素的说服力，进行裁量。

（1）申请人胜诉的可能性

与临时限制令不同，美国法院在决定是否发布禁令时，会召开听证会，听取双方的意见，对于案件的事实会有基本的了解。在此基础之上，判断禁令申请人的诉讼请求最终能够得到支持的可能性，将其作为是否发出禁令的考量因素之一。这里所说的只是胜诉的可能性，而并非必然性，至于可能性的大小并没有一个量化的概念，在司法实践中，美国的法官对此要求较高，但最终是否颁发禁令，还要结合其他因素综合考虑。

在我国的行为保全制度中，虽然没有明确提出这一标准，但在法律条文中，以多种方式体现了这一含义。例如，在《民事诉讼法》第一百条中直接明确行为保全的目的是为了方便执行，第一百零一条中则限定只有在保护"合法权益"的前提下，方可行使保全，这两个条文，对申请人的胜诉可能性提出了极高的要求。在《最高人民法院关于审理环境侵权责任纠纷案件适用法律若干问题的解释》第第十二条中，规定当被申请人具有环境保护法第六十三条规定情形之一，法院可以采取保全措施，即，此处并非以判断当事人是否具有胜诉的可能性为要件，而是以被申请人的行为是否违反法律明确规定为要件，在我国《海事诉讼特别程序法》中，也作出了类似的规定①。这种形式，在美国法中被称为"法条禁令"（Statutory Injunction），其逻辑为：法律规定代表着明确的社会利益，被申请人违反法律的明确规定的行为必然会导致其败诉，因此，申请人无需再来证明其胜诉的可能性。这种规定，实质上是以违法行为的审查替代了对胜诉可能性的审查，此类规定和前述《民事诉讼法》的规定一样，对胜诉可能性提出了很高的要求。

在《商标法》《著作权》和《专利法》等知识产权立法和司法解释中，则要求申请人提交能够证明其权利主体、权利效力和存在侵权行为的

---

① 《中华人民共和国海事诉讼特别程序法》第五十六条（二）项。

证据，在这里，因为被控行为是否构成侵权，是法院将要后续审理的内容，所以，当事人实际上只需要证明其权利的合法有效，以及被控行为可能构成侵权的初步证据，即，只需要证明其具备一定的胜诉可能性，即可满足申请行为保全的要件；

在《最高人民法院关于审理环境民事公益诉讼案件适用法律若干问题的解释》第十九条中规定："原告为防止生态环境损害的发生和扩大，请求被告停止侵害、排除妨碍、消除危险的，人民法院可以依法予以支持"。此处规定并未明确原告要求被告采取这些行为的时间，但考虑该司法解释第十八条已经作出了"原告可以请求被告承担停止侵害、排除妨碍、消除危险、恢复原状、赔偿损失、赔礼道歉等民事责任"的规定，应当推定这两条的规定不应该是重复的，既然第十八条规定的是最终的民事责任的承担，那么，第十九条所指的就应当是诉讼中的行为保全措施。此处，申请行为保全措施的条件仅为"防止生态环境损害的发生和扩大"，考虑到很多合规的生产行为，都可能导致生态环境损害的发生和扩大，这一规定几乎是完全放弃了对申请人胜诉可能性的考察，但结合该司法解释第一条的规定，应当认为此处所指的损害是指"损害社会公共利益或者具有损害社会公共利益重大风险的污染环境、破坏生态的行为"，即，损害公共利益的行为应当是违法的，那么申请人自然具备胜诉的可能性。当然，这是一种环环相扣的推定，任何一个逻辑不成立，都可以认为此处对于行为保全的申请中，并未考虑胜诉的可能性。

综合以上分析可见，我国的行为保全措施，尤其是能够适用于环境案件的行为保全措施，总体上对于胜诉的可能性设定了较高的要求，而且这些较高的要求是申请行为保全措施所必须具备的"要件"，而并非法院可以衡量的因素。

（2）不可弥补之损害及其发生的可能性

源于衡平法时代，对于申请禁令的首要条件，就是申请人所面临的是不可弥补之损害。在美国禁令制度中，认定不可弥补的损害一般是指此种损害是以金钱或者其他法律手段无法进行救济的。这一特质回应了本文之前提到的司法伦理的问题，只有在其他手段无法实现正义的时候，才能使用这种"超常规的救济方式"，以程序当中的救济，补充法律应对复杂的客观现实的不足，否则法院应当保持足够的司法克制，不应对当事人的自由意志横加干预。就美国司法实践而言，尽管存在法官衡量的自由，但如果申请人不能证明其损害无法以其他法律规定实现救济，则其关于禁令的申请很难得到救济。然而，在环境案件中，由于环境一旦损害就无法恢复原貌已经成为共识，其他的救济方式亦不能使环境损害得到本质上的救济，所以，在环境案件中，美国法官对于不可弥补的损害一般会予以认定。

同时，对于不可弥补损害的存在，在美国判例法中一直是以可能性为前提的，但关于可能性的大小对于是否颁发禁令的影响，却在司法实践中一直存在争议和变化，一般来说，当胜诉的可能性较高、对于申请人和公共利益影响较大的情况下，法院会适当降低对不可弥补损害发生可能性的要求。

对于不可弥补的损害是否构成申请行为保全措施的条件之一，我国法律规定各有异同。只有《民事诉讼法》第一百零一条有关诉前行为保全措施的规定以及专利、商标、著作权等知识产权立法和司法解释中的相关条款中对于不可弥补的损害作出了相关的表述，而对于何种损害可以认定为不可弥补的损害并没有具体的解释。在其他立法和司法解释，尤其是与环境案件有关的两个司法解释中，对于是否需要有不可弥补的损害才能够申请行为保全措施并没有明确规定。并且，关于不可弥补的损害发生的可能性的大小，是否作为法院决定采取行为保全措施的依据，并没有明确规定，如果只从文字表述来理解，可以认为我国立法对不可弥补损害的发生是以"将会"为标准，这对司法实践中当事人的举证能力提出了很高的要求。

（3）考虑禁令对双方当事人的后果

衡平法是在天平上舞动的法律，即便在考虑如何实现正义的时候，也不会忘记对于实现正义成本的计算。美国的禁令制度当中，也充分体现了这种经济理性的思维。即便申请人胜诉的可能性很大、即便申请人所遭受的是不可弥补的损害，但如果颁布禁令将会给被申请人造成更大的损害，法官在判定时仍要有所犹疑。毕竟，法律运行的目的之一是为了实现社会利益的最大化，虽然经济成本并不必然是我们考虑法律制度的要素之一，但如果以不经济的方式实现正义，法律的运行成本将明显增加，最后所造成的，是对社会利益的损害。

在我国的《民事诉讼法》和有关环境案件的立法和司法解释中有关行为保全措施的规定，单纯强调了对环境损害的预防和救济，并没有对行为保全措施将给双方所造成后果进行审查和考量的规定。

（4）公共利益

如前所述，禁令制度一直在各方的利益间平衡，除了双方当事人的利益之外，法院在裁定是否颁发禁令时，还应当充分考虑对公共利益的影响。即便申请人能够证明其满足了前述的三个条件，但如果颁发禁令会对公共利益造成损害，法官仍然会对公益和私益进行衡量，甚至是对两种互相冲突的公共利益进行衡量，以决定是否接受当事人的申请。

在我国的相关法律规定中，在《最高人民法院关于审理环境民事公益诉讼案件适用法律若干问题的解释》中明确，该司法解释的主要目的是为了维护公共利益，因此，虽然在有关行为保全措施的法条中没有明确提出这一条件，但应当认为公共利益是贯穿至该司法解释始终的。此外，在有关知识产权的司法解释当中，也提到了采取行为保全措施，应以不损害公共利益为前提。对于公共利益应当如何界定，在法律条文中并没有明确的规定。在《民事诉讼法》和其他司法解释当中，并未涉及对行为保全措施是否需符合公共利益作出明确规定。

（5）救济效果

除了上述四个因素之外，禁令为达到充分救济的效果，明确法院可以命令被申请人为特定行为或者禁止为特定行为，即，分为积极后果和消极后果，尤其在环境案件中，很多情况下，积极的作为行为是对环境损害更为有利的救济方式。在我国的立法中，《民事诉讼法》和有关环境侵权及公益诉讼的两个司法解释中，亦对此有明确的规定。

禁令考量因素与中国法律分析对照表

考虑因素　　中国立法	胜诉可能性	不可弥补损害	对双方后果	公共利益	行为方式	
					积极作为	消极作为
《民事诉讼法》诉中行为保全	√	×	×	×	√	√
《民事诉讼法》诉前行为保全	√	√	×	×	√	√
环境侵权司法解释	√	×	×	×	√	√
环境公益诉讼司法解释	?	×	×	√	√	√
《著作权法》	√	√	×	√	×	√

考虑因素 中国立法	胜诉可能性	不可弥补损害	对双方后果	公共利益	行为方式	
					积极作为	消极作为
《商标法》	√	√	×	√	×	√
《专利法》	√	√	×	√	×	√
《海事诉讼特别程序法》	√	×	×	×	√	√

在衡量上述四个因素的过程中，美国法官一般会在一个"滑动的范围内"（Sliding Scale）根据个案的情况进行分析，自由裁量是否颁布禁令，这种方法虽在一些案件当中受到挑战，但基本上还是为各个联邦巡回法庭所支持。在我国的立法和司法解释中，对于行为保全措施的判定，通常有明确的要件式要求，法官仅就某一要件成立与否，具有一定的自由裁量权，如判定是否存在不可弥补之损害，或者是否公共利益的范围等，但在确定要件之后，法官只是依法裁定，而并不会衡量各个要件的权重，再作出综合判断。

（四）禁令理念对中国环境保护司法中行为保全措施的借鉴意义

上述比较并没有评判孰优孰劣的意图，在不同的法治文明的土壤上自然会结出不同的果实。禁令制度历史沿革悠久，考虑相对周全，而行为保全制度标准清晰、目的明确、易于操作。然而，他山之石，可以攻玉，更何况中国如今的环境保护所面临的严峻形势亦曾是美国所经历的路程。适当的借鉴美国法律制度的经验，能够使我们更加全面的考虑环境司法所面临的问题，有效的提升环境司法的效率。

1. 着重实现行为保全制度的环境治理功能

美国环境法律的核心是"合规"和"治理"，作为在环境案件中屡屡涉及的禁令制度，其在适用效果上亦紧紧围绕着这一核心。我国的环境法的救济和责任体系基本建立在《侵权责任法》的基础之上，事后救济多于事前救济、金钱给付多于行为给付、消极作为多于积极作为，行为保全制度在实施过程中亦多体现为对被申请人行为的限制而并非主动要求其主动履行环境治理行为①。事实上，被申请人对于采取积极措施防止损害扩大、消除危险和妨害要比申请人具备更多的经济和技术资源，由被申请人积极作为，往往同最终裁判的结果相比，成本更低，效率更高。同时，要求被申请人积极采取措施，亦可以在未来的裁判中降低被申请人的责任，实现环境治理和各方当事人共赢的局面。

2. 以经济理性对待利益冲突

如前所述，发展的过程当中不可避免的会带来对环境的破坏，这是经济社会发展所必然面临的冲突。在解决这一冲突的过程当中，我们不能一概将所有的损害环境的行为都定义为违法行为，甚至在制止违法行为的过程当中也应当以经济理性的理念平衡法律实现的社会经济成本，例如，尽管某一污染者的行为已经触发了行为保全措施的要件，但如果对其责令其停产将会产生更大的经济损失、甚至是导致大量工人失业，造成严重的社会问题，那么，这种行为保全措施的采取就应当极其慎重。在经济成本和社会价值严重不平衡的情况下，应当慎用行为保全措施，以其他替代的责任方式对环境损害予以补救、对被侵权人予以赔偿。

3. 将公共利益作为行为决定保全措施的考量因素

案件的争议限于当事人之间，但裁判的结果却可能对某一社区甚至是社会产生重大的影响，尤其是在环境案件中，裁判对公共利益产生影响的可能性更大。因此，在决定是否采取行为保全措施时，应当考虑当事人所争议的私益和社会公共利益之间的平衡，在一些案件中，更应当考虑代表社会不同层面的公共利益之间的平衡。

4. 自由裁量的空间

现实客观复杂，各种利益衡量在不同的条件下有不同的社会效果，应当赋予法官在一定范围内衡量采取行为保全措施各个因素所占权重的自由裁量权。例如，某一行为保全措施的申请，虽然具备较大的胜诉可能性，并且申请人所遭受的是不可弥补的损害，但如果采取行为保全措施，将会给公共利益造成重大妨碍和损害，那么，法院应当在各个要素之间进行权衡，以决定是否应当许可行为保全措施的申请。

5. 积极促成和解

禁令在美国环境诉讼中，为推动双方最终达成和解，起到了重要的作

---

① 在没有最终裁判之前，被申请人所承担的只是履行行为保全裁判文书的义务，而并非基于损害行为而承担的救济责任的义务。

用。在适当的时刻以适当的内容采取行为保全措施，既能够平衡双方当事人利益，防止损害的发生和进一步扩大，有效减少当事人可能的不利益，又能够给法院足够的时间查清案件事实，将双方带回到谈判桌旁，有更充分的机会商议对损害进行救济的方案。环境纠纷案件不同于一般的侵权案件，各方当事人，尤其是污染者，所需要考虑的本质上是成本和收益的关系问题，因此，有效的行为保全措施，能够使当事人理性的认清事实，推进双方对解决争端达成协议。当然，行为保全措施能够发挥这一作用，前提还须保证行政处罚或者民事赔偿的标准绝对高于污染者的非法获益。

（五）中国环境保护司法中行为保全措施改革的建议

结合我国环境案件司法审判实践，借鉴美国环境法禁令制度的适用经验，作者认为，我国的环境司法中的保全措施可以在以下方面予以完善和补充。

1. 关于胜诉可能性的要求

我国的司法风格一般偏向稳健，在采取行为保全措施时，普遍对于胜诉可能性有着较高的要求，但考虑到环境案件的特殊性，这一标准应当适当灵活把握。在被申请人的行为已经确定违反了诸如排放标准等法律或行政法规的规定时，应当直接认定申请人满足了具备较高的胜诉可能性的条件，而不应对其诉讼请求的其他内容再进行过多的审查；此外，自然情况客观复杂，生态环境面临着客观的损害和危险并非必然是由于被申请人的违规或违法行为导致的，申请人提出的各项诉讼请求也未必能够全部得到法院的支持，但如果生态环境客观上面临着因被申请人的作为或者不作为而将遭受不合理的损害或威胁时，人民法院有必要对申请人的各项诉讼请求的胜诉可能性分别予以考虑，只要其对于防止环境损害发生和扩大诉讼请求具备较高的胜诉可能性——并非必然会胜诉时，人民法院可以综合其它情况，决定是否采取行为保全措施。

2. 无法弥补损害的确认

法院在最终裁判前，对于行政机关的管理行为和社会主体的经营行为应当尽量减少干预，保持司法克制，行为保全措施的救济对象应当限定于无法以其他法律方式进行救济的损害。我国目前的能够适用于环境案件的立法中，只在《民事诉讼法》第一百零一条关于诉前保全措施的规定中含有对无法弥补的损害的表述，而在其他法律中并无规定。考虑到我国环境损害的民事责任基本建立在《侵权责任法》的基础之上，而承担侵权责任的方式亦多种多样，所以，在环境案件行为保全措施申请的司法审查规定中，应当明确确立只针对不可弥补的损害进行救济。否则，将容易造成申请人滥用诉权，而法院对此无正当定理应对的尴尬局面。或许有的观点会认为这样缩小了行为保全措施的适用范围，不利于环境保护，但作者认为，对于真正的环境损害而言，以生态环境的不可恢复为基础，证明构成不可弥补的损害对于申请人而言并没有加重其负担，相反，这种限制有利于区分行为保全措施在包含环境因素的广义的侵权案件和损害生态环境的案件中的适用，更好的发挥制度设计的功能，避免在实践中被滥用。

除以其他法律方式无法救济的标准之外，针对司法实践，在确定是否构成无法弥补的损害时，我们还应当注意以下两种情形。

（1）被申请人可能不具备赔偿能力，是否构成无法弥补的损害

这个问题的实质是行为保全能否成为财产保全不足的补救措施。在有证据证明被申请人的损害行为可以通过其他方式，如事后的金钱赔偿等，向申请人承担责任，在采取财产保全措施后，如果明确被申请人并无经济能力承担金钱赔偿责任——如面临破产①——那么是否可以采取行为保全措施，限制被申请人的特定行为？作者对此持否定态度。这样看似对申请人不公，但如果在能够以其他方式进行救济的情况下采取行为保全措施，一则有违背司法伦理之嫌，二则对其他债权人亦存在不公平之处，违反了债权平等的基本原则。因此，不能以其他方式进行救济和缺乏承担责任的能力是法律上和事实上的两个不同问题，行为保全措施不能越俎代庖②。

（2）不可弥补损害发生的可能性对判定是否采取行为保全措施的影响

"必然的"、"现实、紧迫的"、"高度盖然的"、"极其可能的"、"可能的"，这些都可以用来限定不可弥补损害发生的可能性，应当说，在我国立法中，在"将会"和"无法弥补的损害"之间，缺少了一个程度副词，而这一缺失，直接导致了立法上的模糊和司法上可操作性的欠缺，甚至于过分加重了申请人的举证负担，影响了行为保全措施条款的实施效果。从审判实践出发，作者认为，对于尚未发生的事情，无论当事人如何提交证

---

① 如被申请人之后进入破产程序，即便申请人赢得诉讼，也只能参与普通债权的破产财产分配，权利很难得到充分救济。

② 此外，即便被申请人进入破产程序后继续实施违法行为，该损害责任亦可认定为公益债务，优先清偿，但对之前的侵权行为是否连续计算，尚有待讨论。

据证明，对于法官而言都只是一种预判，法官所要做的，是根据现有的证据来分析不可弥补损害发生的可能性的大小、根据一个既定的标准作出裁判，并考虑预判错误所可能造成的后果。其中，证据是由当事人提交的，可能性的大小是法官主观判断的，既定的标准应当是由立法确定的，可能造成的后果则要由保全费用制度和对双方当事人所造成影响的因素共同作为衡量条件，此问题我们稍后论述。在法官的素质——主观判断的能力——已然具备的情况下，要解决这一问题的核心就是立法应当给出的既定标准，或者衡量这一标准的范围，即，如何补足立法中所欠缺的程度副词，抑或是明确将此作为法官自由裁量权的范围。

3. 均衡考虑行为保全措施对各方的影响

这种经济理性的平衡理念，在我国有关行为保全措施的制度中并没有体现，而作为法经济学的一种理念，它却深深的烙刻在美国的司法实践当中。一直以来，我们认为正义无价，不应以实现正义的成本来决定正义是否需要得到实现。但不可否认的是，在经济社会高度发展的今天，在裁判当中充分运用经济理性的思维，是保证司法运行与社会效果相一致的重要因素。例如，为支持申请人一项较小的、不可弥补的损害，而对被申请人实施行为保全措施，导致巨大的经济效益的减损，严重影响其生产经营，甚至导致某一范围内大规模的失业，造成更加严重的社会问题，最终影响的是经济社会的总体发展。因此，与其不计代价的在个案中实现绝对的公平正义，不如以替代的方式实现对申请人的个案补偿，以换取社会整体更大的利益。在平衡禁令对各方的影响过程中，有两种特殊情形需要讨论。

（1）申请人"迎向损害"的情形

我国环境法中规定了严格责任，即便污染排放者没有过错，合规排放，仍有可能为排放行为承担责任，在城市化规模急速扩张的中国，这将给生产经营者对责任的预期带来极大的不确定性。例如，某排放企业在城区外选址经营，并经过了环评、获得了许可，在其正常的生产经营中并不会给他人造成损害。但随着城市规模的扩张，在其厂区周围出现了大量的住宅，其合规的排放行为亦会给周围的居民造成损害。对此，一方面可以理解为，居民在选择社区环境时对于企业排放情况是了解的，其既然作出了选择，就应当承受选择的后果；另一方面也可以理解为，在社区居民的健康面前，企业的经济利益有义务进行避让，即便其存在是合法的。在这种情况下，美国法院的选择是支持了关于关闭工厂的禁令，但同时要求申请人支付企业搬迁改建的费用。虽然此种判决内容在美国也属于比较少见，但其中体现的对于禁令对双方后果的衡量作者还是赞同的。申请人对于损害或其危险的发生是否负有过错，可以在最后判定赔偿责任的时候厘清，但在决定是否采取行为保全措施时，不应以过错负担的思维来考量行为保全措施对于双方所造成的后果。

（2）被申请人的合同责任是否应作为行为保全措施后果的考量范围

在美国环境法中，如果被申请人的行为违反了法律规定，那么其所得利益会被视为非法的利益，行政机关在计算罚金的时候要保证罚金金额高于非法获益的数额，所以，法院在考量禁令对双方后果的时候一般不会对此种合同责任予以考虑①。而在我国环境法建立在侵权法的严格责任基础之上，合规的生产行为仍然有可能被采取行为保全措施，在这种情况下，法院所要衡量的实质上是两种合法利益之间的取舍，那么，作者认为，被申请人的合同责任也应当计入法院考虑行为保全措施对各方后果的一部分。

4. 对公共利益的影响

在决定是否采取行为保全措施时，应当充分考虑其对公共利益的影响。这种考虑，并非判断哪一种选择结果对公共利益的增益最大——不能以行为保全措施限制一方的利益作为增加公共利益的手段，而应当判断采取或者不采取行为保全措施，哪一种选择对公共利益的消极影响最小，能够最大限度的使公共利益处于相对稳定的状态。例如，某一行为虽然造成了生态环境的破坏，符合采取临时措施的条件，但如果限制其生产和经营，将会影响某一社区范围内的社会服务功能（如超标排放的校车等），那么，法院在决定是否采取临时措施时，应当对此予以考虑。

在考虑行为保全措施之于公共利益的影响时，还有一种相对特殊的情形是公共利益之间的冲突——即采取行为保全保全措施可能会影响一种公共利益，而拒绝采取行为保全措施可能会影响另外一种公共利益。在这种情况下，除了衡量两种不同公共利益的权重外（如局域地区的环境利益和国家安全利益的比较），还要坚持不能以牺牲某一公共利益作为实现另一种公共利益的手段（如为了缓解排放源周围的环境压力，而采取增高烟囱等行为保全措施，排放源周边的空气质量会得以改善，但更远地区的空气

---

① "第三方因禁令而产生的潜在经济损害一般不应超过法院考量环境损害的权重。"Montana Wilderness Association V. U. S. Fish & Wildlife Service，2006 WL 62714（D. Mont.）.

质量将会因此而受到损害）。

5. 自由裁量的范围和方式

如前所述，决定行为保全措施的实施与否，在很多方面涉及了主观的对利益的衡量和判断，因此，应当留给法官一定范围内的自由裁量的空间。美国的案例法中，关于上述四个因素的衡量一直存在着"滑动范围"的司法实践，这种实践的具体操作形式在联邦最高法院和各巡回法院，以及各巡回法院之间并未取得最终的一致，甚至有的学者认为联邦最高法院的判例否定了法院对四个因素之间的衡平，而将因素认定为了"要素"，使之成为"缺一不可"的选择方式。

作者认为，要素说过于机械，会束缚法官面临复杂的客观现实环境时的自由裁判力，而因素说过于主观，标准过于模糊，不适于在我国现实的司法实践中予以应用，因此，我国对于环境案件的行为保全措施，可以适用"要素"和因素相结合的审查方法。

（1）固定要素

以"胜诉的可能性"和"不可弥补的损害"（定性）为要素，作为申请行为保全措施的必要条件，虽然对于此两者是否构成，不可避免的要包含法官的主观判断，但这事司法裁判过程中不可避免的。只有法院经过审查，认为当事人的申请满足了此两项条件，即，申请人具有较大的胜诉可能性、申请人所主张的损害如果发生在客观上确为不可弥补的，这样才具备继续考虑行为保全措施申请是否应当得到支持的可能性，欠缺其中之一，法院都将对此不予审查。

（2）"滑动"因素

以"不可弥补损害的可能性"（定量）、"行为保全措施对当事人可能造成的后果"和"公共利益衡量"为"因素"，作为申请行为保全措施的充分条件。具备了必要的前提条件，并不等于行为保全的申请一定要得到许可，针对客观实际情况，法院还应对上述三个因素进行具体的考量，这一考量没有一个具体的标准，但作者认为，可以提出三个原则，即，"适当合理的保护当事人利益""以实现经济社会总体利益最大化"为原则、"以对公共利益影响最小为原则"。

这样的审查方式，既能够确立一定的前提和标准，使法官在操作中有的放矢，又充分尊重客观实际，赋予法官充分的自由裁量空间，避免机械司法，使裁判效果符合社会利益。

6. 行为保全措施内容的确定

我国民事诉讼法的基本原则，是"不诉不理"，因此，对于行为保全措施内容的确定，也应当以申请人的申请内容为依据。但环境案件中的行为保全措施，有其自身的特殊性，一方面，除了简单的判断作为或不作为特定行为外，还存在着是否采取介于二者之间的特定的行为才更加符合行为保全措施的本意的可能性。例如，对于排污企业，申请人的行为保全措施可能是责令其停止排放，这就涉及到法院需要判断，排污企业是否超标排放？如果超标排放，责令其在许可范围内排放是否能够起到限制其对环境损害的作用？如果是合规排放，那么是否只有彻底的停止排放才能消除对环境的不合理损害、是否还有其他的排放限度可以选择？只有合理的确定这些内容，才能够真正实现行为保全措施的目的；另一方面，在确定了前述的内容后，还涉及如何实现这些内容。将特定污染物的排放标准降低到某一数值，可能会有不同的科学方法，每一种方法的应用成本、效率及是否会产生其他影响都存在着差异，不解决这些问题，很可能使行为保全的裁定过于武断，失去了可执行性。为更好的实现环境案件中行为保全措施的功能，作者对于行为保全内容的确定提出以下建议：

（1）从民事诉讼法的基本原则出发，以当事人的申请为基础，但应当要求当事人的申请必须有明确的标准及对于该标准一定的技术分析支持，同时还应说明实现该标准的技术手段；

（2）对于技术标准及技术手段的科学技术问题，给予被申请人充分的抗辩机会。作为排污者和排污设备的实际控制人，就实现同一技术标准，被申请人往往有能力提供效率更高、成本更低的路径，这应当成为法院审查的参考因素；

（3）如果申请人的申请内容中所包含的标准和手段不利于实现行为保全措施的目的，应当向其释明，要求其变更申请内容，申请人拒不变更的，人民法院可以驳回其申请，或者在涉及公共利益的情况下，根据案件实际情况，结合诉辩双方的意见，径行决定行为保全措施的内容。

7. 保证金

在美国的《联邦民事诉讼规则》和我国《民事诉讼法》中，都包括了对禁令或行为保全措施保证金的规定，作为防止申请人滥用诉权，保证被申请人合法权益的手段，保证金制度是极其有效的。但在环境案件中，尤其是在公益诉讼案件中，申请人有可能是非营利性的机构组织，提供保证金有一定困难，因此，在酌定保证金时，应当结合申请人胜诉的可能性的概率以及被申请人行为的违规、违法情况，酌情予以考虑，而不应简单的以诉讼标的额为对应标准。对于申请人胜诉可能性极大、被申请人违法、违规行为明显的，可以酌情少收或不收取保证金，以减少当事人不必要的诉累，提升司法环境保护的效率。

8. 执行的刑罚保证

行为保全措施具备一定的急迫性，为保证行为保全措施的实施，有必要利用《刑法》的威慑力，敦促被申请人主动履行。考虑到环境案件的实际，很多救济手段，尤其是一些积极作为的行为，都需要被申请人的主动履行来落实。然而，按照《最高人民法院关于审理拒不执行判决、裁定刑事案件适用法律若干问题的解释》的规定，被申请人拒绝履行积极义务的行为，却很难被认定为犯罪。作者认为，这其中有两个问题需要考虑。其一，在上述司法解释的第（八）项中，已经明确对债权人造成重大损失的行为可以入罪，那么举轻以明重，对于造成公共利益重大损害的行为是否应当入罪？其二，如果按照现有立法逻辑，在最终的裁判结果做出之前，损害及损害的危险性并没有得到确认，那么被申请人拒绝执行的行为就没有满足入罪要件，不会面临刑罚的威慑，因此，将很难保证行为保全措施的落实、亦很难实现对环境利益的及时保护。对此，希望立法机关在今后的立法工作中，能够予以考虑。

9. 充分利用行为保全措施所创造的空间，积极引导各方当事人进行调解

在行为保全措施采取后，一方面环境所面临的现实损害或危险得到了控制，另一方，被申请人也对自己行为的性质及最终可能承担的结果有了一定的预期，考虑到环境纠纷案件最理想的解决方式是实现"绿色"和"发展"的协调，除了诉讼请求之外，各方当事人之间存在着多种通过技术手段或者经济手段能够达成这一目标的可能性。在这种情况下，人民法院可以以解决问题为根本目的，引导当事人不局限于诉讼请求，甚至是通过引入行政管理机关和其他组织、单位共同参与的方式，促进双方达成对于环境保护和经济发展最有利的和解方案，实现环境司法保护社会效益的最大化。

【优秀裁判文书选登】

【裁判摘要】

矿产资源纠纷案件涉及专门性问题的，人民法院可以根据案件审理需要，依申请或者依职权委托鉴定，亦可委托相关领域专业人员出具专家意见。司法鉴定所涉及的专业未纳入鉴定人名册时，人民法院可以从社会相关专业中，择优选定受委托单位或专业人员进行鉴定。

中华人民共和国最高人民法院
民 事 判 决 书

（2015）民提字第 205 号

再审申请人（一审原告、二审上诉人）：北京炅湘钰技术开发有限公司。住所地：北京市朝阳区甘露园南里 25 号院朝阳园 8 号（公寓）楼 2708 室。

法定代表人：秦士伟，该公司执行董事。

委托诉讼代理人：刘宏宝，北京翰孚律师事务所律师。

被申请人（一审被告、二审上诉人）：上海宏博投资管理（集团）有限公司。住所地：上海市浦东新区南汇新城镇芦潮港路 1758 号 1 幢 8834 室。

法定代表人：石为，该公司执行董事。

委托诉讼代理人：徐邦炜，北京市竞天公诚律师事务所律师。

委托诉讼代埋人：竺建平，上海欧博律师事务所律师。

被申请人（一审被告、二审被上诉人）：锡林郭勒盟宏博矿业开发有限公司。住所地：内蒙古自治区锡林郭勒盟东乌旗乌里雅斯太镇库伦南路（经济局楼）。

法定代表人：谢建平，该公司董事长。

委托诉讼代理人：郜丹，北京市竞天公诚律师事务所律师。

委托诉讼代理人：徐佳，上海欧博律师事务所律师。

被申请人（一审被告、二审被上诉人）：延长油矿管理局。住所地：

陕西省延安市宝塔区枣园路延长石油办公基地。

法定代表人：贺久长，该局局长。

委托诉讼代理人：杜春暖，北京市炜衡律师事务所西安分所律师。

委托诉讼代理人：王小涛，北京市炜衡律师事务所西安分所律师。

被申请人（一审被告、二审被上诉人）：陕西延长石油（集团）有限责任公司油气勘探公司。住所地：陕西省延安市宝塔区枣园路延长石油大厦六楼。

主要负责人：冯对生，该公司总经理。

委托诉讼代理人：杜春暖，北京市炜衡律师事务所西安分所律师。

委托诉讼代理人：王小涛，北京市炜衡律师事务所西安分所律师。

再审申请人北京炅湘钰技术开发有限公司（以下简称炅湘钰公司）因与被申请人上海宏博投资管理（集团）有限公司（以下简称上海宏博公司）、锡林郭勒盟宏博矿业开发有限公司（以下简称锡盟宏博公司）、延长油矿管理局（以下简称延长油矿）、陕西延长石油（集团）有限责任公司油气勘探公司（以下简称延长勘探公司）探矿权转让合同纠纷一案，不服陕西省高级人民法院（2014）陕民一终字第00022号民事判决，向本院申请再审。本院于2015年8月10日以（2014）民申字第1925号民事裁定提审本案。本院依法组成合议庭，于2016年1月26日、2017年5月26日开庭审理了本案。炅湘钰公司的委托诉讼代理人刘宏宝，上海宏博公司的委托诉讼代理人徐邦炜、竺建平，锡盟宏博公司的委托诉讼代理人郜丹、徐佳，延长油矿及延长勘探公司的委托诉讼代理人王小涛到庭参加了诉讼。本案现已审理终结。

炅湘钰公司申请再审请求：（一）依法再审，改判支持炅湘钰公司的二审上诉请求；（二）一审、二审及再审全部诉讼费用由上海宏博公司、锡盟宏博公司、延长油矿、延长勘探公司承担。事实和理由：（一）一审、二审法院没有对司法鉴定涉及的证据材料进行庭审质证。炅湘钰公司收到上海宏博公司提交的鉴定材料后，立即向一审法院书面说明这些材料不符合鉴定要求，并要求召集鉴定机构及各方当事人予以核对或质证，但一审法院未予处理。二审审理中，炅湘钰公司再次要求对鉴定材料进行质证，但二审法院仍未组织质证。（二）一审、二审法院没有按照法律规定，调查收集审理案件需要的主要证据。炅湘钰公司在一审、二审审理中均已发函申请法院调取由税务机关保存的案涉油井证据材料，以查明事实，但一审、二审法院均未予调取。（三）一审、二审法院适用法律错误。由于上海宏博公司一方未提供鉴定材料，导致鉴定机构因无法满足鉴定要求退案，应当由上海宏博公司承担举证不能的责任。锡盟宏博公司、延长油矿、延长勘探公司是探矿权转让合同的交易方、承受方、利益分享方，应当依法承担连带责任。（四）一审依法应当回避的审判人员没有回避，二审对该违法情况没有进行处理。一审过程中，由于合议庭存在故意违反审限规定、拒不调查收集证据等违法行为，炅湘钰公司申请合议庭成员回避，但一审法院未予准许，二审判决亦未对此予以处理错误。

上海宏博公司辩称，（一）二审判决认定事实清楚，适用法律正确，上海宏博公司已全面履行了该生效判决。（二）案涉合同约定的"出油井""成井""产量适中""单井收益"四个词的定义不明，致使两口井的位置及收益无法确定，合同无法履行。在此情况下，炅湘钰公司与上海宏博公司在一审中均申请就合同项下两口井的位置及收益值进行鉴定，上海宏博公司积极提供了鉴定材料，但炅湘钰公司无理反对现场勘查，采取非正常方式干扰鉴定工作，导致鉴定机构退案。此后，上海宏博公司要求一审法院更换其他鉴定机构继续鉴定，但炅湘钰公司无理拒绝，致使一审、二审法院均无法确定合同条款的履行，故而驳回其该部分诉请是正确的。（三）一审、二审审理中不存在未依法调查取证、未依法回避等程序性问题，炅湘钰公司无权以此为由要求撤销原审判决。（四）基于全面履行合同并协助法院查明事实的考虑，上海宏博公司请求委托专业的司法鉴定机构确定该合同项下具体井位坐标及收益，以实现各方在该合同项下的权利，包括炅湘钰公司两口油井的收益。上海宏博公司请求驳回炅湘钰公司的再审请求。

锡盟宏博公司辩称，（一）二审判决认定事实清楚，适用法律正确。锡盟宏博公司不是案涉合同的相对方，不应就合同义务承担任何责任，亦不是上海宏博公司分立出来的公司，而是依法设立的独立承担民事责任的法人。锡盟宏博公司是尊重法院意见才配合诉讼程序提供相关资料，并非认可就案涉合同义务承担连带责任。（二）基于协助法院查明事实的考虑，锡盟宏博公司与上海宏博公司共同请求法院委托专业的司法鉴定机构确定案涉合同项下具体井位坐标及收益，以最终认定讼争两口井的收益值。锡盟宏博公司请求驳回炅湘钰公司的再审请求。

延长油矿、延长勘探公司辩称，（一）案涉合同未经延长油矿、延长勘探公司认可，约定炅湘钰公司在 212 区块内享有两口成井的收益并进行现场管理，侵犯了延长油矿、延长勘探公司的矿业权，严重违反法律规定，应属无效。（二）一审法院已经履行了职责，组织当事人对鉴定材料进行质证，炅湘钰公司拒绝质证，且不同意鉴定机构继续鉴定，是导致鉴定机构退案的根本原因。延长油矿、延长勘探公司请求驳回炅湘钰公司的再审请求。

炅湘钰公司向一审法院请求：（一）判决延长油矿、上海宏博公司、锡盟宏博公司、延长勘探公司支付欠付的转让和服务费用 2000 万元、迟延履行期间的利息 138.6666 万元（自 2010 年 7 月至 2011 年 8 月）及自 2011 年 8 月起继续支付利息至其履行日止；（二）判决延长油矿、上海宏博公司、锡盟宏博公司、延长勘探公司支付已出油油井的收益共计 1680 万元（暂估自 2009 年 8 月至 2011 年 8 月），及自 2011 年 8 月起继续支付炅湘钰公司出油油井的收益至油井出油终止；（三）判决延长油矿、上海宏博公司、锡盟宏博公司、延长勘探公司对上述债务承担连带清偿责任。一审诉讼中，炅湘钰公司将原诉讼请求第（二）项变更为：判决延长油矿、上海宏博公司、锡盟宏博公司、延长勘探公司支付已出油油井的收益共计 1680 万元（暂估自 2009 年 8 月至 2011 年 8 月）；判决延长油矿、上海宏博公司、锡盟宏博公司、延长勘探公司交付两口出油成井的井场管理权；判决延长油矿、上海宏博公司、锡盟宏博公司、延长勘探公司自 2011 年 8 月起，继续按照两口出油成井的产量销售额按纳税周期支付炅湘钰公司收益至油井出油终止。

一审法院认定事实：2008 年 5 月 24 日，宁夏天普矿业投资有限公司（以下简称天普公司）与延长油矿签订《转让方煤层气勘查区块矿权转让合同》，约定：1. 天普公司同意将其已登记的内蒙古东乌旗乌兰察布西部地区煤层气勘查区块（面积为 212.924 平方公里，证号：0200000410164）及内蒙古东乌旗乌尼特西部地区煤层气勘查区块（面积为 378.151 平方公里，证号：0200000620282）的矿权，无偿转让给延长油矿，并由延长油矿登记为石油天然气勘查区块并办理勘查许可。2. 受让方延长油矿同意天普公司指定的上海宏博公司进行以上区块的勘探开发合作。具体合作由延长油矿与上海宏博公司另行签订。3. 转让方负责为延长油矿将以上区块登记为石油天然气勘查区块提供所需资源及协调办证有关事宜。本合同一式六份，双方签字盖章后生效。

2008年6月15日，上海宏博公司（甲方）与炅湘钰公司（乙方）签订《内蒙古乌尼特西部地区、乌兰察布西部地区矿产区块探矿权转让、合作协议》（以下简称《转让合作协议》），协议载明：1. 天普公司合法拥有内蒙古二连浩特市乌尼特西部地区378区块和乌兰察布西部地区212区块的探矿权。2. 天普公司股东会已经一致决定，授权乙方与甲方洽谈签署212区块和378区块探矿权转让、合作开发合同（即本协议）。甲方在签订协议前已经知晓上述委托授权事项的存在，认可乙方身份。3. 甲方有意取得上述区块法定或约定范围内长期的石油勘探投资、收益权利。该协议还载明，第一条：探矿权转让及合作区位置、范围和面积。天普公司拥有内蒙古二连浩特市乌尼特西部地区378区块（面积为378.151平方公里，矿产资源勘查许可证0200000620282号）和乌兰察布西部地区212区块（面积为212.924平方公里、矿产资源勘查许可证0200000830015号）矿产区块的探矿权，上述探矿权地理位置、范围和面积以矿产资源勘查许可证为准（见本合同附件12、13）；上述区块探矿权勘查项目名称截止本协议订立时，一直登记为煤层勘查。第二条：矿权转让及合作方式。鉴于甲方希望将本协议第一条涉及的煤层气勘查许可权转化为石油勘探权后，再进行投资开发。而根据我国法律及有关政策规定，中国石油勘探及开发只有国务院批准成立的国有石油公司才有资格，所以需要将煤层气矿权转让给某一家国有石油公司并将其转换为石油勘探及开发权，甲方才能进行合作与开发。故矿权转让及合作方式为：1. 甲方与乙方订立本协议，甲方按照本协议约定的条件向乙方支付相关费用，保证乙方及天普公司的投资权益；2. 本协议生效并适当履行后，乙方协助甲方或甲方指定的公司与延长油矿协商并订立212区块和378区块的合作勘查开发协议（以挂靠形式），确保甲方法定或约定范围内长期的投资收益权；前述合作开发协议中应保留乙方的产品分成收益（详见本协议第三条第3项）；3. 乙方与天普公司根据甲方的指令与延长油矿订立212区块和378区块探矿权的转让合同，将上述区块的探矿权转让给延长油矿，并以延长油矿申请变更登记为石油勘探权。第三条：投资收益。1. 甲方按照本协议第四条的约定向乙方支付转让和服务费用；2. 212区块及378区块内未来的勘查及开发所需资金、法定及约定税、费全部由甲方投入、乙方及天普公司不再承担任何费用；3. 甲方承诺，在212区块内给乙方保留贰口成井的收益（指扣除该成井的钻探投入、生产经营管理成本和税费后的收益）；甲方第一批出油井八口中按照平均产量适中的保留壹口，第九口至第十六口出油井中也按照平均产量适中的保留壹口。保留井在甲方收回成本（指扣除前期勘查、试采、钻探投入和管理成本）后，交乙方进行井场管理，但依然纳入甲方统一管理中。甲方若要将合作区块的合作权益或井位进行转让……第四条：转让费用、服务费用及其他费用与支付。1. 乙方及天普公司在 212 区块和 378 区块从事前期论证、资料收集、研究、勘探，进行了大量的工作，且乙方为甲方与延长石油的合作仍需做大量工作，为此甲方应承担乙方及天普公司转让费用、服务费用总计 3000 万元人民币（大写：叁仟万元人民币）。上述 3000 万元人民币的支付时间为：（1）本协议生效后 5 日内，甲方向乙方指定账户支付 300 万元人民币（大写：叁佰万元人民币），并且，乙方将 212 区块和 378 区块的矿产资源许可证原件移交给甲方；（2）在甲方与延长油矿签订的合作协议生效 5 日内，甲方向乙方指定账户支付 2000 万元人民币（大写：贰仟万元人民币）；（3）在延长油矿完成将 212 区块矿产资源勘查许可证申请变更登记为石油勘探权证（即完成转让手续）后 5 日内，支付余款 700 万元人民币（大写：柒佰万元人民币）。全部费用支付后，乙方向甲方出具正式税务发票。2. 本条第 1 款中所述乙方指定账户为开户行：中国银行北京青年路支行，账号：818220335008091001。乙方确认，甲方向上述指定账户支付款项即为履行向乙方以及天普公司支付本协议项下费用的义务，乙方以及天普公司之间的分配与甲方无关。3. 乙方为甲方与延长油矿的合作进行协调产生的工作费用，由甲方承担。上述工作费用包括但不限于交通、食宿、文件整理和复制、通讯等费用。第五条：陈述与保证条款。1. 甲方陈述与保证：……1－4. 有义务按照本协议第二条的约定步骤、方式、内容与延长油矿签订相关合作协议；1－5. 甲方与延长油矿签订相关合作协议后，任何协议变更、解除、终止事项发生，均应在事项发生后 2 日内书面通知乙方，以便乙方决定维护自己合法权益的方式，若因甲方原因导致乙方权益受损的，甲方承担相应的法律责任。2. 乙方陈述与保证：2－1. 本协议项下的探矿权转让、合作事宜已经得到乙方以及天普公司股东会批准；天普公司对该等探矿权的处置权已授权乙方，且是唯一和不可撤销的。乙方保证天普公司将完全接受履行本协议。2－2. 乙方行使本协议生效后的所有权利，将按照合同和法律规定主张该区块矿产的投资收益权利……2－7. 甲方或其指定公司依据本协议取得该区块矿产的投资收益权后，天普公司放弃该区块矿产的投资收益权利。即使该区块的合作开发合同协议发生变更、撤销，或相关法律政策发生变化，天普公司也不再主张该区块矿产的权利。第六条：协议的变更与解除……3. 本协议约定事项没有获得审批机构的批准，或者，甲方无法与延长油矿达成合作协议，或者探矿权不能按照本协议的约定转让予延长油矿，或者，探矿权证不能转为石油勘探权证的，本协议即自然解除……5. 本协议因本条第3项或不可抗力原因解除的，乙方应自解除之日起10日内，退还甲方已经支付的全部款项。第七条：违约责任。合作双方由于一方不履行本协议条款，造成本协议不能正常履行或不能完全履行时，由过失的一方承担违约责任，并负担相应的法律责任。甲方违反协议规定，不履行协议义务，导致协议无法履行的，甲方已经支付的费用不予返还，乙方有权追索甲方应该支付的其他合理费用。如果造成乙方损失的，甲方应该向乙方承担赔偿责任，但发生本协议约定的不可抗力除外；就本协议而言，天普公司未履行其义务/未完整履行其义务/违反本协议约定，即视为乙方未履行义务/未完整履行其义务/违反本协议约定。第八条：通知……第九条：争议的解决……第十条：协议的生效以及有效期。本协议自双方签字盖章之日起生效，至甲方与延长油矿签订相关协议并支付乙方所有费用之日止，其中涉及区块产品分成的约定，至甲方与延长油矿的合作合同终止日止。第十一条：其它……第十二条：其它。本协议未尽事宜，双方再行协商，并作补充协议，补充协议与本协议有同等法律效力。

该合同签订后，2008年6月20日，上海宏博公司按双方约定账号向炅湘钰公司电汇了300万元的预付212区块及378区块转让费。

2008年7月2日，上海宏博公司致函炅湘钰公司、天普公司称：2008年6月15日，炅湘钰公司受天普公司的全权委托，与我公司签订了《转让合作协议》。根据该协议，双方已经适当履行了当前阶段的义务。现根据贵方通报的工作进度，为尽快妥帖地推进与延长油矿的洽谈，具体落实贵我双方在该协议中约定的目标，我公司希望贵方尽快按照该协议的约定与延长油矿协商有关212区块和378区块的探矿权转让事项。

2008年8月5日，上海宏博公司（甲方）与炅湘钰公司（乙方）签订《〈内蒙古乌尼特西部地区、乌兰察布西部地区矿产区块探矿权转让、合作协议〉之补充协议（一）》（以下简称《补充协议（一）》），约定：甲、乙双方于2008年6月15日签署了《转让合作协议》后，甲方已经向乙方支付了首期转让款；乙方亦于2008年7月根据甲方的指令与延长油矿签订了

212 区块和 378 区块探矿权转让合同，该合同确认上述区块的石油合作勘查开发权由甲方享有。鉴于合作伙伴延长油矿提出有利于甲、乙方的合理建议，故合作协议第二条第 2 项工作（即甲方与延长油矿签署 212 区块和 378 区块合作勘查开发协议）需作适当调整。为顺利履行合作协议，甲、乙双方同意：调整《转让合作协议》的履行步骤并对天普公司的股权进行处置。就上述事项，双方达成补充协议如下：一、乙方继续协调将 212 区块、378 区块煤层气勘探权证变更为延长油矿名下的石油勘探权证。二、《转让合作协议》第四条约定的转让和服务费用总额不做调整。三、为保障甲方的权益，乙方以及秦士伟先生已经获得天普公司全体股东同意和委托，并向甲方转达：1. 天普公司全体股东同意将天普公司整体股权转让给甲方投资人石建极先生和石为先生，股权转让价格为壹佰万元（1000000元）人民币；2. 授权秦士伟先生代表天普公司全体股东提供或签署与天普公司整体股权转让给甲方投资人石建极和石为先生相关的工商变更登记所需要的文件和手续；3. 授权秦士伟先生代表天普公司全体股东向甲方投资人石建极和石为先生移交天普公司的全部证照、印鉴、公司行政和财务文件档案资料；4. 授权秦士伟先生代表天普公司全体股东接受甲方投资人石建极和石为先生支付的股权转让款，并由秦士伟先生提供股权转让款收据。甲方投资人石建极和石为先生同意整体受让天普公司的股权（受让后，石建极先生持有 60% 的股权，石为先生持有 40% 的股权），同意将股权转让款直接交付给天普公司全体股东指定的委托代理人秦士伟先生，并由秦士伟先生提供股权转让收据。双方约定：上述事项在 2008 年 8 月 10 日之前完成。上述股权转让不增加甲方履行《转让合作协议》的交易价款和民事责任；天普公司现存的债权债务和实物资产，仍然由原股东或其指定的乙方处置。四、国土资源部受理 212 区块、378 区块石油勘探权证后，并且乙方协助甲方与延长油矿签署合作勘查开发协议后 5 个工作日内，甲方向乙方付清合作协议项下的转让和服务费用余款……六、本协议经双方法定代表人签字并加盖公章后生效，至《转让合作协议》及本协议约定的事项完毕日止。本协议签署后，双方仍需遵守《转让合作协议》的其他生效条款。本协议一式二份，双方各执一份，具有同等效力。

2008 年 8 月 5 日，天普公司（甲方）与炅湘钰公司（乙方）签订《债权转让协议书》，约定：一、甲方同意，甲方与延长油矿订立的《转让方煤层气勘查区块矿权转让合同》、甲方与中联煤层气有限责任公司订立的《区块探矿权转让协议》、甲方与中国石油化工有限公司中原油田有限分公司订立的《煤层气区块矿权转让合同》等合同所确定和涉及的全部债权及收益权转让给乙方，由乙方行使相关权利；二、甲方授权乙方与上海宏博公司订立的《转让合作协议》《补充协议（一）》所确定的全部合同债权（含 3000 万元合同款及出油成井的收益），转让给乙方，由乙方行使权利；三、甲方授权乙方与中联煤层气有限公司订立的《区块探矿权转让协议书》所确定的全部合同债权（含 50% 的投资、投资参股权益），转让给乙方，由乙方行使权利；四、甲方授权乙方与内蒙古得力贺能源有限公司订立的《矿权转让合同》所确认的全部合同债权（含 1000 万元合同款），转让给乙方，由乙方行使权利；五、甲方授权乙方与陕西榆林康隆能源有限公司订立的《煤层气勘查矿权转让及合作合同》所确定的全部合同债权（含 800 万元合同款及 6% 的产品分成及 4% 的投资权益），转让给乙方，由乙方行使权利；六、甲方与乙方订立的《内蒙古东乌旗乌兰察布西部煤层气勘查股权收购协议》，甲方向乙方出具《宁夏天普矿业投资咨询有限公司关于本公司持有的矿产资源勘查权进行转让、合作开发等有关事宜的委托授权书》及其他所有委托手续，继续有效，由乙方行使相关权利；七、甲方股权转让给石建极、石为并办理工商变更手续后，甲方现存的其他债权全部转让给乙方；八、乙方同意受让上述债权。甲方天普公司盖章，法定代表人高允中签字，时间：2008 年 8 月 5 日。乙方炅湘钰公司盖章，法定代表人秦士伟签字，时间：2008 年 8 月 5 日。

2008 年 8 月 5 日，天普公司与炅湘钰公司共同制作《债权转让通知书》，内容为：致延长油矿、上海宏博公司，天普公司与延长油矿订立的《转让方煤层气勘查区块矿权转让合同》，及天普公司委托炅湘钰公司与上海宏博订立的《转让合作协议》《补充协议（一）》确定的全部债权（含 3000 万元合同款及出油成井的收益）已全部转让给炅湘钰公司，请贵公司依照合同约定，向炅湘钰公司支付上述合同涉及的全部费用及出油井的收益，承担相应的合同义务。

2008 年 8 月 26 日，上海宏博公司向炅湘钰公司支付转让费 200 万元。

2008 年 9 月 1 日，中国银行入账通知书显示：上海宏博公司向炅湘钰公司支付"212 及 378 区块转让费"500 万元。

2008 年 12 月 8 日，上海宏博公司向炅湘钰公司发函称：我公司为具体落实贵我双方签署的《转让合作协议》，已经在当地全资成立了锡盟宏博公司，我公司也依约向贵方合计支付了壹仟万元转让款。现请贵方开具以锡盟宏博公司为付款人转让款（含服务费）发票，以便我方将这些前期费用列入项目开发成本。

2011 年 6 月 27 日，天普公司制作《告知函》，载明：本公司现股东石建极、石为先生于 2008 年 7 月 10 日受让本公司原股东 100% 股权并签订了《股权转让协议》，并于 2008 年 7 月 31 日通过了相关的《股东会决议》《章程修正案》，就上述股权转让、法定代表人变更为石建极先生等事项作出决议并进行了相关的工商变更备案手续。有鉴于此，本公司 2008 年 8 月 8 日通知，自 2008 年 8 月 1 日起，所有涉及本公司的书面法律文件，落款均由本公司法定代表人石建极先生亲笔签字并加盖本公司公章（与本告知函落款印鉴一致）方具有法律效力。贵方如发现文件不满足上述形式要件的，均非本公司真实意思表示，请贵方不予理会并立即告知本公司。现本公司特出具本函再次向贵公司重申上述要求，望贵方引起重视。

2011 年 9 月 1 日，天普公司向延长油矿发出《律师函》。载明：2008 年 5 月 24 日，我公司与贵局签订了《转让方煤层气勘查区块矿权转让合同》，约定由我公司指定上海宏博公司与贵局合作勘探开发"内蒙古东乌旗乌兰察布西部煤层气勘查区块（面积为 212.924 平方公里，证号：0200000410164，换证后：0200000830015）"及"内蒙古东乌旗乌尼特西部地区煤层气勘查区块（面积 378.151 平方公里，证号 0200000620282）"，并另行签订合作文件。《转让方煤层气勘查区块矿权转让合同》签订后，上海宏博公司根据上述项目经营主体属地化的要求，投资组建了锡盟宏博公司。2010 年 7 月 1 日，贵局下属企业延长勘探公司与上海宏博公司指定的锡盟宏博公司分别签订了上述两个区块的《油气资源合作勘查开采协议书》。我公司特此声明，我公司当即确认了上述合同及协议均合法有效，贵局已经完全履行了《转让方煤层气勘查矿权转让合同》所约定的义务。

2011 年 9 月 4 日，上海宏博公司向延长油矿发出《确认函》，载明：2008 年 5 月 24 日，天普公司与贵局签订了《转让方煤层气勘查区块矿权转让合同》，约定由天普公司指定我公司与贵局合作勘探开发"内蒙古东乌旗乌兰察布西部煤层气勘查区块（面积为 212.924 平方公里，证号：0200000410164，换证后：0200000830015）"及"内蒙古东乌旗乌尼特西部地区煤层气勘查区块（面积 378.151 平方公里，证号 0200000620282）"，并另行签订合作文件。《转让方煤层气勘查区块矿权转让合同》签订后，我公司根据上述项目经营主体属地化要求，投资组建了锡盟宏博公司。2010 年 7 月 1 日，贵局下属企业延长勘探公司与我公司指定的锡盟宏博公司分别签订了上述两个区块的《油气资源合作勘查开采协议书》。我公司特此声明，我公司当时即确认了上述合同及协议均合法有效，贵局已经完全履行了《转让方煤层气勘查区块矿权转让合同》所约定的义务。

2011 年 9 月 27 日，炅湘钰公司申请北京市方圆公证处对其公司法定代表人秦士伟办公室电脑网页的内容进行证据保全。该证据显示，2010 年 12 月 23 日上海宏博公司向秦士伟发送其公司起草的《〈内蒙古乌尼特西部地区、乌兰察布西部地区矿产区块探矿权转让、合作协议〉之补充协议（二）》（以下简称《补充协议（二）》）电子邮件。该《补充协议（二）》草稿显示：甲方为上海宏博公司、锡盟宏博公司，乙方为炅湘钰公司。甲方上海宏博公司与乙方于 2008 年 6 月 15 日签署了《转让合作协议》，2010 年 7 月 1 日甲方指令由延长油矿正式与甲方指定的锡盟宏博公司签署了《油气资源合作勘查开采协议书》，由锡盟宏博公司具体实施区域的油气资源开发。鉴于甲方指定的锡盟宏博公司已成为该项目的具体实施者，甲方建议并征得锡盟宏博公司同意，增加锡盟宏博公司同为本合同的甲方，乙方表示同意。一、《转让合作协议》的第四条转让费用、服务费用及其他费用与支付规定：甲方应分期向乙方支付转让费用、服务费用总计 3000 万元人民币。甲方现已向乙方指定账户累计支付 1000 万元人民币，尚有 2000 万元人民币转让服务费未付。鉴于延长油矿已正式与甲方的锡盟宏博公司签署了《油气资源合作勘查开采协议书》，上述款项由锡盟宏博公司支付。现经甲、乙双方友好协商，乙方并代表其他权益人同意上述费用由锡盟宏博公司向乙方支付，并进一步同意变更余款 2000 万元的支付时间并不追究甲方此前逾期付款的责任（若有）。变更后的支付节点如下……双方当事人均未在该协议上盖章、签字。

2011 年 10 月 24 日，原天普公司法定代表人高允中到宁夏回族自治区银川市国安公证处对 2008 年 8 月 5 日天普公司与炅湘钰公司所签订的《债权转让协议书》及双方在 2008 年 8 月 5 日制作的向延长油矿和上海宏博公司所发的《债权转让通知书》进行了公证。

一审法院认为，炅湘钰公司与上海宏博公司签订的《转让合作协议》及其《补充协议（一）》系双方当事人自愿签订，意思表示真实，内容不违反法律法规的强制性规定，应为有效合同，双方当事人均应按照合同约定履行各自的合同义务。双方当事人在签订该两份合同时，上海宏博公司对炅湘钰公司受天普公司的委托签订合同的身份是明知和认可的，但上海宏博公司仍以炅湘钰公司为相对方签订合同。同时，在双方合同中不但为委托人天普公司设定了相应的权利义务，而且为炅湘钰公司单独设立了相应的权利义务，说明了炅湘钰公司除作为受托人享有在委托人授权范围内的相应权利外，其作为合同的一方当事人独立享有合同约定的权利，相应的条款只约束炅湘钰公司与上海宏博公司。《中华人民共和国合同法》第四百零二条规定："受托人以自己的名义，在委托人的授权范围内与第三人订立合同，第三人在订立合同时知道受委托人与委托人之间的代理关系的，该合同直接约束委托人和第三人，但有确切证据证明该合同只约束受托人和第三人的除外。"本案上海宏博公司（甲方）与炅湘钰公司（乙方））签订的《转让合作协议》第二条约定：1. 甲方与乙方订立本协议，甲方按照本协议向乙方支付相关费用，保证乙方及天普公司的投资权益。2. 本协议生效后，乙方协助甲方或甲方指定的公司与延长油矿商并订立212 区块和 378 区块的合作勘查协议，确保甲方法定或约定范围长期的投资收益权；前述合作勘查开发协议中应保留乙方的产品分成收益。合同第三条约定：1. 甲方按照本协议第四条的约定向乙方支付转让和服务费用；2. 212 区块及 378 区块内未来的勘查及开发所需资金、法定及约定税、费全部由甲方投入，乙方及天普公司不再承担任何费用。上述合同条款充分说明了上海宏博公司、炅湘钰公司均将炅湘钰公司与天普公司区别对待，炅湘钰公司具有独立的合同地位，享有独立的合同权利，承担相应合同义务，而不仅仅是天普公司的受托人。从该合同第四条"1. 乙方及天普公司在 212 区块和 378 区块从事前期论证、资料收集、研究勘探、进行了大量的工作，且乙方为甲方与延长油矿的合作仍需做大量工作，为此甲方承担乙方及天普公司转让费用、服务费用总计 3000 万元。全部费用支付后，乙方向甲方出具正式税务发票。乙方确认，甲方向上述指定账户支付款项即为履行向乙方以及天普公司支付本协议下费用的义务，乙方以及天普公司之间的分配与甲方无关。2 - 1. 本协议项下的探矿权转让、合作事宜已经得到乙方及天普公司的批准；天普公司对该等探矿权的处置权已授权乙方，且是唯一和不可撤销的，乙方保证天普公司将完全能接受并履行本协议。2 - 2. 乙方行使本协议及相关协议生效后的所有权利，将按照合同和法律规定主张该区块矿产的投资收益权利及该合同第七条违约责任"等的约定，更清晰地证明乙方炅湘钰公司独立承担责任及与天普公司共同承担责任的独立合同地位。所以，炅湘钰公司按照合同约定，要求上海宏博公司承担合同义务，主体适格。况且，在炅湘钰公司与上海宏博公司签订《补充协议（一）》的同日，炅湘钰公司与天普公司签订了《债权转让协议书》，炅湘钰公司受让了天普公司对上海宏博公司的全部债权。上海宏博公司辩称炅湘钰公司不是本案适格主体，理由不能成立。

《中华人民共和国合同法》第六十五条规定："当事人约定由第三人向债权人履行债务的，第三人不履行债务或者履行债务不符合约定的，债务人应当向债权人承担违约责任。"该条款明确合同双方可以约定第三人向合同的当事人履行义务。本案炅湘钰公司已与上海宏博公司约定，由天普公司向延长油矿转让探矿权，进而由延长油矿与上海宏博公司或其指定公司合作勘查开发 212 区块和 378 区块，符合上述法律的规定。延长油矿与天普公司签订了《转让方煤层气勘查区探矿权转让合同》，国土资源部向延长油矿颁发了 212 区块、378 区块的探矿权证，进而延长油矿指定延长勘探公司与上海宏博公司指定的锡盟宏博公司签订了《油气资源合作勘查开采协议书》，上海宏博公司实现了其与炅湘钰公司签订的《补充协议（一）》项下全部权益。上述合同既相互联系、相互补充，又相互独立、相互印证，不可分离，故上海宏博公司、锡盟宏博公司、延长油矿、延长勘探公司辩称上海宏博公司与炅湘钰公司所签订的《转让合作协议》及其《补充协议（一）》无效的理由，不能成立。

锡盟宏博公司与延长勘探公司 2010 年 7 月 1 日签订了《油气资源合作勘查开采协议书》；国土资源部于 2009 年 6 月 3 日向延长油矿颁发了探矿权证。按照上海宏博公司与炅湘钰公司签订的《转让合作协议》及其《补充协议（一）》关于"国土资源部向延长油矿发放 212 区块、378 区块石油勘探权证后，并且乙方协助甲方与延长油矿签署合作协议后 5 个工作日内，甲方向乙方付清合作协议项下的转让费和服务费用余款"的约定，上海宏博公司应在 2010 年 7 月 1 日后的 5 个工作日将余款 2000 万元，向炅湘钰公司支付完毕。上海宏博公司未履行自己合同义务，已构成违约，除应在判决生效之日起 30 日内支付 2000 万元外，应承担违约责任，但鉴于双方违约责任承担的约定不明，且炅湘钰公司亦请求支付利息，但其主张利息为 1386666 元，因未提供相应的证据，不予采纳，故应按照中国人民银行同期贷款利率支付自 2010 年 7 月 8 日至其履行之日止的利息。炅湘钰公司要求延长油矿、延长勘探公司、锡盟宏博公司承担给付转让费、服务费和承担连带责任的诉讼请求，无合同和法律依据，不予支持。

对于炅湘钰公司请求支付两口出油油井收益、交付两口出油成井的井场管理权、继续按照两口出油成井的产量和销售额按纳税周期支付收益至出油终止。首先，按照炅湘钰公司与上海宏博公司双方协议约定：在212区块给乙方保留两口成井的收益（指扣除该成井的钻探投入、生产经营管理成本和税费后的利益）；甲方第一批出油井八口中按照平均产量适中保留一口，第九口至第十六口出油井中也按照平均产量保留一口。保留井在甲方收回成本（指扣除前期勘查、试采、钻探和管理成本）后，交乙方进行井场管理，但仍然纳入甲方统一管理中。鉴于双方对"两口成井"的地理坐标并未约定，双方协议约定的"两口成井"不具有唯一性和确定性，且双方在合同履行过程中及诉讼中又未作出补充约定和协商一致，作为审判机关的人民法院无法通过自身的审判职能确定，更遑论两口出油成井的收益。《最高人民法院关于民事诉讼证据的若干规定》第二十五条规定："当事人申请鉴定，应当在举证期限内提出。符合本规定第二十七条规定的情形，当事人申请重新鉴定的除外。对需要鉴定的事项负有举证责任的当事人，在人民法院指定的期间内无正当理由不提出鉴定申请或者不预交鉴定费用或者拒不提供相关材料，致使对案件争议的事实无法通过鉴定结论予以认定的，应当对该事实承担举证不能的法律后果。"只有在确定"两口成井"后才能进一步计算出该两口成井的收益。而达到此目标必须通过鉴定、审计等审判辅助部门的辅助才能完成。审理中，经炅湘钰公司申请，各方当事人同意，一审法院依法委托西安市科技咨询服务中心进行鉴定（审计）。同时，既已委托鉴定，炅湘钰公司申请"调取2009年－2011年，延长油矿、上海宏博公司、锡盟宏博公司从事石油开采、销售的税款及所有纳税材料情况，据以确定所开采、销售的石油产量及申请人的收益"已无必要，不予准许。最终西安市科技咨询服务中心因"提供给我机构的材料无法满足鉴定工作的需要……法院委托鉴定事项中所涉及的问题不能得到确认和认定，致使鉴定工作难以继续开展。故我机构作退案处理。"对此，虽然上海宏博公司提出重新委托其他有关机构"继续鉴定"，但炅湘钰公司表示反对，致使本案对案件争议的事实无法通过鉴定结论予以认定。故对炅湘钰公司的关于两口出油油井收益及继续支付收益至出油终止的诉讼请求，不予支持。至于交付两口出油成井的管理权一节，除上述两口井无法确定及是否"收回成本"无法确定的因素外，212 区块全部油井的管理权经国土资源部确定归延长油矿，而延长油矿明确表示反对，故对炅湘钰公司的该项诉讼请求，亦不予支持。

一审法院判决：（一）一审判决生效之日起三十日内，上海宏博公司支付炅湘钰公司人民币 2000 万元整，并按中国人民银行同期贷款利率支付自 2010 年 7 月 8 日至支付上述款项之日止利息。（二）驳回炅湘钰公司的其余诉讼请求。一审案件受理费 232733 元，由上海宏博公司承担 152277 元，炅湘钰公司承担 80456 元。

炅湘钰公司不服一审判决，上诉请求：（一）撤销一审判决主文第二项；（二）改判支持炅湘钰公司一审诉讼请求第（二）项（即一审变更后的诉讼请求）、第（三）项；（三）上海宏博公司、锡盟宏博公司、延长油矿、延长勘探公司承担一审、二审全部诉讼费用。

上海宏博公司不服一审判决，上诉请求：（一）依法撤销一审判决第一项，判令驳回炅湘钰公司的一审诉讼请求；（二）判令诉讼费全部由炅湘钰公司承担。

二审法院认定事实：2008 年 8 月 7 日，天普公司法定代表人变更登记为石建极。炅湘钰公司在一审、二审中提交的锡盟宏博公司的企业登记信息表显示，该公司的股东为上海宏博公司和上海立大投资管理有限公司。锡盟宏博公司在二审提交的企业信用信息表显示，锡盟宏博公司的投资人为上海宏博公司、上海立大投资管理有限公司和上海吉盈投资咨询有限公司。二审法院对一审查明的其他案件事实予以认定。

二审法院认为，本案中，天普公司与延长油矿签订的《转让方煤层气勘查区块矿权转让合同》，约定天普公司将登记在其名下的探矿权转让给延长油矿，延长油矿同意天普公司指定的上海宏博公司进行勘探开发合作；上海宏博公司与炅湘钰公司签订的《转让合作协议》和《补充协议（一）》，炅湘钰公司受天普公司的委托与上海宏博公司就探矿权转让、合作、投资和收益进行了约定；天普公司与炅湘钰公司签订的《债权转让协议书》，约定天普公司将上述合同所确定的全部合同债权转让给炅湘钰公司，天普公司和炅湘钰公司将债权转让事宜通知了延长油矿和上海宏博公司；延长勘探公司与锡盟宏博公司签订了《油气资源合作勘查开采协议书》，约定具体合作勘探开发事宜。通过上述一系列相互联系、相互补充、相互印证的合同签订，确定了各方当事人的权利与义务，是各方当事人就油气资源探矿权转让、合作的真实意思表示，合同内容也不违反法律、行政法规的强制性规定，应属有效。由于《债权转让协议书》签订时，高允中是天普公司工商登记的法定代表人，且炅湘钰公司与上海宏博公司签订的补充协议约定天普公司现存的债权债务和实物资产，依然由原股东或其指定的乙方（炅湘钰公司）处置，故高允中依法有权代表天普公司对外签订合同，上海宏博公司主张该协议无效的理由不能成立。炅湘钰公司作为合同当事人及债权受让方，有权提起民事诉讼主张民事权益，其作为本案一审原告的主体资格是适格的。

根据上海宏博公司与炅湘钰公司签订的《转让合作协议》和《补充协议（一）》中"国土资源部向延长油矿发放 212 区块、378 区块石油勘探权证后，并且乙方（炅湘钰公司）协助甲方（上海宏博公司）与延长油矿签署合作协议后 5 个工作日，甲方向乙方付清合作协议项下的转让费和服务费用余款"的约定，上海宏博公司应在 2010 年 7 月 1 日后的 5 个工作日内将余款 2000 万元支付炅湘钰公司。上海宏博公司未按约定履行合同义务，构成违约，应承担违约责任，其应向炅湘钰公司支付余款 2000 万元及相应利息。一审认定按照中国人民银行同期贷款利率计付利息，符合本案事实，处理适当。

在西安市科技咨询服务中心对一审法院委托鉴定事项作出退案处理后，上海宏博公司提出重新委托其他有关机构继续鉴定，但因炅湘钰公司表示反对，致使对案件争议的事实无法通过鉴定予以认定。一审法院根据举证责任，对炅湘钰公司关于支付两口出油油井收益及继续支付收益至出油终止的诉讼请求，不予支持，该处理并无不当。关于炅湘钰公司主张的交付两口出油成井的管理权问题，因鉴定不能导致两口井无法确定，是否收回成本无法确定，且延长油矿经国土资源部批准依法享有 212 区块的探矿权，其明确表示反对炅湘钰公司的主张，故一审法院对炅湘钰公司的该项诉讼请求不予支持，亦无不当。

炅湘钰公司要求延长油矿、延长勘探公司对本案债务承担连带责任，缺乏事实和法律依据，其上诉请求不能成立。由于锡盟宏博公司与上海宏博公司均为独立的企业法人，上海宏博公司仅是锡盟宏博公司的股东之一，故炅湘钰公司要求锡盟宏博公司承担连带责任的上诉请求，亦缺乏依据，不能成立。

二审法院判决：驳回上诉，维持原判。二审案件受理费 232733 元，由炅湘钰公司负担116366.5元，上海宏博公司负担116366.5元。

围绕当事人的再审请求，本院对有争议的证据和事实认定如下：

炅湘钰公司提交的再审新证据《关于一审诉状涉及的油井收益的计算方法和依据的说明》原件及所附政府网站公示材料、国家标准、行业标准复印件，因相关数据来源于网页资料且针对的是整个油矿，与案涉两口单井无直接关联，从所附依据中不能得出单井日产8吨、每吨利润3000元、年产300天、每年成本600万元及收益年限20年的结论，本院依法不予采信。上海宏博公司提交的再审新证据一"6口井的《试油地质总结报告》"原件的真实性炅湘钰公司虽不予认可，但并未提交足以反驳的相反证据，本院予以采信；新证据二"专家证人李伟、赵捧的出庭作证证言"与本案关联性不足，本院依法不予采信。延长油矿、延长勘探公司提交的再审新证据一"2015年6月23日延长油矿与锡盟宏博公司签订的《油气资源合作勘查开采协议书》"、新证据二"378区块探矿权证"、新证据三"212区块探矿权证"，各方当事人对其真实性均无异议，本院予以采信。

本院再审对一审、二审查明的事实予以确认。

另查明：2009年6月3日，延长油矿取得案涉212区块的探矿权，后经两次延续，目前的探矿权证为2015年2月15日颁发，证号：0200001530103，探矿权人：陕西延长石油（集团）有限责任公司，勘查项目名称：内蒙古东乌旗乌兰察布西部油气勘查，有效期限：2015年3月6日至2017年3月5日。2009年6月3日，延长油矿取得案涉378区块的探矿权，后经两次延续，目前的探矿权证为2015年11月4日颁发，证号：0200001530448，探矿权人：陕西延长石油（集团）有限责任公司，勘查项目名称：内蒙古东乌旗乌尼特西部地区油气勘查，有效期限：2015年11月10日至2017年11月9日。案涉油矿属边探边采。

2005年12月22日，陕西延长石油（集团）有限责任公司与延长油矿共同向陕西省工商行政管理局出具《证明》，载明陕西延长石油（集团）有限责任公司与延长油矿为同一单位，两块牌子，一套人马，同一法人。延长勘探公司为延长油矿下属分公司。

2015年6月23日，延长勘探公司（甲方）与锡盟宏博公司（乙方）续签了《油气资源合作勘查开采协议书》，内容与原协议一致，合作期限从2014年7月1日至2016年6月30日，收益分成比例为：甲方分成20%，乙方分成80%，合作区的勘查开采工作由甲方统一管理，乙方须服从管理。双方之间的合作协议两年一签。

再审过程中，经上海宏博公司、锡盟宏博公司申请，本院依法委托恒泰艾普石油天然气技术服务股份有限公司（后更名为恒泰艾普集团股份有限公司，以下简称恒泰艾普公司）、北京天正华会计师事务所（普通合伙）（以下简称天正华会计所）、北京北方亚事资产评估事务所（特殊普通合伙）（以下简称北方亚事评估所）对符合《转让合作协议》约定的两口出油井的井位以及自 2009 年 8 月投产以来至 2016 年 6 月 30 日鉴定基准日已产生的收益情况、2016 年 6 月 30 日之后的未来预收益情况进行了鉴定。

恒泰艾普公司于 2017 年 5 月 5 日出具《〈内蒙古乌尼特西部地区、乌兰察布西部地区矿产区块探矿权转让、合作协议〉符合合同约定出油井井位鉴定意见书》，鉴定意见为：符合《转让合作协议》约定的第一批出油井八口中产量适中井为元 7 井，第九至第十六口出油井中产量适中井为元 19－1 井。因上海宏博公司提出，元 7 井目前产量非常低，不利于解决问题，自愿以产量较好的元 2－2 井作为炅湘钰公司的收益出油井。据此，本院要求鉴定机构对元 2－2 井的相关情况一并进行鉴定。同时，因对出油井的未来预收益情况进行鉴定须以相关油井开采期的产油量为依据，恒泰艾普公司受本院委托，于 2017 年 5 月 9 日出具《〈内蒙古乌尼特西部地区、乌兰察布西部地区矿产区块探矿权转让、合作协议〉符合合同约定出油井开采期产油量鉴定意见书》，鉴定意见为：元 7 井 2016 年 6 月 30 日之前累积产油量为 1329.1 立方米，2016 年 6 月 30 日之后累积产油量为 0；元 19－1 井 2016 年 6 月 30 日之前累积产油量为 3560.69 立方米，2016 年 6 月 30 日之后累积产油量为 351.02 立方米；元 2－2 井 2016 年 6 月 30 日之前累积产油量为 2971.77 立方米，2016 年 6 月 30 日之后累积产油量为 146.66 立方米。

天正华会计所于 2017 年 5 月 7 日出具《关于对〈内蒙古乌尼特西部地区、乌兰察布西部地区矿产区块探矿权转让、合作协议〉中符合约定的出油井已产生的收益情况的司法会计鉴定意见书》（天正华审鉴字［2016］第 81 号），鉴定意见为：自 2009 年 8 月至 2016 年 6 月 30 日期间，元 7 井的利润总额为－8029007.28 元；元 19－1 井的利润总额为 677386.04 元；元 2－2 井的利润总额为－1068640.78 元。该鉴定意见书第八项"其他事项说明"中载明，鉴定组无法区分生产成本、管理费用、财务费用、勘探费用中具体的明细项是否为生产必要的成本费用，所列示的鉴定结果为未经调整的账面收益数据。炅湘钰公司在本院 2016 年 6 月 3 日组织各方确定鉴定事宜时提出，已经发生的历史收益是石油问题，必须由石油专家和会计师共同出具意见。据此，本院委托恒泰艾普公司指派相关石油专家对天正华审鉴字〔2016〕第 81 号司法会计鉴定意见书所附明细项中的各项费用支出是否合理、是否需要进行成本调整出具专家意见，供法庭参考。恒泰艾普公司于 2017 年 5 月 9 日出具《〈内蒙古乌尼特西部地区、乌兰察布西部地区矿产区块探矿权转让、合作协议〉符合合同约定出油井生产经营管理成本专家意见书》，建议对不合理、非直接、未发生的生产经营管理成本进行调减，其中对元 7 井的生产经营管理成本调减 2170552.36 元，调整后元 7 井的利润为 -5858454.92 元；对元 19 - 1 井的生产经营管理成本调减 2379197.30 元，调整后元 19 - 1 井的利润为 3056583.34 元；对元 2 - 2 井的生产经营管理成本调减 2449505.96 元，调整后元 2 - 2 井的利润为 1380865.18 元。

北方亚事评估所于 2017 年 5 月 11 日出具《中华人民共和国最高人民法院拟了解锡林郭勒盟宏博矿业开发有限公司经营的三口出油井未来的预收益情况资产评估报告》（北方亚事评报字〔2017〕第 01 - 172 号），鉴定意见为：元 7 井、元 19 - 1 井、元 2 - 2 井在评估基准日 2016 年 6 月 30 日未来的预收益情况为 0。该资产评估报告所附说明中分析认为，近年来全球石油需求不振、国际油价下跌，同时中国的石油开发还面临着经济、地理和地质上的挑战。

对前述鉴定意见及专家意见，炅湘钰公司质证认为鉴定机构不具有鉴定资质、鉴定程序违法、鉴定检材系伪造的，不能作为定案的依据。上海宏博公司、锡盟宏博公司质证认为，认可鉴定意见的真实性、合法性、关联性，专家意见中部分成本不应进行调减，但尊重专家的意见。延长油矿、延长勘探公司质证认为，同意鉴定意见及专家意见。本院认为，本案鉴定机构具备相关资质，鉴定检材由本院依法调取并经当庭质证，鉴定人就鉴定意见初稿及正式稿两次出庭接受当事人的质询，并根据当事人提出的意见进行了修改调整，对当事人提出的质疑进行了书面回复说明，鉴定程序合法，依法予以采信。

本院再审认为，当事人再审争议的焦点问题有二：一是上海宏博公司应否向炅湘钰公司支付两口出油井的收益以及收益的金额；二是锡盟宏博公司、延长油矿、延长勘探公司在本案中应否承担连带责任。

一、关于上海宏博公司应否向炅湘钰公司支付两口出油井的收益以及收益的金额问题

上海宏博公司（甲方）与炅湘钰公司（乙方）签订的《转让合作协议》第三条"投资和收益"第 3 项约定："甲方承诺，在 212 区块内给乙方保留贰口成井的收益（指扣除该成井的钻探投入、生产经营管理成本和税费后的收益）：甲方第一批出油井八口中按照平均产量适中的保留壹口，第九口至第十六口出油井中也按照平均产量适中的保留壹口。保留井在甲方收回成本（指扣除前期勘查、试采、钻探投入和管理成本）后，交乙方进行井场管理，但依然纳入甲方统一管理中。"上海宏博公司在再审答辩中认可炅湘钰公司对两口油井的收益权，只是认为合同约定难以履行，两口出油井的井位难以确定。本院认为，案涉 212 区块的探矿权登记在延长油矿名下，上海宏博公司通过其在当地设立的锡盟宏博公司与延长油矿的分公司延长勘探公司之间订立的《油气资源合作勘查开采协议书》，享有该区块 80% 的收益权。上海宏博公司在《转让合作协议》中自愿将 212 区块两口出油井的收益保留给炅湘钰公司，属于对自身财产权的处分，意思表示真实，不违反法律法规的强制性规定，合法有效。炅湘钰公司要求上海宏博公司给付两口出油井收益的诉讼请求，具有事实和法律依据，应予支持。《转让合作协议》同时约定上海宏博公司应将两口出油井交炅湘钰公司进行井场管理，但 212 区块全部油井的管理权人为延长油矿，后者并非《转让合作协议》的合同当事人且对此明确表示反对，故该约定对延长油矿不具有法律约束力。炅湘钰公司要求上海宏博公司、锡盟宏博公司、延长油矿、延长勘探公司交付两口出油成井井场管理权的诉讼请求，依法不能成立。

炅湘钰公司的再审请求为判决延长油矿、上海宏博公司、锡盟宏博公司、延长勘探公司支付已出油油井的收益共计 1680 万元（暂估自 2009 年 8 月至 2011 年 8 月）；自 2011 年 8 月起，继续按照两口出油成井的产量销售额按纳税周期支付炅湘钰公司收益至油井出油终止。炅湘钰公司在本院 2016 年 6 月 3 日组织的询问中明确表示，一审诉讼请求中关于 2009 年 8 月至 2011 年 8 月的期间是从出油日计至一审起诉之日，起诉后要按照石油生产年限继续支付至油井出油终止，因现已进入再审阶段，有关收益通过鉴定应计算至再审期间。为确定符合《转让合作协议》约定的两口出油井是否存在收益以及收益的金额，经上海宏博公司、锡盟宏博公司申请，本院

依法委托鉴定机构对案涉出油井的井位及收益情况进行了鉴定。经鉴定，符合《转让合作协议》约定的两口出油井为元 7 井、元 19－1 井，该两口井自 2009 年 8 月至 2016 年 6 月 30 日的利润总额分别为－8029007.28 元、677386.04 元。上海宏博公司自愿提供作为炅湘钰公司收益出油井的元 2－2 井自 2009 年 8 月至 2016 年 6 月 30 日的利润总额为－1068640.78 元。对于案涉出油井的历史收益情况，炅湘钰公司在本院 2016 年 6 月 3 日组织各方确定鉴定事宜时提出，已经发生的收益"是石油问题""必须由石油专家和会计共同出具意见""我们需要这些专家提供专业意见"。同时，天正华会计所在鉴定意见中亦表示鉴定组无法区分案涉出油井生产成本、管理费用、财务费用、勘探费用中具体的明细项是否为生产必要的成本费用，所列示的鉴定结果为未经调整的账面收益数据。本院认为，炅湘钰公司的该项主张合理，应予支持。经委托恒泰艾普公司有关石油专家出具成本调整专家意见书并听取各方当事人的意见，本院对不合理、非直接、未发生的生产经营管理成本进行调减，其中对元 7 井的生产经营管理成本调减 2170552.36 元，调整后元 7 井的利润为－5858454.92 元；对元 19－1 井的生产经营管理成本调减 2379197.30 元，调整后元 19－1 井的利润为 3056583.34 元；对元 2－2 井的生产经营管理成本调减 2449505.96 元，调整后元 2－2 井的利润为 1380865.18 元。鉴于上海宏博公司自愿以元 2－2 井作为炅湘钰公司的收益出油井，属于对自身权利的处分，且该井的收益高于符合双方合同约定的元 7 井，故本院认定上海宏博公司应向炅湘钰公司支付元 19－1 井、元 2－2 井截止至 2016 年 6 月 30 日的收益共计 4437448.52 元（3056583.34 元＋1380865.18 元）。根据北方亚事评估所的鉴定意见，元 7 井、元 19－1 井、元 2－2 井 2016 年 6 月 30 日以后的未来预收益均为 0 元，故对炅湘钰公司关于支付收益至油井出油终止的诉讼请求，本院不予支持。

针对炅湘钰公司对本案鉴定检材、鉴定机构、鉴定程序等问题提出的异议，本院认为均不能成立，理由如下：

（一）关于本案能否在不鉴定的情况下径行判决支持炅湘钰公司诉讼请求的问题。炅湘钰公司作为一审原告及再审申请人，应当依法对自己提出的主张提供证据证明。炅湘钰公司关于支付收益的再审请求涉及石油、会计、评估方面的专业技术问题，需要通过司法鉴定予以确定，并在查清案件事实后依法进行认定。炅湘钰公司关于本案再审无须进行事实查明而应径行判决支持其提出的收益金额的主张，没有法律依据。炅湘钰公司向一审、二审法院提交的数份录音对话整理材料显示，一审鉴定机构提出上海宏博公司主张鉴定检材太多要求进行现场勘验，该机构认为假如上海宏博公司不提交资料，可在现场勘验后作出对其不利的鉴定结论；炅湘钰公司认为没有现场勘验必要，多次致电一审法院及鉴定机构，要求终止鉴定，作退案处理；鉴定机构表示不同意退案，如终止鉴定可能对炅湘钰公司不利；炅湘钰公司则坚持要求退案，认为"对我不利无所谓"。一审鉴定机构退案后，上海宏博公司请求另行委托其他鉴定机构进行鉴定，但炅湘钰公司不同意继续鉴定。再审审理过程中，上海宏博公司、锡盟宏博公司再次提出鉴定申请，炅湘钰公司仍表示不同意鉴定，且拒不参加本院在鉴定过程中组织的两次现场勘验。炅湘钰公司自行根据网页资料等估算的收益高达 1.68 亿元，与石油行业勘探开采规律、客观市场行情及本案实际情况严重不符，且其提供的证据均不能证明案涉油井日产 8 吨、每吨利润 3000 元、年产 300 天、每年成本 600 万元及收益年限 20 年的事实，依法不能成立。上海宏博公司、锡盟宏博公司作为本案一审被告及再审被申请人，主动申请进行司法鉴定并预缴鉴定费用，配合提供鉴定机构要求的案涉 212 区块首批投产的 47 口油井的生产技术资料以及截止至 2016 年 6 月 30 日的财务资料（销售资料、成本资料）等大量鉴定检材原件。炅湘钰公司主张上海宏博公司一审中拒不提供资料进行鉴定，故应丧失申请鉴定的权利，没有事实和法律依据。

（二）关于鉴定检材的真实性问题。案涉油井的电子生产数据由本院依法从锡盟宏博公司的生产系统中调取，三家鉴定机构在鉴定过程中已经对检材数据进行了核实，数据前后一致且能够与纸质材料相互印证，未发现篡改、伪造的痕迹。炅湘钰公司关于上海宏博公司、锡盟宏博公司伪造鉴定检材的主张，无证据支持，依法不能成立。炅湘钰公司要求本院向政府有关部门调查相关网页资料数据的真实性，因网页资料不属于当事人因客观原因不能自行收集的证据，且相关数据针对的是整个油矿，不能反映符合双方合同约定的两口出油井的具体产量和收益情况，不属于《中华人民共和国民事诉讼法》第六十四条第二款规定的人民法院应当调查收集证据的情形，且本院已经通过司法鉴定的方式对案涉出油井的收益情况进行查明，故网页资料与案涉出油井原始生产数据及财务资料不符的，应以原始数据为准。

（三）关于鉴定机构的资质问题。根据《全国人民代表大会常务委员会关于司法鉴定管理问题的决定》第二条，目前仅有法医类、物证类、声像资料、环境损害四类鉴定需要国务院司法行政部门颁发司法鉴定资质，对于其他类别的鉴定无强制性要求。《人民法院司法鉴定人名册制度实施办法》（法发〔2004〕6 号）第十八条规定："司法鉴定所涉及的专业未纳入鉴定人名册时，人民法院司法鉴定机构可以从社会相关专业中，择优选定受委托单位或专业人员进行鉴定。"因石油行业未纳入鉴定人名册管理，本院从社会相关专业中择优选定专业能力较强的上市公司恒泰艾普公司对案涉出油井井位及开采期产量等石油领域专业问题进行鉴定，符合法律规定。炅湘钰公司关于恒泰艾普公司无司法鉴定资质故不能承担本案鉴定工作的主张，无法律依据，且与其在诉讼过程中一直提出的因本案专业性较强必须有石油领域专家参与鉴定的主张相矛盾。石油技术咨询及司法会计鉴定不属于评估业务，无须取得矿业权评估资质。北方亚事评估所具有矿业权评估资质，但其在书面回复中亦说明本案对未来预收益情况的评估属于资产评估范围，不属于矿业权评估。炅湘钰公司关于鉴定机构无矿业权评估资质故不能承担本案鉴定工作的主张，依法不能成立。

（四）关于鉴定程序问题。《最高人民法院对外委托鉴定、评估、拍卖等工作管理规定》（法办发〔2007〕5 号）第二十一条规定："指定选择时，对委托要求超出《名册》范围的，专门人员应根据委托要求从具有相关专业资质的专业机构或专家中选取，并征求当事人意见。"因当事人无法协商确定鉴定机构，2016 年 6 月 3 日询问时各方明确表示鉴定机构请本院依法指定，本院初步确定鉴定机构后亦于 2016 年 6 月 21 日询问征求了各方的意见。炅湘钰公司主张本院指定鉴定机构未履行法定的征求意见程序，与事实不符。本院在鉴定过程中组织的两次现场勘验，均有审判业务部门工作人员两名及司法辅助工作部门工作人员两名共四人参加，符合法律规定。石油技术咨询及会计行业并无现场勘验要求，恒泰艾普公司及天正华会计所在参加第一次现场勘验后，认为无必要再参加第二次现场勘验，不违反行业规定。本案审理过程中，再审合议庭成员发生了变更并已依法通知各方当事人，炅湘钰公司在 2017 年 5 月 26 日开庭时明确表示"不申请重新开庭，以之前发表过的意见为准，无补充意见"，其在庭后提交的补充意见中主张本案鉴定行为在更换合议庭后不能合法成立和存续，没有事实和法律依据。

二、关于锡盟宏博公司、延长油矿、延长勘探公司在本案中应否承担连带责任的问题

本院认为，炅湘钰公司系根据其与上海宏博公司签订的《转让合作协议》及《补充协议（一）》主张转让费用、服务费用以及投资收益。根据合同相对性原则，该协议只约束签约双方，锡盟宏博公司、延长油矿、延长勘探公司不是合同当事人，炅湘钰公司要求三公司承担连带责任，没有合同及法律依据。《补充协议（二）》草稿虽载明由锡盟宏博公司支付2000万元转让余款，但该协议最终未能正式签订，锡盟宏博公司亦未在草稿上签章，该草稿对锡盟宏博公司不具有法律约束力。一审、二审判决驳回炅湘钰公司对锡盟宏博公司、延长油矿、延长勘探公司的诉讼请求，并无不当。

此外，炅湘钰公司在再审申请中要求进行质证的一审鉴定检材，本院再审依法开庭进行了质证。但因炅湘钰公司认为上海宏博公司提交的一审鉴定检材均为复印件故不予认可，且鉴定机构要求上海宏博公司提交检材原件进行鉴定，故一审鉴定检材复印件并未作为本案鉴定检材。炅湘钰公司认为一审、二审法院未依法调取的案涉油井税务凭证，上海宏博公司在再审中已根据本院要求予以提交。炅湘钰公司提出的一审合议庭违反审限规定、拒不调查收集证据等问题不属于法定回避情形，其关于一审审判组织成员未依法进行回避的主张不能成立。

综上所述，炅湘钰公司的再审请求部分成立。依照《中华人民共和国民事诉讼法》第二百零七条第一款、第一百七十条第一款第二项之规定，判决如下：

一、撤销陕西省高级人民法院（2014）陕民一终字第00022号民事判决；

二、维持陕西省西安市中级人民法院（2011）西民一初字第00016号民事判决第一项，即"本判决生效之日起三十日内，上海宏博投资管理（集团）有限公司支付北京炅湘钰技术开发有限公司人民币2000万元整，并按中国人民银行同期贷款利率支付自2010年7月8日至支付上述款项之日止利息"；

三、撤销陕西省西安市中级人民法院（2011）西民一初字第00016号民事判决第二项，即"驳回北京炅湘钰技术开发有限公司的其余诉讼请求"；

四、本判决生效之日起十日内，上海宏博投资管理（集团）有限公司支付北京炅湘钰技术开发有限公司两口出油井收益人民币 4437448.52 元；

五、驳回北京炅湘钰技术开发有限公司的其他诉讼请求。

如未按本判决指定的期间履行给付金钱义务，应当依照《中华人民共和国民事诉讼法》第二百五十三条之规定，加倍支付迟延履行期间的债务利息。

一审案件受理费 232733 元，由上海宏博投资管理（集团）有限公司承担 179321 元，北京炅湘钰技术开发有限公司承担 53412 元。二审案件受理费 232733 元，由上海宏博投资管理（集团）有限公司承担 179321 元，北京炅湘钰技术开发有限公司承担 53412 元。本案鉴定费 470000 元，由上海宏博投资管理（集团）有限公司承担。

本判决为终审判决。

审 判 长 张 华

审 判 员 肖宝英

代理审判员 朱 婧

二〇一七年六月十九日

法官助理 冯哲元

书 记 员 齐 欣

江苏省高级人民法院
民事判决书

（2016）苏民终 1357 号

上诉人（原审被告）：徐州市鸿顺造纸有限公司。住所地：江苏省徐州市铜山区柳新镇赵庄村。

法定代表人：尚爱平，徐州市鸿顺造纸有限公司经理。

委托诉讼代理人：周孝田，徐州市鸿顺造纸有限公司职员。

委托诉讼代理人：孟秋，江苏淮海正大律师事务所律师。

被上诉人（原审公益诉讼人）：江苏省徐州市人民检察院。住所地：徐州市西安南路 128 号。

法定代表人：韩筱筠，江苏省徐州市人民检察院检察长。

上诉人徐州市鸿顺造纸有限公司（以下简称鸿顺公司）因与被上诉人江苏省徐州市人民检察院环境污染侵权赔偿纠纷一案，不服江苏省徐州市中级人民法院（2015）徐环公民初字第 6 号民事判决，向本院提起上诉。本院于 2016 年 11 月 7 日立案后，依法组成合议庭，因各方当事人没有提出新的事实、证据或者理由，合议庭认为不需要开庭审理，依据《中华人民共和国民事诉讼法》第一百六十九条第一款之规定，决定不开庭审理。本案现已审理终结。

鸿顺公司上诉请求：撤销一审判决，驳回公益诉讼人起诉或改判赔偿生态修复费用 4.5 万元。

事实和理由：

（一）公益诉讼人的诉讼请求不符合受理条件，应当驳回起诉；原审法院超诉讼请求判决，审判程序违法。公益诉讼人关于判令鸿顺公司以 26.91 万元为基数的三倍至五倍承担赔偿责任的诉讼请求数额为约数，诉讼请求不明确，应当依法驳回起诉。公益诉讼人没有起诉请求赔偿生态环境修复费用，原审判决赔偿生态环境修复费用，属于超诉讼请求判决，审判程序违法。

（二）鸿顺公司不应当承担生态修复费用。鸿顺公司虽违法排放废水，但所排放废水的成分以有机物、木质素、纤维素为主，重金属等有毒有害物质极少，由于水体的自我净化，苏北堤河水质未受影响，排放废水行为未造成生态破坏。

（三）原审判决将2.035倍作为计算本案生态环境损害赔偿计算系数取值过高。鸿顺公司生产瓦楞纸采用全废纸造纸工艺，造纸废水主要为废纸的碎浆、筛选、浮选及抄纸过程中产生的废水。因无脱墨、漂白等工艺，与脱墨废纸浆生产工艺相比，排出的废水污染负荷少，生态修复容易。依据"虚拟治理成本法"环境损害数额赔偿倍数取值范围为1.5－3倍，本案应当按照1.5倍取值。

（四）原审判决以26.455万元为基数，以其三至五倍计算生态环境修复费用和服务功能损失缺乏法律依据。服务功能损失认定无事实依据。苏北堤河因水体流动及自我净化，水质早已自然恢复，无需恢复原状，也不存在服务功能损失。

（五）原审判决未将鸿顺公司已经缴纳的15万元罚款予以抵扣不当。铜山区环境保护局曾经依据水污染防治法对该公司处以罚款。水污染防治法的立法目的是防治水污染，保护和改善环境。该公司缴纳的罚款应当用于改善环境，与本案赔偿资金的使用目的一致。已经缴纳的罚款理应在赔偿金中予以抵扣。

被上诉人徐州市人民检察院收到上诉状后未提交书面答辩意见。

徐州市人民检察院向一审法院起诉请求：判令鸿顺公司将其污染损害的苏北堤河环境恢复原状，并赔偿生态环境受到损害至恢复原状期间的服务功能损失；如鸿顺公司无法恢复原状请求判令其以环境污染损害咨询意见所确定的人民币26.91万元为基准的三倍至五倍承担赔偿责任；承担本案专家辅助人咨询费用3000元。事实与理由：（一）鸿顺公司于2013年4月27日、2014年4月5日至6日、2015年2月24日至25日使用暗排口直接排放废水。仅2014年4月5日至6日和2015年2月24日至25日两次偷排废水即达2600吨，该公司排放废水污染环境，应当赔偿生态环境修复费用和服务功能损失。（二）该公司应当按照"虚拟治理成本法"所确定的数额承担侵权赔偿责任。（三）该公司连续三年私设暗管偷排生产废水，且每次都加大废水排放量，有理由推定在 2013 年至 2015 年期间鸿顺公司的防治污染设备未能有效运行，违法排放量远超 2600 吨。应当以排放 2600 吨废水所需生态环境修复费用 26.91 万元为基数，在该基数的三至五倍之间确定生态环境损害赔偿责任。

鸿顺公司一审辩称，鸿顺公司系废旧物资再利用型民政福利企业，愿意对造成的生态环境损害进行赔偿，但认为：（一）苏北堤河取样监测结果表明排放的污染物超标程度不高，对灌溉影响不大。因环境自我净化，苏北堤河已经达到 V 类水质标准，无需承担恢复原状的责任。（二）鸿顺公司认可按照"虚拟治理成本法"确定本案生态环境修复费用，也同意在虚拟治理成本的 1.5 倍－－3 倍之间确定生态环境修复费用。鉴于鸿顺公司排放废水的污染物成分以有机物为主，重金属等有毒有害物质极少，生态环境受到的损害较小，恢复较为容易，应当以 1.5 倍作为计算系数确定生态环境修复费用。此外，该公司 2014 年排放的 600 吨废水，未对生产废水水质进行分析，考虑当时物价较低，计算系数应当低于 2015 年的计算系数。（三）公益诉讼人要求鸿顺公司以 26.91 万元为基数以其三至五倍确定生态环境修复费用的理由不能成立；公益诉讼人提出的服务功能损失并无确切证据证实，不应得到支持。（四）鸿顺公司已在两次行政处罚中共缴纳 15 万元罚款，该罚款应当用于环境治理，理应从生态环境赔偿数额中予以抵扣。

一审法院认定事实：

2008 年 8 月 20 日，徐州市环境保护局作出《关于对铜山县鸿顺造纸厂年产 6 万吨高强瓦楞原纸技改项目环境影响报告表的批复》（徐环项〔2008〕75 号）（以下简称技改项目环评报告表）。2014 年 12 月，江苏省环境保护厅给鸿顺公司颁发排放污染物许可证，要求该项目执行《纸浆造纸工业水污染物排放标准》（GB3544－2008）表 2 中"制浆和造纸联合生产企业"排放标准，废水排放总量限值为 19.5 万吨/年，废水只能用于回用或者灌溉，不能排放到地面水体。2013 年至 2015 年间，鸿顺公司 6 万吨高强瓦楞纸技改项目正常生产。

2013 年 4 月 27 日，徐州市铜山区环境保护局柳新环境监察中队发现鸿顺公司年产 6 万吨高强瓦楞纸项目存在私设暗管排放生产废水和污水处理设施不能正常运转等问题。

2014 年 4 月 5 日至 6 日，鸿顺公司私设暗排管排放未经处理的生产废水 600 吨，废水汇入苏北堤河。2014 年 4 月 18 日，徐州市铜山区环境保护局作出铜环责改字〔2014〕21 号责令改正环境违法行为决定书，责令该公司立即拆除暗管。2014 年 5 月 12 日，徐州市铜山区环境保护局向鸿顺公司发出铜环罚字〔2014〕25 号行政处罚决定书，对鸿顺公司处以人民币 5 万元的罚款。2014 年 8 月 14 日，鸿顺公司缴纳 5 万元罚款。

2015 年 2 月 24 日至 25 日，鸿顺公司临时设置直径 20 厘米铁质排放管，将未经处理的生产废水经该公司污水处理厂南侧排入苏北堤河，排放量 2000 吨。徐州市铜山区环境监测站于 2015 年 2 月 25 日对该公司外排废水进行采水样监测，数据显示"化学需氧量为 1180mg/L、氨氮为 28.2mg/L、总磷为 1.60mg/L"，分别超过《纸浆造纸工业水污染物排放标准》（GB3544 - 2008）12.1 倍、2.5 倍、1 倍。2015 年 3 月 12 日，徐州市铜山区环境保护局作出铜环罚字〔2015〕6 号行政处罚决定书，对鸿顺公司处以人民币 10 万元的罚款。2015 年 4 月 27 日，鸿顺公司缴纳罚款 10 万元。

苏北堤河入顺堤河后进入京杭运河不牢河段，系流经区域的灌溉排涝主要河流之一。公益诉讼人为调查取证，支付专家咨询费用 3000 元。

一审法院认为：

（一）鸿顺公司应当承担恢复原状的侵权责任。鸿顺公司违反《中华人民共和国水污染防治法》等法律规定，2013 年、2014 年、2015 年三次违法排放废水，2014 年、2015 年排放的废水直接汇入苏北堤河，造成环境污染，应依法承担相应的法律责任。鸿顺公司外排废水经稀释后浓度逐步降低，不能以此认为未对环境造成损害或损害程度较小。因河水流动，污染源向下游扩散，倾倒处的水质的好转并不意味着地区水生态环境已修复，生态环境依然有修复的必要。即使现在苏北堤河水质已达标准，依然需要用替代修复方案对地区生态环境进行修复，鸿顺公司应当承担替代修复责任。鉴于鸿顺公司已明确表示没有能力将环境恢复原状亦不能提出修复方案，依据《最高人民法院关于审理环境民事公益诉讼案件适用法律若干问题的解释》第二十条规定，可直接确定鸿顺公司所应承担的生态环境修复费用来替代恢复原状的责任。

（二）公益诉讼人和鸿顺公司双方的技术专家均认可本案生态环境修复费用可按照环保部《关于开展环境污染损害鉴定评估工作的若干意见》（环发〔2011〕60 号）和《环境损害鉴定评估推荐方法》（第Ⅱ版）（以

下简称"推荐办法"），采用"虚拟治理成本法"确定；均认可 2014 年及 2015 年两次违法排放的废水每吨治理单价为 50 元。综合考虑本次污染行为的污染物成分、被破坏的生态环境状况等因素，决定取双方申请的技术专家意见关于倍数取值的平均值，即 2.035 倍作为生态环境损害数额的倍数取值。由于 2014 年鸿顺公司违法排放生产废水时的生产工艺以及受污染环境情况与 2015 年基本相同，鸿顺公司也未能举证证明两次排污有实质区别，对 2014 年所排放的 600 吨生产废水的生态环境损害赔偿数额理应与 2015 年排放的生产废水以相同的方法予以计算。鸿顺公司 2014 年及 2015 年两次共计违法排放 2600 吨废水，按照"虚拟治理成本法"计算生态环境修复费用为 2600 × 50 × 2.035 = 264550（元）。

（三）鸿顺公司年产 6 万吨环境影响报告表、建设项目竣工环境保护验收申请表均表明，鸿顺公司运行生产设备每天废水排放量最高可达 960 吨，年度废水排放量更是高达 19.5 万吨。法院作出释明后，鸿顺公司未能提供近年的产量、废水产生量、防治污染物设施建设和运行情况等相关证据证明其违法排污量仅限于 2600 吨。根据《最高人民法院关于适用〈中华人民共和国民事诉讼法〉的解释》第一百零八条规定，确信鸿顺公司实际排污量远大于 2600 吨的事实具有高度可能性。每吨 50 元的防治污染设备运行成本，意味着违法偷排能获取较高的非法利益。鸿顺公司连续三年、三次被查获违法排污，均采用偷埋、私设暗管等方式违法排放。鸿顺公司在环保部门给予环境监察建议、处以罚款后，仍加大废水排放量，主观过错明显。环境侵权行为及后果的复杂性、长久性、隐蔽性、迁移性等特点导致其危害性强、损害范围广且难以及时固定证据。不能仅就 2600 吨的排污事实确定鸿顺公司的赔偿责任。本案应综合考虑案件事实及相关因素，酌情确定生态环境修复费用。

《最高人民法院关于审理环境民事公益诉讼案件适用法律若干问题的解释》第二十一条规定，原告请求被告赔偿生态环境受到损害至恢复原状期间服务功能损失的，人民法院可以依法予以支持。公益诉讼人申请出庭的技术专家提出，高浓度废水排入河流后会导致灌溉用水不符合灌溉需要，甚至会影响京杭运河的水质。鉴于本案受污染环境的复杂性、功能的多样性，虽然服务功能损失难以准确计算，但鉴于此项损失客观存在，在确定鸿顺公司所应承担的赔偿费用时，应予以酌情考虑。

综合考虑已查明的环境污染情节、违法程度及主观过错程度、防治污染设备的运行成本、鸿顺公司生产经营情况及因侵害行为所获得的利益、污染环境的范围和程度、生态环境恢复的难易程度、生态环境的服务功能等因素，酌情确定鸿顺公司所应当承担的生态环境修复费用及生态环境受到损害至恢复原状期间服务功能损失共计为 105.82 万元，并应承担公益诉讼人为本案支付的专家费用 3000 元。

（四）鸿顺公司因行政违法而被行政机关处以行政处罚，并不影响其民事责任的承担。鸿顺公司主张用已经缴纳的罚款抵扣赔偿数额，该主张缺乏法律依据，但在确定鸿顺公司应承担的环境污染责任时，对其已缴纳 15 万元行政罚款的事实酌情综合评判。

一审法院依照《中华人民共和国侵权责任法》第十五条第（五）项、第（六）项、第六十五条，《最高人民法院关于审理环境民事公益诉讼案件适用法律若干问题的解释》第十三条、第十五条、第二十条、第二十一条、第二十二条、第二十三条，《人民法院审理人民检察院提起公益诉讼案件试点工作实施办法》第二条、第三条、第四条，《最高人民法院关于适用〈中华人民共和国民事诉讼法〉的解释》第一百零八条之规定，判决：一、鸿顺公司于本判决生效后三十日内赔偿生态环境修复费用及生态环境受到损害至恢复原状期间服务功能损失共计 105.82 万元，支付至徐州市环境保护公益金专项资金账户；二、徐州市鸿顺造纸有限公司于本判决生效后十日内支付公益诉讼人为本案支付的合理费用 3000 元。案件受理费 14324 元，由徐州市鸿顺造纸有限公司负担。

本院认为，鸿顺公司上诉请求不能成立。具体理由分述如下：

（一）徐州市人民检察院的诉讼请求明确，原审判决未超公益诉讼人请求范围。《最高人民法院关于审理环境民事公益诉讼案件适用法律若干问题的解释》第二十三条规定："生态环境修复费用难以确定的，人民法院可以结合污染环境、破坏生态的范围和程度、生态环境的稀缺性、生态环境恢复的难易程度、防治污染设备的运行成本、被告因侵害行为所获得的利益以及过错程度等因素，并可以参考负有环境保护监督管理职责的部门的意见、专家意见等，予以合理确定。"由于排污行为具有隐蔽性、污染后果显现具有滞后性等因素，根据上述规定，在一定条件下法官应当对生态环境修复费用作出裁量酌定。法官在行使自由裁量权过程中需要根据案件中各种主客观因素、在一定区间数额内进行权衡取舍。公益诉讼人提出的要求鸿顺公司在以 26.91 万元为基数的三倍至五倍范围内承担赔偿责任的诉讼请求，区间起止点明确具体，其实质是请求法院在该请求期间范围内，综合本案的情况，作出合理裁量。鸿顺公司认为该诉讼请求不成立，亦完全可以在实体审理过程中举出证据予以辩驳。徐州市人民检察院的诉讼请求符合《中华人民共和国民事诉讼法》第一百一十九条第（三）项规定。

徐州市人民检察院提起环境公益诉讼要求鸿顺公司承担将其污染的苏北堤河环境恢复原状并赔偿服务功能损失。由于鸿顺公司在一审审判过程中已明确表示没有能力将环境恢复原状亦不能提出修复方案，原审法院依照《最高人民法院关于审理环境民事公益诉讼案件适用法律若干问题的解释》第二十条之规定直接确定鸿顺公司所应承担的生态环境修复费用来替代恢复原状的责任。该判决并未超出徐州市检察院的请求范围。

（二）污染物排放点的环境质量已经达标不能作为拒绝承担生态环境修复费用的理由。因鸿顺公司的生产废水具有明显的环境危害性，江苏省环境保护厅在作出环评许可时明确禁止鸿顺公司将生产废水排放到地面水体。但鸿顺公司以私设暗管的方式将化学需氧量超标 12.1 倍、氨氮超标 2.5 倍、总磷超标 1 倍的生产废水偷排进苏北堤河。仅 2014 年和 2015 年两次被查获排放废水就达 2600 吨。鸿顺公司上述行为必然对苏北堤河造成污染。

由于河水的流动性，污染物排放点的水质有可能好转，更多是污染物迁移的结果。污染物必将会向下游转移并逐步扩散，污染物依然存在于生态环境系统，生态环境依然需要修复。即使随着时间的推移，经生态系统的自然净化，污染物总量有可能减少甚至基本消失，但在生态环境自净期间，环境的整体质量已经下降，生态环境的承载能力受到不利影响。在自净过程中，由于灌溉用水水质下降，对农业生产会导致不利影响，对下游水生态会造成损害，存在着服务功能损失。依照《中华人民共和国侵权责任法》第六十五条之规定，鸿顺公司应当承担侵权赔偿责任，对遭受损害的生态环境进行修复或者承担替代修复责任，对服务功能损失进行赔偿。

（三）原审判决以 2.035 倍作为以虚拟治理成本法计算生态环境修复费用时计算系数并无不当。因河水流淌、污染物扩散，无法获得实际工程修复费用，环境保护部《环境损害鉴定评估推荐方法（第Ⅱ版）》推荐虚拟治理成本法确定生态环境修复费用。本案一审中，鸿顺公司和徐州市人民检察院均认可依照该方法计算生态环境修复费用，均认可排放废水的虚拟治理成本为50元/吨，均认可按照虚拟治理成本的1.5倍－－3倍计算生态环境修复费用。

《最高人民法院关于审理环境民事公益诉讼案件适用法律若干问题的解释》第二十三条规定，生态环境修复费用难以确定的，人民法院可以结合污染环境、破坏生态的范围和程度、生态环境的稀缺性、生态环境恢复的难易程度、防治污染设备的运行成本、被告因侵害行为所获得的利益以及过错程度等因素，并可以参考负有环境保护监督管理职责的部门的意见、专家意见等，予以合理确定。就本案而言，应当考虑污染的后果、污染者主观过错程度等因素，合理确定计算系数。苏北堤河入顺堤河后进入京杭运河，系流经地区的灌溉排涝主要河流，其水质不仅影响到京杭运河的水质，也关系到流经区域的农业灌溉用水质量。鸿顺公司向苏北堤河排放生产废水对生态环境具有明显的危害。鸿顺公司多次反复以私设暗管的方式偷排，非法排放行为具有较强的隐蔽性，在环保机关查处后依然违法排放，过错程度严重。鸿顺公司每吨废水治理成本达50元，其偷排行为获利明显。一审法院在1.5倍—3倍计算系数的中间值以下确定2.035为系数计算鸿顺公司排放2600吨生产废水的生态环境修复费用，亦是考虑了鸿顺公司排放的废水成分为可降解的有机物这一因素。该系数并未超出合理的选择区间，不存在计算系数偏高的情形。鸿顺公司主张1.5倍计算生态环境修复费，该主张缺乏事实依据，本院不予支持。

（四）以查获的排放废水量的四倍计算生态环境修复费用具有事实和法律依据。徐州市人民检察院以鸿顺公司多次偷排废水且防治污染设备未能有效运行为由，主张该公司实际排放废水远超2600吨，应当以26.91万元为基数，在该基数的三至五倍之间确定生态环境损害赔偿责任和服务功能损失赔偿责任。鸿顺公司运行生产设备每天废水生成量最高可达960吨，在2013年就存在污水处理设施不能正常运转问题，该公司连续三年被发现私设暗管排放废水，查获的废水排放量逐年增多。上述事实足以证明徐州市人民检察院该项诉讼主张的成立具有高度的可能性。

鸿顺公司有能力举证证明该企业废水的实际排放量。《中华人民共和国环境保护法》第四十二条第三款规定，重点排污单位应当按照国家有关规定和监测规范安装使用监测设备，保证监测设备正常运行，保存原始监测记录。鸿顺公司作为重点排污单位，早在2009年9月就安装了污染物排放检测计量装置，鸿顺公司完全有能力证明该公司生产废水的实际排放量，也完全可以举出净化污水实际耗费成本的财务证据。更由于偷排污染物系生产企业单方秘密实施的违法行为，本案应当由鸿顺公司承担该公司废水实际排放量的举证责任，并承担举证不能的法律后果。鸿顺公司在一审法院释明后依然未能提交相关证据以推翻徐州市检察院的主张。依照《最高人民法院关于审理环境民事公益诉讼案件适用法律若干问题的解释》第十三条之规定，应当认定徐州市人民检察院所提鸿顺公司实际排放废水为查获偷排量 2600 吨的三至五倍的主张成立。一审法院认定鸿顺公司应当以实际查获偷排量 2600 吨的四倍计算侵权赔偿费用并无不当。

（五）已经缴纳的罚款不应从生态环境修复费用中抵扣。依照《中华人民共和国侵权责任法》第四条之规定，侵权人因同一行为应当承担行政责任或者刑事责任的，不影响依法承担侵权责任。环保执法机关对鸿顺公司做出罚款的行政处罚，属于该公司因行政违法而应当承担的行政责任，该处罚系对鸿顺公司违法排放废水的惩戒，目的在于遏制环境违法行为。徐州市人民检察院要求鸿顺公司支付生态修复费用，系要求该公司承担对生态环境造成损害的修复责任，属于民事侵权责任。两项法律责任的功能完全不同。鸿顺公司要求将其缴纳的罚款在侵权赔偿费中予以抵扣，该请求缺乏法律依据。

鸿顺公司非法排放生产废水污染苏北堤河，应当承担生态环境修复责任。原审判决认定鸿顺公司非法排放生产废水的生态环境修复费用依据充分，计算方法合法适当；公益诉讼人的诉讼请求明确具体，原审审判程序合法。

综上所述，鸿顺公司的上诉请求不能成立，应予驳回；一审判决认定事实清楚，适用法律正确，应予维持。依照《中华人民共和国民事诉讼法》第一百七十条第一款第（一）项规定，判决如下：

驳回上诉，维持原判。

二审案件受理费 14324 元，由鸿顺公司负担。

本判决为终审判决。

审　判　长　陈　迎

审　判　员　臧　静

审　判　员　赵　黎

二〇一六年十二月二十三日

书　记　员　于　露

《环境资源审判指导》稿约

　　《环境资源审判指导》由最高人民法院环境资源审判庭编写，以关注、探讨我国环境资源审判工作中的理论和实务问题为宗旨，是最高人民法院指导全国法院环境资源审判工作的窗口，也为全国环境资源审判工作人员及其他关注、研究环境资源审判工作的人士提供了一个广阔、互动的交流平台。

　　本丛书设置的主要栏目有：

　　【环境资源审判政策与精神】 主要包括领导同志对环境资源审判工作的指示、讲话等，有关的环境资源审判工作会议精神等。

　　【法律法规、中央文件、司法解释、规范性文件】 主要收录与环境资源审判有关的法律法规、中央文件、司法解释及最高人民法院规范性文件等。

　　【环境资源部门规章】 主要收录与环境资源审判有关的部门规章。

　　【案例研析】 刊登生效的环境资源类典型案例，主要包括当事人基本情况、当事人诉请和答辩情况、法院查明事实、法院裁判要旨、关于案件事实和法律适用的分析与认定等内容，所涉及的争议问题适用法律正确、分析论证透彻。

　　【法官学术交流】 刊登法官出国考察、参与国际学术研讨、国内学术研究等形成的报告、论文等，为比较法研究提供素材。

　　【裁判文书选登】 精选刊登一些认定事实清楚，适用法律准确，逻辑性、说理性比较强的环境资源类案件裁判文书供读者研究、参考。

　　我们热忱欢迎司法理论和实务工作者，尤其是人民法院的同志赐稿，我们将以稿件质量及对人民法院环境资源审判工作的参考和借鉴价值为唯一评判标准。来稿请写明个人基本信息、联系地址、电话、电子邮箱。诚然，由于水平所限，经验阙如，编撰工作中缺点和错误在所难免，敬请广大读者不吝赐教，批评指正。

　　投稿方式：请将电子文本发送至邮箱 hjzyspzd@163.com。

银行汇款方式：

开户银行：工行王府井金街支行
账　　号：0200000709004606170
开户名称：人民法院出版社
传　　真：010—67550541
邮　　箱：fysgzzz@163.com

邮局汇款方式：

邮　　编：100745
地　　址：北京市东城区东交民巷27号
联 系 人：人民法院出版社工作总站
咨询电话：010 – 67550536/67550538
网　　址：www.courtpress.com.cn

人 民 法 院 出 版 社 收 款 凭 证　　　年　月　日

代 号	书 名	单价	邮费	合计	订数	金 额
K201408	民事审判指导与参考（2018 年 1 – 4 辑）	200	30	230		
K201509	商事审判指导（2018 年 1 – 4 辑）	200	30	230		
K201411	审判监督指导（2018 年 1 – 4 辑）	200	30	230		
K201410	立案工作指导（2018 年 1 – 2 辑）	100	15	115		
K201412	知识产权审判指导（2018 年 1 – 2 辑）	100	15	115		
K201413	涉外商事海事审判指导（2018 年 1 – 2 辑）	100	15	115		
	环境资源审判指导（2018 年 1 – 2 辑）	100	15	115		
合 计 金 额		仟　　佰　　拾　　元　　角　　分				

人 民 法 院 出 版 社 书 刊 发 行 单

订购单位						
详细地址			邮政编码			
联系人			联系电话			
代 号	书 名	单价	邮费	合计	订数	金额
K201408	民事审判指导与参考（2018 年 1 – 4 辑）	200	30	230		
K201509	商事审判指导（2018 年 1 – 4 辑）	200	30	230		
K201411	审判监督指导（2018 年 1 – 4 辑）	200	30	230		
K201410	立案工作指导（2018 年 1 – 2 辑）	100	15	115		
K201412	知识产权审判指导（2018 年 1 – 2 辑）	100	15	115		
K201413	涉外商事海事审判指导（2018 年 1 – 2 辑）	100	15	115		
	环境资源审判指导（2018 年 1 – 2 辑）	100	15	115		
合 计 金 额		仟　　佰　　拾　　元　　角　　分				

注：请将此订单填写清楚后寄回或传真给我社发行中心。

　　如需发票，请注明。

欢 迎 订 阅

2018 年度中国审判指导丛书

中国审判指导丛书由最高人民法院各有关业务庭室组织编写，最高人民法院相关领导任各辑主编。该丛书及时刊登相关政策、案例、司法解释及其理解与适用等，对各级人民法院的审判工作具有权威指导作用。人民法院出版社自出版发行该丛书以来，受到了广大读者，特别是全国各级法院法官们的欢迎，对指导全国法院的审判工作发挥了重要的作用。

《**民事审判指导与参考**》由最高人民法院民事审判第一庭编。该书自 2011 年起由人民法院出版社出版，旨在传播最高人民法院和地方各级人民法院的优秀民事审判工作经验，对最新疑难经典案例进行探讨与解析，提供审判实践中解决疑难问题的思路，是最高人民法院民一庭履行对下指导的工作平台。全年四辑，每辑 50 元，共 200 元。

《**商事审判指导**》由最高人民法院民事审判第二庭编。本书刊登最高人民法院关于商事审判工作的指导意见、司法解释及其理解与适用、典型案例评析、重要裁判文书等，具有指导性、权威性。全年四辑，每辑 50 元，共 200 元。

《**审判监督指导**》由最高人民法院审判监督庭编，最高人民法院审判委员会委员孙华璞主编。书中主要收录了审判监督工作的政策与精神、司法解释及其理解与适用、案例评析等。另外，还选登了部分优秀裁判文书。本书对审判监督工作具有重要的指导和参考作用。全年四辑，每辑 50 元，共 200 元。

《**立案工作指导**》由最高人民法院立案庭编，最高人民法院副院长姜伟主编。书中主要收录了立案工作的政策与精神，法律法规、司法解释及其理解与适用，请示与答复，申诉与申请再审疑案评析等。另外，选登了部分优秀裁判文书。全年两辑，每辑 50 元，共 100 元。

《**知识产权审判指导**》由最高人民法院民事审判第三庭编，最高人民法院副院长陶凯元主编。本书是我国知识产权审判工作的指导用书，主要内容有：知识产权审判政策与精神、知识产权司法解释理解与适用以及案例点评等，同时收录了反映知识产权审判动态的文章、重要的专题论述和优秀裁判文书等。全年两辑，每辑 50 元，共 100 元。

《**涉外商事海事审判指导**》由最高人民法院民事审判第四庭编，最高人民法院审判委员会副部级专职委员刘贵祥主编。本书收录了有关涉外审判的领导讲话、司法解释、相关资料信息以及有关涉外商事海事审判的实务性论文。全年两辑，每辑 50 元，共 100 元。

《**环境资源审判指导**》由最高人民法院环境资源审判庭编。本书收录了有关环境资源审判最新司法政策与精神、司法解释、环境资源部门规章和环境资源刑事、民事、行政典型案例及其释评；同时，还视情约请全国法院资深法官或者学界著名专家对有关环境资源审判热点问题进行深度研讨。全年两辑，每辑 50 元，共 100 元。

上述图书，邮购另加15% 邮费。